L'ÉCONOMIE VOLONTAIRE

DU MÊME AUTEUR

Une force inconnue, le Crédit (Hachette, 1957).
L'Or (Hachette, 1959).
Bilan économique de la Ve République (Entreprises Modernes d'Édition, 1960).
Les Clés du Pouvoir (Fayard, 1964).
Cinquante millions d'héritiers (Fayard, 1969).
Vive la croissance (avec des illustrations de Piem, France-Empire, 1973).
L'Artisanat français (1973).
Les Nouvelles lettres persanes (J.-C. Lattès, 1975).
La France du grand large (Robert Laffont, 1978).
La Fin du travail (Hachette, coll. Pluriel, 1984).
Demain, la croissance, avec Albert Merlin (Robert Laffont, 1985).

et coauteur avec Louis Armand :

Plaidoyer pour l'avenir (Calmann-Lévy, 1962).
Le Pari européen (Fayard, 1968, et en Livre de Poche).

Michel Drancourt

L'ÉCONOMIE VOLONTAIRE

l'exemple du Japon

ÉDITIONS ODILE JACOB
15, rue Soufflot, 75005 Paris

ISBN 2-7381-0058-9

Sommaire

Avant-propos

Ce livre est né d'une préoccupation. Celle de la place, du rôle et de l'avenir de notre pays.

Il y a vingt ans, il n'était question que de « défi américain » [1]. Avec Louis Armand, nous avions répondu par *le Pari européen* [2]. Depuis, chaque jour apporte la confirmation que la France n'a pas d'autre choix que de renforcer son intégration à l'Europe. Pourtant, si les Européens ont gagné en niveau de vie, ils ont perdu en influence. L'Europe est devenue une sorte de communauté de culture et de genre de vie plus qu'une véritable union. A la lenteur de la mise en œuvre du Marché Unique, qui n'est que la relance du Marché Commun des années 60, répond le dynamisme de nouvelles puissances.

Aujourd'hui, le défi est japonais et asiatique. Peut-être plus encore, il est celui de la constitution d'un ensemble Pacifique, « américa-nippon », pour reprendre une expression en vogue aux États-Unis. Dans les classements des produits nationaux, les États-Unis pèsent encore pour près du quart, la Communauté économique européenne pour le cinquième. Le Japon, pour 11 % – mais aucun pays européen pris isolément n'en pèse seulement la moitié. Nous sommes en train de jouer les Curiaces.

---

1. Jean-Jacques Servan-Schreiber, *Le Défi américain*, Denoël, 1967.
2. Fayard, 1968. Repris au Livre de Poche en 1971.

En 1950, le produit national japonais était l'équivalent de celui de l'Italie d'alors, trois fois moindre que le français, un sixième de celui du Royaume-Uni, un huitième de l'américain. Comment le Japon a-t-il fait pour se hisser au deuxième rang mondial? C'est ce qu'il nous faut comprendre pour préparer notre propre avenir. Non seulement pour les leçons à tirer d'une pareille réussite, mais aussi parce que, moins que jamais, nous ne pouvons borner notre regard au marché national : la France n'est rien sans l'Europe, et l'Europe doit trouver sa place dans l'économie globale. C'est un non-sens de ne pas considérer nos liens avec le reste du monde. D'où l'importance dans mon étude des stratégies de « défense » et d'« attaque »; on verra qu'elles placent l'entreprise au cœur du système japonais.

Je me rends périodiquement au Japon depuis 1962. Une chose m'a frappé : les Japonais reviennent sans cesse sur l'examen des problèmes. Quand une difficulté surgit, ils ne la masquent pas. Ils l'amplifient afin que tous en soient conscients : au fur et à mesure que l'information se répand, chacun en tire les conséquences. C'est de la sorte que naissent les mouvements d'opinion nécessaires aux adaptations. S'il est un point à méditer, c'est bien celui-là : cet exemple de lucidité, cet art de forger le consensus, d'élaborer les décisions.

Comme les dirigeants nippons, je crois au pouvoir de l'information. Je l'ai voulue directe, accessible. J'ai limité au minimum les explications historiques ou culturelles (le lecteur intéressé trouvera au fil des pages les références à quelques-uns des excellents livres qui existent sur le sujet). Pour ne pas gêner la lecture, j'ai renvoyé la plupart des données chiffrées et les tableaux en annexe. Grâce aux liens de l'Institut de l'Entreprise [3] avec son équivalent

---

3. L'Institut de l'Entreprise est une association de chefs d'entreprise français, soucieux
- d'être informés en permanence des évolutions susceptibles d'avoir une influence majeure sur la vie des entreprises
- de rechercher les facteurs de la compétitivité (ceux qui dépendent de l'entreprise et ceux qui dépendent de la société)
- d'attirer l'attention des prescripteurs d'opinion sur les conditions de la croissance et de l'harmonie sociale.

Proche des organismes officiels représentatifs du monde patronal sans leur être inféodé, il est un de leurs principaux « laboratoires » d'idées et d'action.

au Japon, le Keizai Doyu Kai, grâce à des relations suivies avec les firmes françaises et européennes implantées sur l'archipel, notamment Thomson, j'ai pu recueillir de nombreux témoignages et j'en ai rapporté plusieurs dans cet ouvrage [4]. Que tous ceux et toutes celles qui ont facilité mon travail soient remerciés, ainsi que l'équipe très professionnelle, « à la japonaise », d'Odile Jacob, et Roselyne de Poret, à qui revient la lourde tâche de déchiffrer mes manuscrits...

4. J'ai suivi l'usage japonais, qui veut que le nom précède le prénom. Quand le nom n'est pas mentionné, c'est que mon interlocuteur a préféré gardé l'anonymat.

CHAPITRE I

L'explosion japonaise

L'Europe et le Japon contemporains sont les enfants des États-Unis.

Aux lendemains de la Deuxième Guerre mondiale, il restait l'Amérique et rien d'autre face à l'Empire soviétique. Pour éviter la progression du communisme sur les traces de la misère, les États-Unis ont mené une stratégie simple, celle de la prospérité.

Au démarrage il s'agissait simplement de distribuer de la nourriture, du charbon, des crédits. Mac Arthur, le « shogun » du Japon d'après-guerre, organise en 1946-1947 des convois d'approvisionnement pour sauver « son » pays de la famine. 1,8 million de Japonais sont morts à la guerre. Mais 6,6 millions de soldats sont rapatriés dans un pays où 40 % des villes sont rasées. Fin 45, 22 millions de Japonais sont sans abri et 10 millions – sur 32 millions d'actifs d'alors – au chômage. La ration alimentaire est inférieure à 1 000 calories par jour. La pénurie favorise la délinquance, le marché noir, l'inflation.

Morita Akio (Sony), évoquant cette rude période, raconte les débuts de son entreprise [1]. « Nous nous fixâmes finalement dans une sorte de cabane branlante, rongée par les intempéries... les marques de la défaite nous environnaient. De quelque côté que nous nous tournions, nous retrouvions les traces des bombes. Notre

1. *Made in Japan.* Robert Laffont, 1986.

toit était troué en maints endroits et nous dûmes littéralement ouvrir des parapluies au-dessus de nos bureaux. »

Une fois le minimum vital assuré, les Américains se préoccupent, au Japon comme en Europe, de la remise en marche des mécanismes économiques. En 1950, en Allemagne, ils encouragent Ludwig Erhard à mener une politique de rigueur monétaire pour briser l'inflation, susciter la confiance et faire sortir les stocks de leur cachette. En 1949, un banquier de Detroit, Joseph Dodge, inspire au gouvernement japonais un plan comparable de mise en ordre monétaire qui conduit aux mêmes résultats.

Mais la politique américaine ne s'arrête pas là. Elle se donne pour objectif de transposer en Europe et au Japon le modèle américain. Cette action volontaire est favorisée par les coups de butoir communistes, la vassalisation de la Tchécoslovaquie, le blocus de Berlin en 1948 et la guerre de Corée en 1951 qui provoque un afflux de commandes de l'Armée américaine dont l'industrie japonaise sera largement bénéficiaire.

Cette politique américaine peut se caractériser par trois « recettes » dont l'application a entraîné ce qu'en Europe on a appelé les Trente Glorieuses et au Japon la succession des « booms ».

La marque américaine

La première est le pari sur un grand marché. Pour tirer parti des possibilités de la mise en œuvre des techniques modernes, avec une production massive à prix de revient réduit, il faut favoriser la création de vastes marchés et la multiplication des échanges. C'est la philosophie qui a prévalu en Europe. Pour pouvoir bénéficier du Plan Marshall, les Européens étaient poussés à s'unir. D'où la création de l'Organisation européenne de Coopération économique (OECE) devenue ensuite Organisation de Coopération et de Développement économique (OCDE) puis, selon une inspiration similaire, de la Communauté européenne du Charbon et de l'Acier et surtout de la Communauté économique européenne, le Marché Commun [2].

On oublie un peu trop aujourd'hui qu'il en résulta une forte croissance. En France, par exemple, la part des exportations dans le produit national double en vingt ans, l'activité augmente de 5,5 % par an entre 1958 et 1973, se rapprochant du rythme japonais. Dans le même temps, la décolonisation condamne les entreprises habituées à vendre sur des marchés protégés à s'adapter à la concurrence ou à disparaître.

Mais – on y reviendra – les Européens ne vont pas au bout de cette logique. Une fois les premiers pas de l'union européenne accomplis, avec la suppression des droits de douane et des contingents, ils retardent la construction d'un véritable Marché Unique dont on ne reparlera qu'un quart de siècle après.

La pression des Américains en faveur du grand marché a pris des formes assez différentes au Japon. En Europe, ils sont en face d'une mosaïque de vieux pays dont certains ont gagné la guerre avec eux. Ils suggèrent, plus ou moins vigoureusement, mais ne commandent pas. En Allemagne, ils sont un peu plus en mesure de le faire mais ne sont pas seuls. Les travaillistes anglais ont voulu, après la guerre, imposer leurs vues en matière sociale (d'où le système de cogestion imposé aux grandes entreprises allemandes). Au Japon, dans un premier temps – jusqu'en 1951 – les Américains règnent. Ensuite ils se trouvent en face d'un seul interlocuteur. Pour aider le Japon à se redresser et à échapper aux risques soviétiques (il y a eu des affrontements intérieurs violents au début des années 50), les Américains lui ouvrent leurs frontières. Ils sont dans l'état d'esprit du pays dominant préoccupé d'améliorer la santé de son protégé. Au reste le « made in Japan » évoque alors la camelote, la médiocrité et la pauvreté. Le Japon, en raison de la faiblesse de son niveau de vie, est considéré comme un pays « sous-développé ». Les Japonais vont profiter largement des possibilités offertes par le Marché américain. Non seulement ils disposent d'un

2. Voir Robert Marjolin, *Le travail d'une vie*. 1911-1986. Robert Laffont.

marché intérieur en forte croissance en raison de la poussée démographique mais en plus ils se lancent à l'assaut d'un seul vrai marché réellement commun existant au monde, à savoir les États-Unis.

Cela les conduit à pratiquer une économie dont la priorité est le progrès de la production en vue de l'exportation, alors qu'en Europe la priorité devient rapidement la consommation.

L'origine de la renaissance européenne et japonaise est donc bien la même, mais sa mise en œuvre est très différente. Les Européens se lancent, avec succès, dès les années 60 dans une course de rattrapage du niveau de vie américain. Les Japonais, eux, choisissent une politique de développement fondée sur l'exportation et la frugalité intérieure.

Le trio Juran-Deming-Drucker

La deuxième « réussite » de l'Amérique a trait à la politique de productivité. L'Europe en a surtout mis en œuvre la version quantitative. Le Japon y a ajouté la recherche de la qualité.

Une partie des crédits du Plan Marshall après 1947 fut consacrée à l'envoi aux États-Unis de missions de productivité fort nombreuses. Les Européens allaient voir sur place comment procédaient les Américains pour être aussi efficaces qu'ils l'étaient à l'époque. La leçon de chose allait de la simple observation sur la disposition d'un atelier à l'étude des systèmes de gestion. Tout l'effort du management, fortement marqué par l'Université de Harvard, consiste alors à organiser l'entreprise pour bien définir les tâches de chacun. La part de la production directe est importante. Elle est assurée par des gens venus d'un peu partout, immigrés, paysans habitués au travail artisanal. On leur précise la tâche qu'ils ont à effectuer et plus ils la répètent plus on espère qu'elle sera bien accomplie. Le taylorisme – car c'est de cela dont il est question – bien critiqué depuis, a le mérite de favoriser la productivité dans les productions de masse. Il contribue grandement à l'abaissement du prix de revient – à qualité égale ou supérieure – et donc finalement à l'augmentation du niveau de vie. Il permet de mieux rémunérer les salariés et de leur permettre d'acheter plus de biens, à meilleur compte. En terme social, on compense ce que le travail répétitif peut avoir de pénible (mais tous ceux qui le pratiquaient ne le trouvaient pas nécessairement critiquable dans le contexte culturel, politique et social du moment) par des avantages de salaires et, en plus, en Europe, de protection sociale.

Chacun dans l'entreprise, et pas seulement dans les usines, a sa tâche à remplir. La spécialisation qui en résulte tend à la perfection et ne se trouve en défaut que lorsque l'activité change de nature.

Dans la première phase des Trente Glorieuses, le consommateur avait soif de marchandises. Il suffisait d'afficher « Automobiles à vendre » pour que des acheteurs se pressent. Dans ces conditions, plus on produisait, plus on avait de chances de réaliser du profit. Mais le jour où l'acheteur potentiel, déjà équipé d'une voiture, se voit sollicité par dix concurrents, le secret de la réussite n'est plus seulement la production massive et répétitive. Il exige de l'adaptabilité.

Dans la foulée du Plan Marshall, l'Europe améliore sa productivité au point de rattraper le niveau de vie américain en moins de vingt ans.

Le Japon lui aussi va prendre ses leçons de productivité aux États-Unis.

Peter Drucker raconte dans *Façonner l'Avenir* [3] que les Japonais considèrent que trois étrangers – tous Américains – sont responsables de la relance économique de leur pays, après la Deuxième Guerre mondiale, et de son émergence en tant que grande puissance économique.

Le premier est Edwards Deming qui apprit aux Japonais à mesurer la qualité et inspira les premiers cercles de qualité.

3. Les Éditions d'Organisation, 1988.

Le second est Joseph M. Juran qui leur fit découvrir comment organiser la production dans les usines et former les employés. Les Japonais lui doivent notamment la méthode de gestion des stocks dite « juste à temps » (la méthode « Kanban ») qu'il avait contribué à mettre au point aux États-Unis pendant la guerre pour stimuler les efforts de production.

« Je suis le troisième », ajoute avec humour Peter Drucker. « Ma contribution telle que la voient les Japonais a été de leur enseigner le management et le marketing. Je leur ai appris que les employés sont une ressource plutôt qu'un coût et qu'il faut les gérer de sorte qu'ils prennent en charge leurs propres objectifs et leur propre productivité ainsi que celle de leur groupe. »

On peut s'étonner que si peu d'hommes aient eu tant d'influence. Mais, d'une part ils n'étaient pas seuls, d'autre part leurs leçons se diffusaient très rapidement dans un pays « compact » dont les dirigeants ont entre eux des liens étroits et constants.

Au reste les méthodes proposées par Deming, Juran, Drucker, étaient à la disposition de tout le monde. Rien n'interdisait aux Français ou aux Anglais de les mettre en œuvre. L'appétit de mieux faire et la modestie de celui qui a conscience d'être en retard ont conduit les Japonais à mieux en tirer parti, au point qu'on leur attribue aujourd'hui la paternité d'idées et de pratiques élaborées et expérimentées aux États-Unis.

Le liberalo-protectionnisme

La troisième recette préconisée par les Américains relève de la philosophie politique. Il s'agit du libéralisme. Il faut que les entreprises soient libres d'agir, se fassent concurrence et que l'État intervienne le moins possible. Le succès américain, en ce domaine, a peut-être été plus long à venir. Mais la doctrine a fini par passer largement dans les faits en Europe notamment puisque, même dans un pays dirigiste comme la France, une majorité de personnes a fini par reconnaître le rôle irremplaçable de l'initiative des entrepreneurs.

La logique du libéralisme et de « la libre entreprise » conduit à l'internationalisation de l'économie. L'aire d'action des entreprises dépasse très rapidement les frontières. Comme des ensembles en mouvement ne peuvent pas fonctionner sans règle, il faut soit des organismes multinationaux pour les préciser et les faire appliquer, soit un pays assez puissant pour les faire admettre. C'est bien ce qui s'est passé tant que les États-Unis se sont trouvés en position de tuteurs par rapport à l'Europe et au Japon.

Les Japonais ont eu une façon originale d'interpréter le message. Quand, à Tokyo, on assiste à une réunion où se mêlent des chefs d'entreprise, des ministres et des fonctionnaires, on comprend bien, en observant les comportements de chacun et la manière dont les interlocuteurs s'adressent les uns aux autres, que les chefs d'entreprise font la loi. Mais pour libres que soient les entreprises, elles n'en sont pas moins très attachées à l'idée nationale et attentives à la concertation avec les pouvoirs publics. Elles adhèrent d'autant mieux à la philosophie libérale, qui a favorisé leur développement sur les marchés extérieurs, que le marché intérieur japonais représente pour elles une base sûre. Elles sont volontiers libérales quand il s'agit de gagner des parts de marché à l'extérieur et attentives à garder la maîtrise de l'économie japonaise. C'est ce qu'on appelle jouer sur les deux tableaux.

L'économie japonaise se caractérise en effet par la vieille recette paysanne et mercantiliste : vendre le plus possible, acheter le moins possible. Elle est devenue puissante parce que les États-Unis l'ont laissée jouer ce jeu. Ils le supportent de moins en moins. Le vaincu d'hier qu'il fallait sauver de l'influence soviétique est devenu un partenaire indispensable mais aussi un challenger dangereux qui, avec les bénéfices qu'il a accumulés en vendant beaucoup à l'Amérique et en lui achetant le moins possible, se met, comme l'écrivent les journaux américains, à la « racheter ».

La recette du démarrage

Aso Taro est un parlementaire japonais. Dans une lettre ouverte aux membres du Congrès américain [4], il s'écrie : « Cessez de pleurnicher ». Il est vrai que lorsqu'un secteur d'activité éprouve des difficultés dans leur pays, les Américains en désignent assez systématiquement la cause ailleurs que chez eux. Le coupable a longtemps été l'Europe. Désormais c'est le Japon.

« Au lieu de nous accuser de concurrence déloyale », déclare en substance Aso Taro, « vous feriez mieux de vous rappeler votre propre passé. » Que s'est-il passé à la fin du XIXe siècle et au début du XXe? Pour l'emporter sur les nations établies, et notamment l'empire britannique, les pays en développement d'alors désireux d'opérer un rattrapage, l'Allemagne et les États-Unis, inventèrent des formules pour aller plus vite qu'eux. A quoi servirait en effet de courir dans la même foulée? Pour rejoindre le peloton de tête, il faut agir autrement.

Et qu'observait-on à l'époque?

Les Allemands fermaient leur marché. Ils pratiquaient une sorte de dirigisme pour construire une nouvelle économie.

Les Anglais leur reprochaient de fonder leurs progrès sur de bas salaires, des horaires de travail excessifs. Ils les soupçonnaient de copier les techniques des autres, et surtout de multiplier les protections directes et indirectes. Les Américains étaient accusés d'en faire tout autant. Et c'était vrai. Mais encore une fois, dit Aso Taro, comment faire autrement quand on se lance dans la course après les autres? Les pays établis nourrissaient à leur égard les mêmes suspicions que plus tard ils devaient nourrir à l'égard des Japonais : « Leurs produits ne sont pas très bons. » En 1965, à l'occasion du Sicob, les producteurs français de machines à écrire,

---

4. *The International Economy*, May-June, 1988.

inquiets de la poussée japonaise, ne disaient-ils pas : « Ce sont des machines très légères, produites en grande série, à bas prix. Elles sont importées comme jouets, ce qui leur évite de payer des droits de douane élevés. » Ils ajoutaient : « Nous allons porter la concurrence sur un autre terrain que celui des prix, sur celui de la maintenance. Là, les Japonais ne tiendront pas [5]... » Ils ne voyaient pas que derrière l'industrialisation venait la qualité, comme les Anglais de 1890 se refusaient à croire que des Allemands puissent dépasser le stade infantile de la production industrielle.

En réalité, à l'époque comme aujourd'hui, derrière des secousses conjoncturelles, de nouveaux rapports de force économiques se dessinaient en raison de l'arrivée progressive à l'âge adulte d'acteurs dynamiques. Une différence majeure existe cependant entre la métamorphose présente et celle de la naissance du XXe siècle. La poussée allemande, notamment, avait provoqué une réaction protectionniste très forte de l'Angleterre et de la France, qui ne fut pas étrangère à l'éclatement de la Première Guerre mondiale. Aujourd'hui, la poussée japonaise et asiatique entraîne des protestations et des mesures de sauvegarde mais les échanges mondiaux continuent de progresser. On sait désormais que la guerre militaire est une riposte idiote et dramatique à la guerre économique. Au reste peut-on parler de guerre tant qu'il s'agit de commerce? Le mot compétition est plus juste même si l'on peut l'assortir de qualificatifs comme déloyale, excessive ou suicidaire.

Transformer la crise en réussite

La période 1973-1987, que de nombreux commentateurs qualifient de Crise, avec une majuscule, comme d'autres qualifiaient de la même manière la période 1882-1895, a été marquée par trois phénomènes qui ont conduit à une redistribution des forces éco-

5. *Entreprise*, octobre 1965, Numéro spécial Sicob.

nomiques mondiales. Le premier se résume en un paradoxe : crise = croissance [6].

De 1960 à 1973, la croissance a été très forte au Japon, forte en Europe, convenable aux États-Unis.

Après le premier choc pétrolier, la croissance japonaise et européenne a été divisée par deux; la croissance américaine a été moins affectée. Mais après 1980, la croissance américaine est revigorée, la japonaise se maintient, l'européenne s'essouffle. L'Europe, qui dépassait le rythme américain dans les années 60, fait jeu égal avec lui dans les années 70, prend du retard ensuite alors que le Japon ne cesse d'aller de l'avant. Si crise il y a eu, c'est celle de l'Europe. A l'intérieur de l'Europe, la France a été particulièrement secouée. Ces évolutions se traduisent dans l'emploi.

La croissance japonaise a permis un mouvement continu d'embauche dans l'ensemble de l'économie en dépit d'une forte amélioration de la productivité. Les Américains, eux, ont délibérément choisi l'emploi. Depuis 1965, l'Amérique a créé 40 millions d'emplois nouveaux, le Japon 12, l'Europe 2 [7]. Les créations d'emplois américaines dépassent chaque année le flux des immigrants. Certes les salaires ne sont pas tous élevés, mais au total le niveau de vie augmente. Les Japonais, eux, ont réussi la croissance de l'emploi avec une augmentation rapide du pouvoir d'achat. Les Européens, dont le système social est le plus lourd du monde, ont sacrifié l'emploi à la productivité pour éviter d'être enfoncés par la concurrence mondiale. Pour réussir à relancer l'emploi, il leur faut une croissance nettement plus forte ou l'acceptation d'une réduction des charges qui pèsent sur le travail.

La période de « crise » se caractérise donc par : la croissance japonaise – laquelle, on le verra, ne s'est pas faite sans efforts et réactions aux défis –; l'emploi américain; le chômage européen [8].

---

6. Voir Annexe, tableau 1.

7. Entre le Soleil levant et le Nouveau Monde. Patrick Hardouin, *Lettre de l'OFCE*, n° 154, 27 avril 1988.

8. Voir Annexe, tableau 2.

La montée des dragons [9]

Le deuxième phénomène de la période récente est le développement asiatique, notamment celui des « quatre dragons » (Corée du Sud; Taïwan; Singapour et Hong-Kong). On ne peut s'empêcher de penser que ces pays, qui ont été sous domination japonaise plus ou moins longtemps, ont suivi l'exemple de leur ancien suzerain. En vingt ans, leur poids dans les exportations mondiales a dépassé celui de la France. Ils ont réussi ce qu'aucun autre pays n'avait réalisé jusqu'alors : fonder leur progrès économique d'abord sur l'exportation sans base intérieure ou presque. D'autres pays sous-développés envoient leurs travailleurs dans les pays riches. Eux se sont efforcés de faire entrer des devises en vendant leur travail sur place plutôt que de le vendre à l'extérieur. L'aventure préfigure ce à quoi il faut s'attendre dans un monde où les problèmes de l'immigration vont s'enfler. Ou bien on accepte les gens, ou bien on achète les produits.

La montée des dragons n'aurait pas pu se faire sans l'exemple japonais et finalement son appui, ni, ne l'oublions pas, sans celui des États-Unis qui absorbent une part importante de leurs fabrications. Dans une première étape, les pays asiatiques servent de sous-traitants aux entreprises à salaires et charges sociales élevés. Ils essayent ensuite d'acquérir l'autonomie d'action grâce à des entrepreneurs qui sous-traitent moins et produisent plus par eux-mêmes. C'est ce qui est en train de se réaliser en Corée du Sud. Ils continuent d'attirer des entreprises étrangères qui « délocalisent » leurs productions, mais ils s'organisent pour passer à l'âge adulte. Après avoir copié, ils cherchent à percer en se servant de l'atout que représente une main-d'œuvre nombreuse, active, facile à former et faiblement rémunérée. Ils en ont d'autres. Les salaires

9. Voir Annexe, tableau 3.

pèsent souvent moins lourd, en effet, dans les prix de revient que les fournitures extérieures, les charges administratives, le prix du crédit et bien d'autres éléments. A Singapour, les salaires augmentent vite. Comme on ne trouve plus de main-d'œuvre sur place, il faut la faire venir de Malaisie mais pour cela, payer une surprime. En revanche, l'équipement de télécommunication de Singapour est l'un des plus modernes et les moins chers du monde. Les points forts des pays asiatiques sont parfois différents de ce que l'on croit à Paris ou ailleurs. Le principal d'entre eux, finalement, est la soif de travail de millions de gens qui ont constaté grâce au Japon qu'il était possible, en vingt ans, de sortir du sous-développement lorsque, comme lui, on dispose de bases culturelles solides et d'une tradition de travail héritée, entre autres, de la culture du riz. Le mouvement s'étend.

A Kota Tinggi, en Malaisie, il y a huit ans, c'était la jungle. Aujourd'hui, grâce en partie à la Banque Mondiale, une zone industrielle se développe. Une entreprise électronique française – mais elle pourrait être américaine ou japonaise – y a implanté une usine. 1 000 personnes. Des jeunes filles et des jeunes femmes pour la plupart. Elles font du montage d'appareils de télévision de petites dimensions. Elles travaillent quarante-quatre heures par semaine et 208 jours par an. Le salaire correspond à peu près au cinquième du Smic français. Dans cinq ans, ce ne sera plus vrai. Le personnel n'est pas très stable mais la main-d'œuvre ne manque pas. On va la chercher jusqu'à cinquante kilomètres. Vu par un œil européen, cela peut paraître dur. Mais la plupart des employées n'avaient de chances de travailler que dans les rizières ou les petits services. Elles gagnent peu selon nos critères, mais déjà beaucoup plus que leurs collègues restées au village. Le plus difficile pour les directions des firmes qui s'implantent est de se faire comprendre.

Dans un pays comme la Malaisie, les Malais détiennent le pouvoir politique, les Chinois l'économique, les autres, surtout les Indiens, prennent en main les syndicats. Il n'est pas simple de s'imposer. En plus de la diversité des races, il faut compter avec les courants religieux, l'Islam notamment, touché ici, comme partout, par le mouvement intégriste. Le tchador est de règle. Pour participer aux avantages de l'économie malaise comme de quelques autres, il faut accepter de prendre des risques. La contrepartie est dans la qualité du travail. On ne discute ni sa nécessité ni ses contraintes. Plus que d'autres, les Japonais savent en profiter. 6 % de leur activité industrielle ont été transférés dans le Sud-Est asiatique. Le pourcentage dépassera bientôt 10 %. Le Japon est en train, on le verra, de bâtir un ensemble asiatique dont il est fier d'être la figure de proue.

La scène mondiale

Le troisième phénomène de la période 1973-1987 est en effet « l'explosion japonaise sur la scène mondiale [10] ». Sa croissance couvait depuis longtemps. On le savait mais on n'en tirait pas toutes les conséquences. A la limite, on ne la voyait pas. Le Plan de 1960-1970 avait l'ambition de hisser l'économie japonaise au troisième rang mondial et de rattraper en 1970 le niveau de vie occidental de 1957. Revenant d'un voyage d'études en 1963, j'écrivais : « Le Japon a désormais choisi la puissance par la richesse [11]. » Il était évident qu'il était en train de bousculer les positions acquises et que tout le pays était mobilisé derrière ses grandes entreprises pour développer leurs exportations. Mais pour nombre de leurs concurrents, le danger alors venait de la firme de l'autre côté de la rue.

Entre 1965 et 1985, la part du Japon dans la production des industries manufacturières mondiales grossit de 9,2 % à 16,2 % (celui de l'Asie de 12,1 à 23 %). Alors qu'en 1967 encore, le Produit national japonais ne dépassait le français que de 25 %, il le surpasse

10. Voir Annexe, tableaux 4 à 11.

11. *Entreprise*, 25 décembre 1963. « Le Japon : dans dix ans, deux fois le marché français. »

en 1985 de 85 % (à taux de change et prix constants). Depuis, l'écart se creuse.

Tous les indices illustrent la montée du Japon dans l'économie mondiale au point que nous sommes en présence d'un changement de nature, et pas seulement quantitatif. Il est devenu depuis 1984 le premier exportateur de produits industriels du monde. En 1985, par rapport à 1950, le Produit national japonais a été multiplié par 11, l'allemand par 5, l'italien et le français par 4, l'américain par 3 et l'anglais par 2. Entre-temps, le Japon est devenu véritablement un pays industriel. La structure de sa population active aux lendemains de la Deuxième Guerre mondiale était encore celle d'un pays en voie de développement avec une agriculture forte et peu de salariés.

Dans la mesure où la salarisation des gens qui travaillent est un signe d'avancée économique, celle du Japon est la plus spectaculaire des pays de l'OCDE. 39,5 % seulement de la population active étaient salariés en 1950, 79,5 % le sont en 1985. Il faut savoir que durant la même période, les chiffres américains sont passés de 88 à 92,5 % et les allemands de 68,5 à 88,5 %. L'Italie a connu une évolution comparable à celle du Japon (48,5 à 73,1 %). Celle de la France, pour significative qu'elle soit, est moins spectaculaire (62,5 à 84,1 %). Quant au Royaume-Uni, industrialisé avant tout le monde, il a gardé entre les deux dates le même taux de salariés (92,5 % environ).

Dans les classements de l'*Expansion* (mai 1988), l'industrie japonaise est la première dans le monde pour la machine-outil (elle était 4e en 1970), l'automobile (3e en 1970), les véhicules utilitaires, les téléviseurs couleur. Elle est en deuxième position pour l'informatique, l'acier.

Le fait majeur depuis 1985 est, avec la montée du yen, ce que les Japonais appellent « l'endaka », l'irruption japonaise dans le jeu financier international. Il y a dix ans, il n'y avait aucune banque japonaise parmi les cinq premières mondiales. En 1987, elles sont toutes japonaises. Les compagnies de placement ne sont pas en reste. Puissance industrielle, le Japon est aussi puissance financière, même si, prudemment, son gouvernement ne souhaite pas que le yen prenne une place trop grande dans les paiements internationaux par peur de le voir échapper à sa vigilante attention.

Les Américains, plus que tous les autres, savent bien que la période dite de « crise » qui a suivi la crise pétrolière a surtout été caractérisée par l'avènement du Japon. Il suffit de lire le dernier ouvrage d'Edwin Reischauer, ancien ambassadeur des États-Unis au Japon [12] : « Il est indiscutable que le Japon s'est affirmé comme la superpuissance la plus dynamique de la période. Aucune autre contrée ne peut lui disputer ses performances économiques. Il est aussi devenu le plus large créditeur du monde. De nombreuses indications laissent à penser qu'il dépassera les États-Unis et toutes les autres nations industrielles dans l'accumulation des investissements directs à l'étranger. » Edwin Reischauer, partant de ce constat, pense que le Japon contribuera, du fait de sa puissance, à favoriser l'avènement d'un ordre économique mondial (IEO, International Economic Order), reprenant ainsi la tradition de tous les pays qui ont pris la direction de la croisade libérale à partir du moment où ils sont devenus les plus dynamiques.

Nous n'en sommes pas encore là, mais « l'explosion » du Japon contribue fortement à une redistribution des cartes économiques mondiales.

---

12. *The Japanese Today : change and continuity*, Harvard University, Press Cambridge, 1988.

CHAPITRE II

La stratégie d'attaque

A qui appartiendra demain le pouvoir économique « global »? Au rythme de développement actuel, le Japon précédera bientôt dans la course les États-Unis eux-mêmes. Aron Viner, spécialiste de la finance japonaise commence ainsi son livre *Les samouraï de la finance* [1]. Ce n'est pas exactement comme cela que l'avenir se dessine. Nous allons plutôt vers une époque de condominium nippo-américain. Mais la montée du Japon n'a pas fini de nous impressionner. Elle nous frappe d'autant plus que c'est la première fois dans l'histoire « moderne » qu'un peuple non occidental fait mieux que les Occidentaux.

La prise de conscience de l'émergence du Japon date à peine d'une dizaine d'années. Elle était visible bien avant. Mais on ne s'alarmait pas outre mesure de l'évolution d'une économie qui, en poids, représentait à peu près l'équivalent de l'italienne. Aujourd'hui encore, certains banquiers européens suivent avec plus d'attention l'évolution de leurs collègues proches que de leurs vrais compétiteurs de demain, à savoir les Japonais.

Lorsque la réussite japonaise s'est en quelque sorte révélée aux yeux du public, nous avons été nombreux à nous précipiter au Japon avec l'espoir d'y détecter des recettes. Les Japonais nous avaient copiés et avaient réussi. Pourquoi n'irions-nous pas piller

1. Kogan Page, 1988.

leurs méthodes et reprendre l'avantage ou, à tout le moins, assurer nos positions ?

Cette façon de faire est tout à fait légitime. Malheureusement en se contentant de vues partielles sur le Japon, on est tenté d'attribuer à un seul facteur la force du système. La plupart des visiteurs ont été frappés par la politique humaine et sociale des entreprises qu'ils ont visitées. Comme les Japonais montrent toujours les mêmes et répètent à l'envi le même discours, il en est résulté une sorte de mode du type « toutes les Anglaises sont rousses ». Ainsi, séduits par le discours social de Nippon Steel ou de Matsushita, les commentateurs occidentaux, français en particulier, se sont-ils mis à donner la leçon à leurs compatriotes en affirmant que les Japonais, eux, savaient tenir compte des hommes et tirer parti de leurs capacités, alors que nous ne le savions pas. Il est probable que parmi ces commentateurs beaucoup sont allés confirmer au Japon des idées qu'ils avaient déjà caressées sur *L'entreprise du troisième type* [2]. En fait le Japon a servi de prétexte à promouvoir un renouvellement du management. Qu'il faille renouveler le management en France et en Europe est évident, mais cette façon de faire ne fournit pas une explication suffisante de la réussite japonaise.

D'autres enquêtes ont conduit à mettre plus particulièrement l'accent sur la force que les Japonais pouvaient tirer de leur histoire, de leur mentalité, de leur approche religieuse. Hubert Landier, dans son excellent livre sur *l'Entreprise polycellulaire* [3] s'en fait l'écho. « Entre l'Orient et l'Occident, il n'y a pas seulement compétition économique; la compétition économique dissimule l'affrontement entre deux civilisations, deux visions du monde, deux modes de pensée, deux façons de concevoir l'homme et l'univers. » C'est vrai. Et c'est ce qui donne au défi japonais une dimension dramatique. J'y reviendrai. Mais là encore, en voulant trop expliquer le succès japonais par des facteurs non économiques, on risque de négliger ceux qui sont parfaitement transposables. S'il est difficile en effet

---

2. Georges Archier, Hervé Serieyx, Le Seuil, 1984.
3. Entreprise moderne d'Édition, 1987.

de convertir tous les cadres européens au shintoïsme, il est concevable d'étudier de près la stratégie japonaise pour, d'une part, être mieux informé sur ses ambitions, d'autre part, en tirer quelques leçons pour l'Europe.

La thèse de la conspiration

Il y a des admirateurs inconditionnels du Japon qui en font, du point de vue de l'entreprise, le champion du bien. Ils rêvent d'une société bien conformiste où, chacun acceptant d'être à sa place, tout le monde travaillerait pour la plus grande gloire de sa firme au point même d'en oublier de vivre. Il existe une passion de l'entreprise qui conduit certains patrons à imaginer un monde dont ils seraient les maîtres et où leur activité paternelle pourrait faire naître l'harmonie sociale. Ils pensent que les patrons japonais y sont parvenus et ne cessent d'admirer ceux d'entre eux qui font chanter chaque matin l'hymne de l'entreprise. Ils aiment bien l'image qu'ils se font de la société japonaise où les hiérarchies sont respectées, où les dirigeants se donnent bonne conscience en multipliant les palabres, où le but de l'action n'est pas la consommation et le mieux-être, mais l'expansion de l'entreprise et la puissance du pays. Ces admirateurs inconditionnels du Japon négligent quelque peu la dureté des conditions de nombreux salariés, la pression sociale qui s'exerce sur les individus. Il est vrai que la notion de personne n'est pas chargée là-bas des mêmes valeurs que chez nous. C'est peut-être cela, au fond, qui les attire le plus. L'admiration, là, peut conduire à la perte d'identité. « Le clou qui dépasse doit être martelé », dit le proverbe japonais. A quoi bon copier et prétendre faire mieux si c'est pour n'être plus nous-mêmes et renier ce qui jusqu'à présent nous a fait agir?

A l'opposé, on trouve des critiques systématiques du Japon qui accusent ses dirigeants de conspiration. Cette thèse que l'on retrouve dans maintes publications américaines a été particulièrement illustrée par Mervin J. Wolf dans *The Japanese Conspiracy*[4]. Il part des chiffres du déficit commercial américain entre 1970 et 1980, passé en huit ans de 1 à 10 milliards de $, puis en deux ans à 30. Les deux tiers sont dus aux exportations japonaises.

Selon lui, le succès japonais ne peut pas s'expliquer autrement que par une sorte de totalitarisme économique, un gouvernement tout dévoué aux entreprises, capable de mobiliser l'ensemble des forces sociales et des moyens du système pour la seule réussite des affaires. Le siège social de cette entreprise quasi guerrière (Japon Inc.) est le MITI (Ministry of International Trade and Industry). Ses supports sont des technocrates, les chefs des grandes entreprises, tous sortis des mêmes universités prestigieuses, les cartels reconstitués en dépit de leur suppression après guerre, les syndicats officiels, les politiciens dévoués aux entreprises et ceux des salariés qui, embrigadés dans les grandes entreprises, bénéficient de privilèges par rapport à la masse des autres et tiennent à les maintenir. « Les Japonais ne parlent-ils pas eux-mêmes de complexe militaro-industriel? » remarque Mervin J. Wolf, évoquant à son propos le complexe militaro-politique soviétique.

Poursuivant sa diatribe, Wolf affirme que la plupart des avantages acquis par l'industrie japonaise résultent de pratiques déloyales : espionnage industriel et copie systématique; politique de dumping sur les marchés extérieurs avec pertes systématiques pendant le temps nécessaire pour mettre les concurrents à genoux et prendre une part substantielle du marché; en sens inverse, fermeture des frontières japonaises aux produits étrangers, non pas tellement par des droits de douane et des contingents que par la cartellisation des entreprises et des esprits. Qui plus est les Japonais ont l'habileté d'envoyer une partie de leurs étudiants aux États-Unis et en Europe pour s'initier aux habitudes occidentales, de manière à pouvoir ensuite mieux les combattre.

Les partisans de la thèse du complot affirment que le paradis des travailleurs que décrivent les chantres du Japon est en fait une

4. New English Library, 1983.

économie d'exploiteurs, notamment des femmes, des travailleurs temporaires et des retraités. Par ailleurs, si les discours officiels japonais sont pleins de références au libéralisme, les Japonais se protègent par des pratiques byzantines et le réseau de distribution le plus complexe du monde. Alors que les Américains acceptent les certificats de conformité aux normes japonaises, les Japonais ne cessent de soumettre les produits importés à des contrôles techniques : « Il n'y a pas une voiture, une batte de base-ball, pas un produit étranger entrant au Japon qui n'y subisse une série de tests longs et décourageants. »

La technique de la « fermeture » va plus loin. Il y a trois ans, un fabricant de chaussures américaines eut l'idée de vendre au Japon des produits fabriqués en Corée. Pour franchir les obstacles de la distribution, il se lie à un revendeur japonais. Pendant quelques mois les affaires prospèrent. Mais brutalement le revendeur explique que les produits étant réalisés pour le compte d'une firme américaine, il faut – pour se mettre en conformité avec les règles de l'origine des produits – les faire transiter par les États-Unis avant de les introduire sur le marché japonais. Bien entendu le coût du transport est tel que tout espoir de bénéfice s'évanouit. L'affaire s'arrête donc là. Mais la masse des chaussures fabriquées en Corée pour le compte d'entreprises japonaises ne cesse, elle, de croître.

Mervin J. Wolf, et il n'est pas le seul, insiste sur la très faible part de leur produit national que les Japonais ont longtemps consacrée à la Défense nationale (moins de 1 %). Certains sénateurs américains n'hésitent pas à affirmer : « Nous subventionnons l'industrie japonaise qui peut ainsi nous tailler des croupières à concurrence au moins de la part de la défense japonaise que nous prenons en charge. »

Certes les Japonais admettent l'autolimitation de la vente de certains de leurs produits aux États-Unis (ou en Europe). Mais l'exécution de ces accords est surveillée par le MITI. Les organismes qui s'en occupent interviennent aussi pour réguler les prix. Cela conduit à des résultats tout à fait contraires à ceux qu'espèrent les Américains ou les Européens. Ainsi en 1986, devant l'afflux des ventes de semi-conducteurs japonais aux États-Unis, une véritable invasion, les entreprises américaines obtiennent des Japonais un accord d'autolimitation qui entre en jeu au moment même où la conjoncture du secteur, très dépressive jusqu'alors, se met à sourire. L'augmentation brutale des commandes, alors que l'offre se trouve volontairement raréfiée, permet aux Japonais de vendre au prix fort, d'emmagasiner de solides bénéfices et de préparer le coup suivant.

Japon Inc. trouve des alliés partout et notamment les grands distributeurs étrangers. Préoccupés essentiellement de réaliser de bons bénéfices, tout en mettant en avant l'intérêt du consommateur qui a droit au prix le plus bas possible, ils se font volontiers l'introducteur des produits japonais (ou coréens, ou taïwanais, ou autres) sur les marchés occidentaux. Sears a été le grand agent de pénétration des appareils de télévision japonais aux États-Unis. En quatorze ans, de 1963 à 1977, la firme de distribution a importé du Japon 6,5 millions d'appareils, soit 60 % des exportations de téléviseurs japonais. Sears admet qu'il avait négocié des conditions exceptionnelles de prix qui ont conduit l'industrie locale à la crise. « Le consommateur américain a peut-être bénéficié des avantages de la télévision japonaise mais les salariés américains de fabricants de téléviseurs ont dû chercher un autre job. »

« Toute forme de guerre est basée sur l'art de tromper l'adversaire » (Sun Tzu Wu 500 av. J.-C.). Les Japonais ont retenu la leçon. Ils pratiquent naturellement la duplicité. « En plaçant leur verbe systématiquement à la fin des phrases, les Japonais se réservent la possibilité de mettre l'accent sur un point ou un autre. Cette façon de faire est significative d'un comportement qui consiste à attendre la réaction des auditeurs, ou des adversaires, pour savoir quelle attitude on doit, en définitive, adopter à son égard. Saint François-Xavier ne parlait-il pas d'ailleurs, à propos du Japonais, de “ la langue du diable ” ? »

Il y a évidemment beaucoup d'exagération dans les propos de Mervin J. Wolf et en général des partisans de la thèse de la conspiration. Mais sur un point au moins, il faut noter la justesse d'une observation : les Japonais répondent rarement de face à une question. Le recours fréquent à un interprète est une bonne excuse. Il permet de dire que l'on n'a pas très bien compris. Mais quand les conversations se déroulent dans une langue commune, l'art de l'esquive est égal. Le Japonais, en tacticien des arts martiaux et notamment du judo, sait masquer le mouvement d'attaque, s'adapter aux actions de l'adversaire et intervenir le moment venu avec une grande rapidité d'exécution.

Le choix mercantiliste [5]

Le Japon exporte beaucoup plus qu'il n'importe. C'est une politique volontaire. Elle est d'autant plus spectaculaire que la plupart de ses partenaires dans l'OCDE achètent plus qu'ils ne vendent ou achètent beaucoup même s'ils vendent plus encore [6].

Si tous les pays avaient une balance extérieure comparable à la sienne, le système économique mondial volerait en éclats. Pour que les échanges puissent se développer et les économies s'équilibrer, il faut qu'à des ventes correspondent des achats. Or la différence entre les exportations et les importations japonaises est la plus forte du monde, avec celle de l'Allemagne. Mais les Allemands sont beaucoup plus impliqués dans les échanges. S'ils gagnent beaucoup à la vente, ils achètent également massivement à l'extérieur.

Le Japon, lui, exporte presque autant de marchandises que l'Allemagne et les États-Unis (210 milliards de $ qui se comparent à 242 et 217) mais en importe beaucoup moins (127 millards de $ contre 189 et 369). Si les États-Unis n'absorbaient pas les surplus japonais (et ceux des pays nouvellement industrialisés), le Japon et les autres pays dynamiques d'Asie étoufferaient. Ce sont les Amé-

---

5. Voir Annexe, tableau 12.
6. Voir Annexe, tableaux 13 et 14.

ricains qui assurent, dans une large mesure, l'efficacité des industries japonaises et la prospérité de leurs firmes.

Le Japon intervient dans le commerce mondial pour une part beaucoup plus faible de son produit intérieur que celle des autres pays de l'OCDE. Sans aller jusqu'aux pourcentages belges ou hollandais qui sont ceux de communautés qui ne peuvent pas respirer sans l'ouverture vers l'extérieur, les autres marquent une liaison étroite avec l'économie mondiale. Les pourcentages japonais sont ceux d'une économie beaucoup plus repliée sur elle-même qu'on le croit généralement. On parle des succès japonais à l'exportation et de la conquête des marchés mondiaux par les produits japonais. Or les actions offensives vers le reste du monde sont menées par quelques entreprises, exportant quelques produits [7] : l'automobile (23,4 % des exportations japonaises totales sur la base des chiffres 1986), les bateaux, les camions (15,3 %), les appareils ménagers, de télévision, et de photo (12,7 %), le matériel de bureau et de télécommunication (12,3 %), les machines spécialisées (10,6 %), le fer et l'acier (6 %), les produits chimiques (6 %). Cinq catégories de produits représentent 74,3 % du total des exportations de marchandises et 8 :90 %.

L'ombre de Frédéric List

Cette concentration du « tir » à l'exportation apparaît plus spectaculaire encore quand on sait que – sur la base des chiffres un peu anciens (1986) mais sans que les données soient fondamentalement modifiées depuis – la construction navale japonaise détient plus de 36 % des parts du marché mondial; les fabricants de radios, télévisions, magnétoscopes, chaînes haute fidélité en détiennent 32 %; ceux d'automobiles, 26 %; ceux d'électronique et de composants, 24,3 % – cela a beaucoup augmenté récemment –; d'acier, 24 %.

Comme les Allemands, les Japonais là où ils sont présents sur

7. Voir Annexe, tableau 15.

les marchés extérieurs le sont de façon lourde, alors que les Français ont des exportations beaucoup plus éclatées.

Ces résultats sont ceux d'une stratégie délibérée. Tout se passe comme si les Japonais, dès l'ère Meiji, et plus tard, au lendemain de leur défaite militaire, avaient choisi l'Allemand Frédéric List comme inspirateur de leur action économique.

Frédéric List, qui a vécu de 1789 à 1846, est un peu à la politique économique ce que Fichte est à la philosophie nationale. Il eut une vie mouvementée. Député en Allemagne, il fut contraint à l'exil aux États-Unis. Il y exploita une mine d'anthracite mais fit faillite. Revenu dans son pays, il se lance dans l'élaboration du Zollverein qui consiste à réaliser un « marché unique » germanique, protégé par des frontières contre l'extérieur pour l'amener à une puissance suffisante qui lui permette, ensuite, de gagner des batailles, même avec des frontières plus ouvertes. Dans son *Système national d'économie politique* (écrit en 1840), List affirme que le cosmopolitisme et le libre-échangisme à la mode ne servent qu'à masquer l'impérialisme britannique et à les faire jouer à son profit. Les nations sont à des niveaux de développement inégaux. Toute nation évolue successivement de l'état sauvage à l'état pastoral, puis agricole, agricolo-manufacturier, enfin à l'état complexe. Le passage aux deux derniers stades ne peut s'opérer qu'avec l'appui de l'État et dans le cadre d'une politique protectionniste à l'abri de laquelle peuvent se développer des entreprises puissantes. Une fois le retard économique comblé, la nation peut alors se lancer à son tour dans le libre-échange.

Même si peu de Japonais ont lu List – encore que l'influence allemande sur le Japon ait été très forte avant la Première et la Deuxième Guerre mondiale – la politique japonaise a suivi à peu près point par point ses recommandations. Entre 1868 et 1912, le Japon, sous l'impulsion de l'entourage du 122e empereur Mutsuhito auquel on donnera à titre posthume le nom de Meiji (lumières), entre en modernité. La réforme survient à la fin d'une guerre civile qui met fin au régime shogunal et rétablit l'autorité morale de l'empereur. Longuement préparée, notamment par le développement de la formation, déjà très poussée au XVIIIe siècle, la « métamorphose » est soutenue par les anciens guerriers, les samouraïs, qui, n'ayant plus de combats à livrer, ni les moyens d'entretenir leurs domaines, se mettent au service des entreprises et de l'armée. Au départ, l'État finance les investissements d'une cinquantaine d'entreprises qui seront privatisées après leur essor. Le Japon attire des experts étrangers, anglais et allemands notamment, pour encadrer le démarrage de l'économie. Pour rattraper son retard, il élève ses tarifs douaniers, entame et gagne des guerres contre Formose, la Russie et la Chine, s'empare de la Corée, cherche tout à la fois à protéger son marché intérieur et à conquérir des marchés extérieurs. Entre les deux guerres, il essaiera de poursuivre cette politique, notamment en Chine, mais les considérations impérialistes l'emporteront sur les calculs économiques. Ce sera l'alliance avec Hitler, l'entrée en guerre avec l'espoir de mettre la main sur l'ensemble Pacifique et le désastre de 1945.

Quand l'économie japonaise redémarre après la perte de toutes ses conquêtes, elle est, en dépit de ses remarquables progrès industriels en moins d'un siècle, encore très agricole.

Les protections sont fortes, douanières d'abord, mais une fois levées sous cette forme, administratives et naturelles (langue, système de distribution, attachement des Japonais à ce qui est japonais), les entreprises nationales se battent vigoureusement sur un marché intérieur qui augmente chaque année en importance (croissance démographique et de revenus). Aguerries chez elles (car la concurrence est réelle) mais assurées d'une base, une fois les parts de marché intérieur conquises, elles se lancent à l'assaut des marchés extérieurs, à commencer par le plus important d'entre eux, le marché américain.

Profiter du libéralisme des autres

L'opération n'aurait évidemment pas pu réussir si les produits japonais n'avaient pas présenté des avantages de coût et de qualité.

Mais tout s'est passé comme dans la tradition mercantiliste. Déjà Caton l'Ancien, imprégné de caractère paysan, comme sans doute les Japonais, en avait fixé les règles : on vend beaucoup; on achète peu; on accumule des devises (qui ont remplacé l'or et l'argent chers à Caton l'Ancien, Colbert et Cromwell).

Aujourd'hui, le Japon est à l'aube d'une nouvelle aventure, celle de l'économie complexe où les activités diversifiées, de finances et de services, vont prendre une part décisive. Dans quelques années, quand on parlera des succès de la banque japonaise à Londres, ou du poids des ressources japonaises dans la capitalisation boursière mondiale, on cherchera des explications immédiates à leur réussite mais on aura oublié les étapes qui y ont conduit. De même lorsqu'on vante actuellement l'efficacité du management japonais, la mise en valeur des ressources humaines des entreprises japonaises, on oublie le cheminement stratégique qui lui a permis de se développer, fondé sur quatre éléments :

Industrie d'abord.
Marché intérieur d'abord.
Exportations massives sur quelques produits.
Importations limitées à l'essentiel.

Depuis le démarrage du Japon, d'autres pays ont fait mieux dans le genre puisqu'ils fondent leur développement sur l'exportation avant même d'asseoir leurs forces sur le marché intérieur.

Mais l'inspiration est la même. Il s'agit de profiter de l'existence d'un système de libre-échange ouvert, dont le maintien et le développement sont soutenus par la puissance dominante, les États-Unis, mais aussi désormais par la plupart des pays occidentaux, en raison de la division du travail qui tisse des liens de plus en plus denses de solidarité entre les nations. Le Japon et les pays du Sud-Est asiatique tirent parti de ce système mais n'en jouent pas le jeu. Ils en tirent plus d'avantages qu'ils ne lui en apportent.

Cela ne veut pas dire que la réussite japonaise doit tout au calcul stratégique. Mais sans lui, les autres qualités qu'on reconnaît aux entreprises japonaises et aux Japonais eux-mêmes auraient beaucoup moins fait parler d'elles. Alors que l'investisseur occidental se contente de l'alternative profit ou risque de pertes, l'entreprise japonaise, qui prend pour objectif premier le marché, joue sur bien d'autres composantes.

L'approvisionnement en « juste à temps », les importants bonus salariaux, les transferts de personnel d'autorité dans des sociétés alliées, la souplesse de la sous-traitance sont mis à contribution. De même les participations croisées interentreprises du groupe évitent au management la pression du court terme et permettent des endettements pouvant aller jusqu'à 70 % des fonds propres.

L'organisation compense ainsi les variations du marché, évite les risques d'OPA, permet une politique à long terme et parfois de dumping.

Des racines profondes

Le mercantilisme japonais n'est pas né par hasard. Après l'expulsion des étrangers en 1634, il était interdit à tout Japonais, sous peine de mort, de se rendre à l'étranger. Il l'était aussi à tout étranger de se rendre au Japon. Il était même interdit à tout pays étranger d'accueillir sur son sol un Japonais, même naufragé ! L'an dernier, il n'a été accordé que 56 000 visas de travail temporaire à des émigrants d'origine asiatique, dont 40 000 hôtesses de bars principalement philippines; les autres concernent surtout des travailleurs du bâtiment coréens et thaïlandais, pratiquement pas de Vietnamiens, tandis que 11 000 immigrants illégaux étaient pris et expulsés. Ces derniers se mettent souvent sous la protection des Yakusa qui les exploitent.

Les Japonais se veulent uniques. Ils ont d'ailleurs comme ambition, si l'on en croit la doctrine de Sony, de « faire ce que les autres n'ont pas fait et d'avoir toujours sur eux une longueur d'avance ». Le poids du passé est fort. Renée et Pierre Gosset écrivaient en août 1955 dans *Réalités, voyage autour du monde :* « Jusqu'à présent, nous avions découvert des pays où 90 % de la population vivaient à l'âge féodal et 10 % à l'âge atomique. Ici, le même conflit existe mais à l'intérieur de chaque individu. »

Traditionnellement les Japonais se sentent supérieurs aux autres. On sait que lorsque les armées mongoles de Kubilai Khan, qui avaient conquis l'Asie et une partie de l'Europe, investirent la Baie de Hakata avec 140 000 hommes, elles furent défaites par un typhon. Le Kamikaze, vent divin, avait protégé le Japon qui se considérera désormais comme invincible. Le choc de 1945 n'en fut que plus rude et le souci de revanche plus grand.

Chaque peuple est un peu façonné par son symbole, à moins que ce ne soit l'esprit du peuple qui engendre le symbole. Les Français ont le coq, très beau, très orgueilleux et un peu stupide. Les Japonais ont le soleil levant. Le soleil est un des symboles les plus anciens du pays. La famille impériale est censée en descendre. Pendant la Deuxième Guerre mondiale, quand l'empereur était encore considéré comme une divinité, le soleil levant symbolisait pour les Japonais l'émergence de leur puissance. Selon les traditions populaires, les premiers occupants du Japon se disputèrent les terres du pays jusqu'au jour où le clan de Yamato, directement descendant du soleil, l'emporta et consolida ensuite son pouvoir. Or la famille impériale descend de Yamato. Tous les Japonais se sentent peu ou prou liés à lui et par là même descendants de dieux.

« Nous les Japonais »

Plus sérieusement il faut remarquer que les Japonais utilisent fréquemment l'expression « nous les Japonais ». Ils appellent « identité » ce que d'autres appellent racisme et se considèrent sur le plan racial et linguistique comme homogènes et purs. Le shintoïsme, qui est un mélange de bouddhisme et d'animisme, leur donne le sentiment d'être également originaux en matière religieuse. Après leur mort, les ancêtres se transforment en dieux qui contribuent à donner au pays sa personnalité. C'est la raison pour laquelle les Japonais ne se sentent vraiment à l'aise que dans leur pays même. La plupart d'entre eux, aujourd'hui encore, sont d'origine rurale et ne manquent pas, dès que l'occasion s'en présente, de « retourner au pays », ne serait-ce que pour quelques jours par an. Cela changera sans doute avec les prochaines générations, mais actuellement encore l'influence terrienne qui renforce le sentiment d'autonomie par rapport au monde extérieur est puissante. Un Japonais qui ne vit pas en permanence au Japon n'est pas vraiment un Japonais. Dans la tradition shintoïste, il est même un peu suspect. Aron Viner, qui a bien décrit ce phénomène, insiste sur cette composante nécessaire à une bonne compréhension des Japonais et de leur politique. Tout Japonais appartient à un groupe dont il est solidaire. Tout corps étranger risque de perturber son fonctionnement. D'ailleurs contrairement à ce qui se passe aux États-Unis, le fait de naître au Japon n'assure pas du tout la nationalité japonaise. Les Japonais ont un code moral qui leur est propre. Ils s'efforcent de le maintenir entre eux. Se livrant à des luttes internes violentes, ils font front dès que surgit une menace extérieure.

Les Japonais, à l'échelle nationale, ont également le sentiment d'appartenir à un ensemble homogène. Cela conduit parfois à quelques scandales diplomatiques, notamment quand, en 1986, le Premier ministre de l'époque, Nakasone, affirma que le quotient intellectuel des Américains était inférieur à celui des Japonais « à cause des gens comme les Noirs, les Portoricains et les Mexicains ». Face aux protestations, il corrigea le tir mais pour confirmer son point de vue en expliquant que « bien sûr les États-Unis avaient à leur actif de grandes réussites comme le programme APPOLO, mais il y a des choses qu'ils n'avaient pas été capables de mener à bien, par exemple dans l'éducation, en raison de la multiplicité raciale ».

L'assurance que tirent les Japonais du fait d'être uniques les conduit à une réinterprétation de l'histoire. La période de conquête militaire n'est pas gommée mais expliquée comme une sorte de nécessité. On oublie trop en Occident que les méthodes japonaises ont pu conduire un peuple à se croire invulnérable. Les mérites d'un système ne sauraient, en effet, faire oublier les excès qui peuvent résulter de son application.

L'attitude à l'égard de l'extérieur et le comportement mercantiliste des Japonais s'expliquent aussi par le sentiment de vivre en permanence dans l'incertitude et le risque.

L'arc insulaire japonais fait partie de la ceinture de feu du Pacifique, zone où l'activité volcanique est intense et où les tremblements de terre sont fréquents [8]. Interrogés sur les craintes qu'ils peuvent éprouver pour les prochains mois, la plupart des Japonais, y compris les chefs d'entreprise, répondent régulièrement « un tremblement de terre ». A tel point que la gravure de matrice de disques doit s'effectuer dans des blockhaus montés sur roulements à billes et que les compagnies de réassurance françaises obtiennent en échange de prises de participation à ce risque d'autres contrats aux risques moins lourds. « Au bureau tout bougeait mais nul ne bougea », écrit John-David Morley dans *Le Voyageur de la cité flottante*. Morita Akio décrit bien ce besoin collectif de faire face aux risques provoqués par des éléments naturels et à ceux qui résultent de la faiblesse en ressources du pays : « Nous autres Japonais sommes obsédés par le problème de notre survie. Il ne se passe pas de jour sans que nous sentions trembler la terre sous nos pieds... Notre pays ne possède aucune matière première, si ce n'est de l'eau; les terres arables et habitables représentent un peu moins d'un quart de notre sol. » Il explique que tout ce qui existe dans ce monde est un don du Créateur. Il ne faut donc rien gaspiller. « A force de lutter pour survivre, nous avons forgé un style de vie unique en son genre. » Ainsi les Japonais se sentent différents des autres. Ils savent tirer parti des défis pour être efficaces. Aptes à surmonter les crises naturelles, ils sont armés pour maîtriser les crises économiques. Ils se sentent en cela supérieurs à leurs concurrents.

---

8. Voir *L'État du Japon*, l'introduction d'Augustin Berque, Éditions La Découverte, 1988.

Après 1973, alors que la crise du pétrole risquait de les étouffer par l'augmentation brusque des importations qu'elle représentait, elle est devenue l'occasion d'un formidable bond en avant.

Ayant un sentiment très marqué de leur personnalité propre qui explique en partie leur stratégie économique d'expansion extérieure et de protection intérieure, les Japonais bénéficient d'un autre atout sur la plupart des étrangers. Ils savent tout d'eux alors que nous savons peu des Japonais. Plus de 90 % des informations disponibles dans les revues scientifiques nippones ne sont pas traduites en anglais (et a fortiori en français). Depuis plus de cent vingt ans, les Japonais se sont mis à l'école des autres pour essayer de se tailler une place dans le monde moderne. Ce n'est que depuis dix à vingt ans que les Occidentaux essayent de mieux les connaître. La stratégie japonaise, là encore, a été celle du temps d'avance.

L'État au service des entreprises

L'État a toujours joué un rôle déterminant dans l'économie japonaise et admis que ce qui était mauvais pour les entreprises l'était aussi pour l'économie... Pendant l'ère Meiji de modernisation à marches forcées, il était le principal entrepreneur du pays. Il avait procédé à la « nationalisation » de la construction navale et de la sidérurgie, engagé des instructeurs étrangers pour encadrer le personnel, mis en place des instituts de formation. Il s'intéressait aux transports, aux communications, aux mines. Certaines industries considérées comme stratégiques rivalisaient avec celles de l'Occident. La victoire du Japon sur la Russie en 1905 ne se serait pas produite s'il ne s'était forgé, dès ce moment-là, une base industrielle militaire. Ce sont d'ailleurs les préoccupations militaires qui dictèrent pendant de longues années la politique gouvernementale avec le souci d'assurer les activités essentielles à la survie du pays. Une fois ces activités lancées, le pouvoir en confiait la gestion et le développement à des compagnies privées considérées comme plus efficaces. Elles n'en gardaient pas moins avec lui des liens étroits. En 1874 Iwasaki Yataro, le fondateur de Mitsubishi Company, bénéficia de commandes privilégiées de bateaux. Dans le même temps, Mitsui Company se voyait chargé de responsabilités dans le domaine des mines et du textile. Quatre grands ensembles, Mitsui, Mitsubishi, Sumitono, Yasuda et cinq un peu moins puissants, Dai Ichi, Kawasaki, Furukawa, Tanaka et Asano, constituaient la base d'un complexe militaro-industriel. Dès les années 1900, quelques entreprises majeures réalisaient l'essentiel des importations et des exportations du pays au travers de leurs sociétés de commerce (les Shoshas).

Les Zaibatsu n'ont pas, à vrai dire, de tradition capitaliste. Elles étaient imposées par le pouvoir en même temps qu'elles s'imposaient à lui. Leurs dirigeants pratiquaient entre eux une coopération active pour fixer les prix et les quotas de production. Chacun des groupes s'appuyait sur une banque et se développait par intégration verticale et horizontale. Dès cette époque, les groupes japonais menaient de front une grande diversité de fabrications. C'est encore vrai aujourd'hui. Mais le fait que l'État appuie l'action des entreprises ne signifie pas que les Japonais préfèrent les entreprises d'État, au contraire. Les Japonais ne sont pas des libéraux conceptuels. Mais ils privilégient les méthodes de travail de l'économie de marché.

L'un des exemples les plus spectaculaires et les plus réussis de leur politique de privatisation a été celui des chemins de fer. En 1987, les chemins de fer nationaux JNR éclatent. Les actifs et le passif des JNR [9] sont répartis entre les compagnies qui leur succèdent : 20 000 gares, 45 500 wagons, 58 500 hectares de terrain, 41,5 milliards investis dans des activités annexes sans compter d'innombrables contrats de prêt-bail ou de licences.

Les énormes dettes à long terme seront remboursées par les nouvelles compagnies ferroviaires à concurrence de la moitié environ. Le reste sera pris en charge par la Société de liquidation des

---

9. Voir *Japon-Economic*, n° 205.

JNR et par le contribuable. La Société de liquidation compte tirer des sommes considérables de la vente de 3 350 hectares de terrains inutilisés et de la vente des actions des nouvelles compagnies. 61 000 employés excédentaires sont à recaser. Au pays de l'emploi à vie, il n'était pas question de les licencier. Des primes spéciales ont incité 31 000 d'entre eux à prendre une retraite anticipée. 7 800 ont été reclassés dans divers ministères, en particulier l'agence de la Défense. D'autres ont trouvé eux-mêmes un nouvel emploi. Le sort de plusieurs milliers demeure incertain.

La mort des JNR marque la fin d'une époque. L'opinion publique ne soutient pas beaucoup les anciens « cheminots » : ils abusaient de leurs privilèges. Le processus d'internationalisation dans lequel s'engage le Japon exige que les frais généraux de la nation soient réduits à leur strict minimum, faute de quoi l'économie japonaise perdra sa compétitivité. Il fallait donc, quoi qu'il en coûtât, s'attaquer aux déficits et aux corporatismes dont les JNR, comme la SNCF en France, sont le symbole.

Il est vrai que les JNR rassemblaient toute la pathologie des conglomérats publics : bureaucratie, mépris de la clientèle (ravalée au rang « d'usagers »), endettement astronomique.

Les Japonais illustrent de la sorte, et ce n'est pas le seul cas, leur aptitude à « déréguler ». Ils préfèrent les entreprises privées parce qu'elles sont plus efficaces. En cela ils ont bien retenu la leçon américaine. Leur parti pris en faveur d'une « libre entreprise » les sert, une partie de l'opinion internationale s'imaginant qu'il suffit de défendre chez soi – et ailleurs – la « libre entreprise » pour se comporter en parfait libéral.

« Big is beautiful »

Après la défaite de 1945, les Américains cassent les Zaibatsu. Ils ne savent pas à l'époque quel service considérable ils rendent à l'industrie japonaise. En effet, les cadres traditionnels sont brisés, la concurrence entre les firmes se fait beaucoup plus vive. Les banques des Zaibatsu, qui, elles, n'ont pas été démantelées, jouent un rôle directeur dans la réorganisation des groupes. Elles sont à la fois leurs actionnaires et leurs créditeurs. Dans le même temps, les nouveaux directeurs des différentes firmes des anciens groupes qui sont sortis du rang prennent l'habitude de se rencontrer. Ils font échange d'informations, coordonnent leurs actions et équilibrent les intérêts des différentes parties prenantes (Personnel, Banquiers, Affiliés, Sous-Traitants, Actionnaires, Études et Développement, Productivité, etc.).

Sans le savoir, les Américains ont inventé par Japonais interposés la souplesse dans le gigantisme. Les 190 premières entreprises sont regroupées en 6 ensembles, lesquels à eux seuls représentent la moitié de la capitalisation boursière du Japon. Certes les changements apportés dans les structures par les éclatements qui ont suivi la guerre favorisent l'adaptabilité des firmes. Les rapports hiérarchiques ont été bousculés. Mais la puissance des groupes existe toujours. Chacun d'entre eux compte des compagnies leaders, des organismes financiers, des divisions par activité (chimie, électricité, acier, etc.), des sociétés de commerce et de transport, des participations diverses.

L'essentiel des activités économiques et industrielles est entraîné par les grands groupes. Le MITI, qui a moins de poids que le ministère de la Défense avant-guerre, procède tout de même à des tris entre les activités et à des choix lorsqu'il s'agit de freiner certaines productions ou de les faire disparaître, tout en accélérant la montée de quelques autres. Il ne s'agit pas d'édits en forme de diktats. Le Japonais est plus subtil. Souvent les dirigeants des entreprises, conscients de l'évolution du marché et des conditions de la compétitivité, déblaient le terrain.

Une fois les grandes lignes d'un plan d'action nécessaire de réduction de production et d'aménagement tracées, une fois le constat établi que telle entreprise est supérieure à telle autre dans un secteur donné, pour officialiser l'accord, les dirigeants industriels recourent alors au MITI. Il est neutre. Il est extérieur. Il est gouvernemental.

Personne ne perdra la face, ce qui est essentiel au Japon. En effet, ce n'est pas d'être vaincu qui est ressenti comme un affront mais de perdre la face. Les concertations sont favorisées par la présence de nombreux anciens hauts fonctionnaires dans le privé. Comme en France, ils pantouflent. La force du MITI, comme celle de l'Inspection des finances ou du Corps des Mines français, vient autant de la colonisation des nœuds de l'économie que de l'existence des bureaux. C'est par cette politique « concertée » que le Japon a pu mener à bien de nombreuses reconversions. En 1960, le textile représentait encore 30 % des exportations; en 1984, le Japon devenait le premier exportateur mondial de produits manufacturés. Un tel parcours suppose des adaptations fréquentes.

On peut rappeler au passage que les Japonais ont su apparemment faire une meilleure application du Plan à la française que les Français eux-mêmes. Dès après la guerre quelques fonctionnaires japonais avaient étudié à Paris la méthode Monnet. Ils repartirent au Japon décidés à tracer un cadre pour les actions stratégiques et à inciter les acteurs économiques à des choix vigoureux. Or les Japonais ont vraiment conquis les marchés qu'ils ont décidé d'attaquer. A la grande différence de l'Allemagne de l'Ouest, ils ne bénéficiaient pas d'un acquis sur les marchés décisifs. Ils ont dû progressivement s'engager dans des secteurs où la demande mondiale était forte (acier au moment de la guerre de Corée, construction navale après la fermeture du canal de Suez) ou très prometteuse, en prenant des paris sur eux (automobile, télévision, composants) tout en se désengageant de secteurs moins assurés de leur avenir ou progressivement occupés par des entreprises de pays à plus faibles salaires que le Japon.

Comme une méduse

Cette action qui, après coup, apparaît comme ayant été dûment préparée et calculée, a été menée en fait par approximations successives. On ne s'embarrasse ni d'a priori théoriques ni d'idéologie, on analyse le comment des faits sans s'encombrer du pourquoi jusqu'à ce que la solution se dégage peu à peu en un consensus longuement mûri. Comme l'écrivent Yves Baron et Bernard Keizer dans *Les grandes économies* [10] : « L'économie japonaise a parfois été comparée à une méduse en référence à l'aspect mou de sa structure composée d'éléments hétérogènes et concurrents, à sa souplesse, à sa mobilité. Comme la méduse, cet ensemble complexe apparemment déstructuré est capable de retrouver rapidement une cohérence en cas d'incitation extérieure et d'y répondre efficacement, à la manière d'une économie de guerre. »

Il est certain que les organismes publics contribuent à cette cohérence même si certains patrons japonais, comme Morita Akio ou le responsable de Honda, accusent la bureaucratie d'État de freiner plus le mouvement des affaires qu'elle ne l'aide. Mais ce sont des dirigeants qui ont fondé leur propre entreprise après la guerre. Au Japon comme ailleurs ce type d'homme doit lutter pour s'imposer contre l'establishment. Au Japon comme ailleurs ils accusent l'État et ses services de les avoir gênés alors que souvent l'État et les services se faisaient simplement les défenseurs des entreprises en place. Au reste Sony, comme Honda, sont particulièrement actifs sur les marchés extérieurs. Cela n'enlève rien au poids des pouvoirs publics japonais, ni à la manière dont leur action profite à la vigueur des affaires.

Depuis la fin de la guerre, le gouvernement a pratiquement toujours été entre les mains du Parti Libéral Démocrate (PLD) conservateur. Comme il est majoritaire, ce sont les courants qui le composent qui marquent la politique du pays. La division en clans favorise l'action d'influence que peuvent exercer les milieux d'affaires. Les Premiers ministres japonais ne se cachent pas de vouloir la prospérité des entreprises. Ce que disait le général de Gaulle avec mépris de l'un d'entre eux : « C'est un marchand de transistors », est en fait le plus bel hommage qu'on ait pu lui rendre. Avec le

10. Seuil, 1988.

recul, la politique du transistor a certainement plus contribué à renforcer le poids économique et financier du pays qui l'a pratiquée que celle des investissements de prestige dans un pays comme la France qui avait surtout besoin de renforcer le tissu de ses moyennes entreprises performantes. Mais passons...

Les trois trésors électriques

En 1960, Ikeda, Premier ministre de l'époque, lançait le Shotoku Baizo Keikaku (plan du doublement du revenu national en dix ans) conçu par des Conseillers keynésiens et mis en œuvre par le MITI et l'Agence de Planification. Des taux de croissance de 10 % par an furent effectivement atteints grâce à l'essor du marché intérieur (pénétration dans chaque foyer des trois « trésors » électriques : machine à laver, réfrigérateur et téléviseur) et au développement des exportations (transistors, motos, appareils de photo et construction navale). Les Jeux Olympiques de 1964 ont donné aux pouvoirs publics l'occasion de façonner les transports modernes du pays avec le développement des routes et le Shin Kansen, alors le train le plus rapide du monde. Et, à partir de 1965, c'est la percée internationale, apparemment ralentie par le premier choc pétrolier mais relancée par le Premier ministre Miki (1971-1976) avec un plan de redéploiement (Kozo Tenzan) qui privilégie les activités faisant plus appel à la matière grise qu'à l'énergie classique : électronique, biotechnologies, énergie atomique.

Ainsi, on le voit, à chaque étape de l'évolution économique, les pouvoirs publics engagent le Japon dans une direction donnée. Ils n'imposent pas un plan. Ils dessinent une vision de l'évolution et multiplient les informations susceptibles de guider l'action des entreprises. Ce n'est pas du dirigisme, c'est de l'éclairage. Plus récemment Nakasone incitait vigoureusement les Japonais, à la suite du plan Maekawa, à se tourner vers le marché intérieur pour assurer leur prospérité et à importer plus pour pouvoir continuer à exporter.

Mais en permanence le gouvernement est à l'écoute des affaires dont les leaders lui « soufflent » en fait les idées à promouvoir.

François Ceyrac (ancien président du CNPF) ne racontait-il pas au retour d'un voyage au Japon, avoir été impressionné par son collègue Doko Toshiwo (mort en août 1988 à l'âge de 91 ans, grand patron des chantiers navals, puis président du patronat, enfin artisan d'un vaste projet de réforme administrative) non seulement en raison de son grand âge, de sa verdeur, de sa simplicité de vie, mais aussi du respect que lui manifestait tout le personnel politique : « Ici quand un Premier ministre est nommé, c'est moi qui vais lui rendre visite. Là-bas, c'est le Premier ministre qui se déplace. » Anecdotique? Peut-être. Mais significatif. Certes ce système a ses faiblesses, comme l'illustrent les scandales financiers successifs. Mais les affaires ont désormais acquis un tel poids au Japon qu'il serait difficile à un gouvernement, quel qu'il soit, de modifier du tout au tout les rapports de force entre les pouvoirs.

Les deux vaches à lait de l'industrie

La croissance japonaise a bénéficié de deux appuis considérables. Les consommateurs paient les produits plus chers que si les frontières étaient vraiment ouvertes. Les épargnants mettent de côté des sommes considérables qui sont placées à faible taux dans les entreprises. Les employés constituent leur plan de retraite à partir d'actions ou de prêts consentis à leur propre entreprise en exonération d'impôts sur le revenu. Les jeunes ouvrières qui constituent leur dot en quatre ou cinq ans de travail, logées comme au collège, confient leurs économies à leurs employeurs en attendant leur mariage.

La stratégie offensive du Japon s'appuie sur des entreprises qui n'ont pas à subir une pression fiscale et sociale considérable de l'État. Certes l'impôt direct sur les personnes et sur les sociétés a fourni jusqu'à présent l'essentiel des ressources budgétaires (73 % des rentrées fiscales totales). Mais la philosophie japonaise est de ne pas développer les dépenses publiques. Si l'État doit faire face à de nouvelles dépenses, on fera appel au nouvel impôt indirect (la TVA). Mais de toute manière, on cherchera à limiter les interventions. Le Japon est celui des pays industriels où la proportion des fonctionnaires est la moins élevée (trois fois moins qu'en France en pourcentage de la population active, sans négliger pour autant l'enseignement). La part de l'impôt dans le revenu national plafonne à 24 % (32 % en France). L'impôt sur les sociétés est en baisse constante. Ainsi les entreprises peuvent accumuler le capital et investir en machines, en hommes et en prospection. Des milliers de jeunes cadres sont facilement envoyés en immersion-formation à l'étranger, assurés que sont leurs employeurs de leur fidélité. L'un d'entre eux débarqua en France ayant reçu pour mission de n'avoir aucune activité pendant un an, mais simplement de s'informer, d'observer et de se faire des relations.

En matière sociale, les dépenses – comme partout – augmentent. Elles représentaient 6 % du revenu national en 1970. Elles ont atteint 14 % dans les années 80. Au rythme actuel, le pourcentage américain (17 %) sera rattrapé. Mais on est loin des nations européennes qui consacrent toutes plus du quart de leur revenu national à la protection sociale. (Le tiers pour la France; plus pour les pays scandinaves.)

Il n'est donc pas étonnant qu'en termes de prélèvement obligatoire en pourcentage du produit national, le Japon arrive presque en dernière position alors qu'en termes de puissance économique, il flirte avec la première place [11]. On ne peut pas affirmer de façon simpliste : moins les prélèvements obligatoires sont élevés, plus l'efficacité économique est grande. En effet des pays comme l'Allemagne, la Suède, les Pays-Bas ou la France ne sont pas dépourvus de qualités économiques. Mais en revanche on est bien obligé de

11. Voir Annexes, tableau 16.

constater que souvent là où sont les taux de prélèvement les plus élevés, là sont aussi les taux de chômage les plus lourds.

Les entreprises japonaises, les plus grandes notamment, accordent à leurs salariés une couverture sociale plus étendue que les obligations légales. Mais seul le tiers d'entre eux en bénéficie vraiment. L'emploi à vie et les avantages liés au statut de travailleur régulier d'une grande entreprise ne touchent qu'une minorité. Les régimes des soins médicaux varient entre les assurés du régime général des salariés et ceux du régime national (moins bien remboursés). Pendant longtemps les allocations familiales n'ont pas fait l'objet d'une attention particulière dans un pays qui, s'il craint aujourd'hui le vieillissement, avait mis après la guerre l'accent sur la surpopulation. Pour avoir droit aux assurances chômage, il faut avoir cotisé pendant plus de six mois pendant l'année qui précède la perte de l'emploi. Les indemnités versées sont faibles en raison du faible taux de chômage officiel.

Enfin les régimes de retraite n'assurent pas à leurs bénéficiaires de quoi vivre réellement. Les salariés qui sont poussés hors de l'entreprise à partir de 55 ans, maintenant 58 ans, et demain 60 ans (le vieillissement de la population contraint à revoir les habitudes) partent avec un pécule de deux à trois ans de salaires.

Il est insuffisant pour leur permettre de vivre et d'attendre les versements de la retraite définitive qui se produisent plus tard, et sont d'ailleurs faibles. Les « jeunes retraités » sont donc contraints de travailler. Ils vont grossir l'armée des salariés au rabais qui contribuent largement à la capacité d'adaptation de l'économie japonaise et, par ailleurs, évitent de forts taux de chômage : les Japonais préfèrent des gens au travail, même payés modestement, que des chômeurs qui, de toute manière, sont très mal payés.

Investir d'abord

Le gouvernement japonais (et le gouvernement des affaires) ont tout mis en œuvre pour maintenir un taux d'épargne élevé, plutôt qu'un rythme de croissance élevé de la consommation. La consommation évolue en général un peu moins vite que la production ou en parallèle avec elle. En revanche l'épargne est vigoureuse [12].

Les Japonais sont incités à mettre le plus d'argent possible sur des comptes d'épargne pour préparer leur retraite et compenser ainsi la faiblesse des pensions garanties par la protection sociale. Même si une loi récente vient de réduire les avantages accordés à ces comptes, ils restent très abondants. Et surtout l'épargne investie dans l'entreprise par son personnel l'est en exonération d'impôts.

Ce système de préparation à la retraite, qui repose d'abord sur les efforts des individus et la mise à disposition des entreprises d'une partie importante de l'épargne de leurs salariés, favorise le crédit à bon marché. Au Japon, les entreprises ont toujours bénéficié de taux d'intérêts plus faibles que ceux payés par leurs concurrents.

Dans tous les grands pays de l'OCDE, un effort d'investissements productifs a été conduit au cours des dernières années mais c'est au Japon qu'il a été le plus spectaculaire.

Comparé au Français, à l'Allemand, à l'Américain, le Japonais est celui qui consomme le moins, épargne le plus (et travaille le plus longtemps). Les différences sont spectaculaires. Le Japonais consomme les deux tiers de ce que consomme un Américain, et à peine les huit dixièmes d'un Français. En revanche, il épargne 20 % de son revenu et du PNB, près de quatre fois ce qu'épargne l'Américain (5 %) et près d'un tiers en plus que le Français (13 %). Pourquoi cette rage d'épargner? Voici la réponse que fournissent généralement tous les Japonais interrogés.

« Je suis obligé de préparer ma retraite. Je sais que mes ressources vont fortement diminuer quand j'aurai dépassé 55 ou 58 ans. Je place donc mon argent dans un compte d'épargne ou dans des actions. Ce sont en grande partie celles de mon entreprise (cela pour les salariés du système “ protégé ”). Je n'attends pas tant de mes actions un revenu qu'un gain en capital qui m'apportera le

12. Voir Annexe, tableau 17.

jour venu une masse d'argent que je pourrai placer en obligations ou autrement.

« La deuxième raison de mon épargne est l'éducation de mes enfants. Au Japon, pour faire réussir les enfants, il faut leur assurer une bonne préparation scolaire. Elle se fait par des cours supplémentaires donnés par des écoles privées qui coûtent très cher. Qui plus est, plus les études durent – et c'est souhaitable pour l'avenir des enfants – plus les jeunes coûtent cher.

« La troisième raison est l'espoir que j'ai de pouvoir m'acheter un logement. Vous savez que le prix du mètre carré au Japon, à Tokyo en particulier, est le plus cher du monde. Un cadre ne peut pas espérer se loger chez lui à moins d'une heure, parfois deux heures de son travail. Mais en dépit de cet inconvénient, il poursuit sans cesse l'espoir de s'installer dans ses murs. »

Une bonne partie de l'épargne est recyclée en quelque sorte dans l'entreprise qui emploie le salarié. Lillian Qinoza a raconté dans *l'Express* [13] comment une firme comme Toyota organise l'existence de ses 3 700 employés de Toyota City. « L'achat d'une Toyota est facilité par des prêts. Les remboursements sont prélevés sur les salaires. Pour le logement, même sollicitude. Sortis du lycée technique, les jeunes ouvriers sont trois à partager une chambre dans les dortoirs de l'entreprise. Après cinq ans, ils pourront prétendre à une chambre individuelle. Le loyer est prélevé à la source. 57 % des couples Toyota sont logés par l'entreprise. Au bout de dix ans, Toyota Home leur propose de sélectionner l'un des sept modèles de maisons préfabriquées (cèdre, chêne ou orme) qui sortent de l'usine de Kasugaï (située au nord de Toyota City) à raison de plus de 2 000 unités par an. »

La coopérative de Toyota réalise un chiffre d'affaires comparable à celui d'un grand magasin. Les gros achats peuvent se régler à crédit. L'argent ne quitte pas la famille. Un contestataire – il y en a – s'exprime : « La direction vous pousse à acheter puis vous tient par la dette. Si l'on accepte de faire des heures supplémentaires,

13. 22 juillet 1988, Toyota City.

c'est que le salaire de base ne suffit pas pour maintenir le niveau de vie. »

Croissance plutôt que bénéfice

La politique de l'épargne et de l'argent bon marché permet aux entreprises japonaises de recourir beaucoup plus que les occidentales à l'emprunt. Elles n'ont pas la même attitude par rapport aux dividendes et au profit. Elles ont des taux de profit faibles. Elles versent peu de dividendes, empruntent beaucoup, investissent plus que les concurrents américains ou autres mais ont une croissance plus forte.

En raison de ce qu'ils attendent de leurs placements, les épargnants japonais préfèrent une entreprise qui réalise des taux élevés de croissance, dont la capitalisation gonfle, à une entreprise qui verse des dividendes.

La pratique occidentale conduit à une alliance de la direction générale et des actionnaires en vue d'optimiser le profit à court terme. La politique d'épargne japonaise favorise la recherche d'une croissance à long terme de l'entreprise. L'actionnaire reçoit un peu de dividendes, mais n'a en réalité rien à dire à propos de la marche de l'entreprise. La majorité dans les conseils est toujours atteinte avec les directeurs de l'entreprise ou du groupe qui y ont fait carrière.

Les consommateurs sont également appelés à servir la cause des entreprises. Il est rare qu'un étranger ait intérêt à acheter un produit japonais au Japon. Ce qui était vrai avec le Yen sous-évalué, l'est évidemment plus encore avec le Yen cher. La lourdeur de la distribution, sur laquelle je reviendrai, contribue à maintenir des prix intérieurs élevés. L'épargnant « paye » le crédit bon marché aux entreprises. Le consommateur « paye » le maintien d'un plein emploi apparent qui évite les inconvénients du chômage. Qui plus est, il sert aussi de support aux entreprises japonaises qui exportent.

Elles commencent par s'assurer de solides parts de marché au Japon même. Cela leur procure une base pour leurs offensives à l'extérieur. Il ne faut pas en conclure que les entreprises japonaises ne se font pas entre elles une concurrence vive. Le consommateur japonais bénéficie de toutes les attentions auxquelles il a droit. Mais les efforts faits en direction de la qualité et des services rendus sont plus importants qu'en matière de prix. On a même le sentiment que les firmes japonaises au Japon se battent plus pour élargir leurs parts de marché par une politique de présence commerciale et de promotion de leur image de marque (les chiffres de publicité sont très élevés) que par une bagarre sur les prix avec leurs concurrents. Leur but, c'est la puissance plus que le profit immédiat.

CHAPITRE III

Le tout entreprise

La société industrielle japonaise est d'inspiration militaire. Elle est dominée par des seigneurs qui sont les compétiteurs dans les tournois économiques mondiaux. Les fantassins du travail sont chargés de les servir...

La grande entreprise japonaise, celle dont on parle quasi exclusivement en Occident, est un modèle du genre. Elle mérite à ce titre d'être analysée [1].

L'art du temps

En juin 1988, Mitsubishi Corp. annonçait à la presse la mise sur le marché d'une pagode de cinq étages d'inspiration bouddhiste, réalisée dans un matériau spécial à dominante de fibre de verre. D'une hauteur de 18 mètres, elle est vendue environ 8 millions de nos francs. La firme n'en attend pas de bénéfices immédiats mais pense que la croissance de la population où domine la religion

1. Les ouvrages ne manquent pas sur le sujet. Les meilleurs d'entre eux sont certainement *Kaisha* de James C. Abegglen et George Stalk Jr (traduit en français : *La stratégie des entreprises japonaises*, Éditions d'Organisation 1987), et *Les entreprises japonaises*, de Yoshimori Masaru (Que sais-je, PUF, 1984).

bouddhiste créera un besoin de pagodes qui peut représenter un marché lucratif.

La démarche est typique de la méthode japonaise : on observe le marché, on l'étudie de près, on décèle ses besoins potentiels et on s'élance.

La stratégie d'attaque du Japon s'appuie sur l'action d'entreprises industrielles, limitées en nombre mais quasi imbattables dans leur secteur d'activité. Les chefs d'entreprise japonais insistent eux-mêmes sur la différence majeure qui les sépare des entreprises américaines ou occidentales. « Les Américains sont soumis à la dictature des comptes trimestriels à afficher à la Bourse. Pour annoncer un bénéfice, ils font n'importe quoi. Nous travaillons sur le long terme. C'est comme cela que se construit une entreprise gagnante. »

Les entreprises japonaises se placent sur des créneaux d'activité où il est possible de concevoir des produits mondiaux, appareils de photo, magnétoscopes ou semi-conducteurs. Ils n'hésitent pas, s'il le faut, à perdre de l'argent pendant des mois et des années pour conquérir des parts de marché et s'imposer ensuite à tous les acheteurs contraints de s'adresser à eux parce que les autres fournisseurs ont renoncé à la lutte.

Cette action, pour réussir, suppose une attention permanente portée aux besoins du marché. Les Japonais sont très attentifs à répondre aux demandes et à suivre leur évolution. Pour empêcher les concurrents de souffler, ils n'hésitent pas à renouveler sans cesse les modèles. Morita Akio explique qu'il pouvait laisser, autrefois, sur le marché certains modèles pendant dix-huit mois, voire deux ans. « Maintenant, il faut proposer un modèle tous les six mois et quelquefois raccourcir encore les délais de renouvellement. »

Pour renforcer cette politique, les dépenses de recherche atteignent souvent entre 6 et 10 % du chiffre d'affaires des entreprises leaders. Rapportée au produit national, la recherche au Japon semble cependant moins importante que celle des États-Unis. Mais lorsqu'on examine les chiffres de près, on se rend compte que la recherche destinée aux entreprises dont les produits vont sur le marché est, avec l'allemande, la plus élevée du monde. Les Japonais ne prétendent pas à la gloire de la découverte mais à l'efficacité de l'offre créatrice.

On sait ce que signifie l'expression. Elle est la rencontre de la technique et des possibilités du marché. Ou bien on part d'un produit inédit qu'on propose aux acheteurs, ou bien on renouvelle les produits existants en apportant un avantage en plus, qu'il soit de prix ou de qualité, et, si possible, les deux.

Les Japonais, dans les activités qu'ils sélectionnent, excellent dans ces deux domaines. Morita Akio, toujours lui, raconte que lorsque le transistor fut mis au point par les Américains des laboratoires de la Bell, une firme américaine, Regeney, soutenue par Texas Instrument, mit au point un poste de radio transistorisé. Elle avait six mois d'avance sur Sony. Mais elle abandonna rapidement sa production sans même avoir poussé ses prospections sur le marché. Sans doute Regeney, pressé par la recherche de bénéfices à court terme, n'eut-il pas la patience d'attendre que les clients potentiels s'habituent à un produit nouveau. Sony, parti plus tard dans la production de postes à transistors, s'accrocha à son pari et finit par réaliser de substantiels bénéfices dans cette branche.

La volonté de s'imposer ne va pas sans prises de risques importants. Mais, au Japon, ces derniers sont couverts par les banques qui, une fois la confiance accordée à un projet, n'hésitent pas à le soutenir longtemps. L'endettement des grands groupes dépasse parfois 70 % des fonds propres. Honda a donné à plusieurs reprises un exemple spectaculaire de cette manière de procéder. Lorsqu'il se lança dans la fabrication de motocyclettes, il était loin d'être le seul à prétendre à la première place. Une fois ses modèles bien mis au point, il décida d'imposer à sa production un rythme de croissance une fois et demie supérieur à la demande prévue. Ce faisant, il réussit en cinq ans à dépasser son principal concurrent d'alors, Tobatsu, lequel fit faillite tandis que 45 autres constructeurs se retiraient progressivement de la compétition.

A l'heure actuelle, convaincus que pour l'emporter définitivement sur un marché, il faut s'engager dans des frais à long terme, les constructeurs automobiles japonais ont décidé de construire plus de véhicules que n'importe quel concurrent dans la prochaine décennie.

En 1974, les ventes de voitures japonaises aux États-Unis représentaient 6,7 % du marché. Comme le dit Christian Sautter [2], « la tactique japonaise a été d'une belle simplicité : accompagner le marché quand il se développe, l'enfoncer quand il recule ». Entre 1976 1978, il est en forte expansion. Les Japonais en profitent pour pousser leur part à 12 %. C'est beaucoup. Mais la partie n'est pas encore définitivement gagnée. Elle le sera entre 1978 et 1982 alors que l'ensemble des ventes sur le marché américain baisse de 11,3 à 7,8 millions de véhicules. Les voitures japonaises s'imposent en raison de leur rapport qualité-prix. Elles occupent 23 % du marché. Durant cette période, Toyota et Nissan ont doublé le renouvellement de leurs modèles (et pas seulement sur le seul marché américain), multiplié leurs dépenses de publicité et augmenté de 15 % leurs points de vente.

Comme souvent, la progression la plus spectaculaire s'est faite à l'occasion d'une crise. Les Japonais excellent dans la méthode. Il sera bon d'avoir cela à l'esprit le jour où les frontières automobiles européennes seront largement ouvertes. Les Japonais se préparent à mener une politique comparable à celle qui leur a réussi sur le marché américain. Pour faire face, les constructeurs européens ne pourront pas indéfiniment freiner les importations. Dès à présent, comme aux États-Unis, les Japonais installent des usines à l'intérieur même de la Communauté européenne d'où ils pourront mener l'offensive. Il faudra donc que les Européens, notamment ceux dont les modèles seront les plus attaqués, sans doute dans les gammes moyennes, non seulement accentuent leurs efforts de productivité et de promotion commerciale, mais encore soient en mesure de porter eux-mêmes la concurrence sur les marchés dominés par les Japonais. Pourront-ils réussir en restant aussi nombreux qu'aujourd'hui ? C'est peu probable. On assistera à des regroupements et

2. *Les dents du géant*, Olivier Orban, 1987.

sans doute à des accords techniques, financiers, commerciaux, y compris – peut-être – avec certains constructeurs japonais !

La volonté de croissance systématique des entreprises japonaises n'est pas nouvelle. Depuis 1860, le Japon a souvent réalisé des taux de croissance deux à quatre fois plus élevés par rapport aux pays européens.

En agissant de la sorte, les firmes japonaises poursuivent toujours le même but. Accroître leurs parts de marché. Leur philosophie d'action n'est pas le profit immédiat, mais le « profit long », résultant de l'élimination des concurrents.

La conquête des parts de marché

On dit souvent que les principes du Boston Consulting Group, fort à l'honneur dans la décennie 70, sont dépassés. Toujours est-il que les Japonais ont su en tirer largement parti. Leurs entreprises vedettes se sont imposées par une politique de prix bas. Elles ont progressivement éliminé de la sorte les concurrents les plus sérieux. Elles ont fait jouer à plein la courbe d'expérience, autrement dit la baisse des prix résultant de la production en quantité. Elles ramassent alors la mise, en disposant en plus, dans certains secteurs, d'une position de quasi-monopole qui leur permet de vendre ultérieurement à prix élevé.

L'industrie des semi-conducteurs en fournit un exemple spectaculaire. En 1974, les Américains dominaient le marché. En 1980, ils n'en maîtrisaient plus que la moitié. En 1986, les Japonais en contrôlaient plus de 80 %. En 1987, une contre-offensive américaine s'est amorcée tandis que de nouveaux challengers apparaissent en Asie, l'Europe, on le sait, se traînant péniblement loin derrière, bien qu'ayant dépensé pour les recherches en ce domaine plus de crédits que le Japon. Mais en Europe, la vanité nationale pousse chaque État à prétendre réussir seul, ce qui conduit à un gaspillage de fonds.

Les Japonais ont mené une politique systématique de baisse des prix grâce à une meilleure maîtrise de leur production. En 1986, ils proposaient des « chips » à moins de 2 $ pièce alors que les producteurs américains affirmaient que le prix normal sur le marché était de 2,5 à 3 $. De guerre lasse et en dépit d'accords d'autolimitation passés avec les Japonais, la plupart des producteurs américains abandonnèrent la partie –, laissant le champ libre à Toshiba, Nec, Mitsubishi, Hitachi, Fujitsu.

« Les Japonais ont probablement perdu 4 milliards de $ au début des années 80 dans les ventes de mémoires », dit un consultant américain. Il faut dire qu'ils n'hésitaient pas, pour gagner des parts de marché, non seulement à baisser les prix, mais à se lancer le plus tôt possible dans les produits d'une nouvelle génération.

Ils se sont ainsi assuré une position de force. Les Européens sont pratiquement à la merci des producteurs japonais pour leurs fournitures tandis que les Américains sont décidés à mener une contre-offensive technique et commerciale, particulièrement dans le domaine des « chips » faites sur mesure pour des utilisations spécifiques. Il convient d'ajouter que tous les chiffres publiés ne tiennent pas compte du plus gros producteur de semi-conducteurs du monde qu'est IBM, lequel se réserve la totalité de sa production.

Cette politique a eu, entre autres, comme effet d'assurer à Toshiba des bénéfices considérables – après les pertes acceptées d'avant-hier. La moitié de ses bénéfices avant impôt (en 1987) provient en effet des semi-conducteurs, bien que les puces ne comptent que pour 8 % dans le total des ventes du groupe. Ce n'est pas tout. Les mémoires DRAM [3] entrent pour 25 % dans le coût de fabrication d'un ordinateur. Elles sont vendues en 1988 moins cher au Japon qu'aux États-Unis (une fois les positions conquises, on n'a plus besoin de l'appui du marché intérieur). De ce fait, les grands de l'électronique japonaise comme Toshiba, Hitachi, Fujitsu, vont pouvoir fabriquer des ordinateurs puissants à moindre coût et prendre des parts de marché à l'industrie américaine.

3. Composants électroniques *(dynamic random access memories)*.

Ils ne réussiront peut-être pas. Mais, à tout le moins, courent-ils leurs chances.

Il faut dire que pendant longtemps, le yen, sous-évalué par rapport au dollar, si l'on tient compte des capacités réelles des deux économies, a permis aux entreprises japonaises d'appuyer leur politique de conquête de parts de marché. Mais la sous-évaluation du yen pendant des années ne doit pas masquer les véritables atouts dont ont su se doter les entreprises japonaises performantes.

Elles prennent, on l'a vu, systématiquement un parti pris de croissance. Elles observent leurs concurrents avec la volonté d'être en permanence le meilleur, ou alors d'être différent. De toute manière le principe est de n'être jamais en retard d'une innovation.

Une large palette de production

Les entreprises japonaises ne pourraient pas prendre des risques considérables pour conquérir des parts de marché si elles ne s'appuyaient pas sur l'épargne à bon marché que leur procure le système, ni sur le marché intérieur qui leur assure une base d'action. Mais elles pratiquent également une politique de diversification impressionnante de production, ce qui leur permet, lorsqu'elles lancent une offensive dans un secteur donné, de la faire appuyer par le reste du groupe.

Ainsi Toshiba. Fondé en 1875 (encore une des initiatives de l'ère Meiji), le groupe couvre toutes les activités qui vont de l'électronique à la production d'énergie. Il annonce 196 productions principales réparties en cinq grands secteurs d'activité. Alors que les principes du management anglo-saxon poussent les entreprises occidentales à se spécialiser, à rechercher la maîtrise de quelques métiers, avec l'espoir de s'imposer dans les secteurs choisis, les grandes entreprises japonaises maintiennent une grande variété de vocations et de départements.

Sans doute ne pourraient-elles pas le faire si la concurrence extérieure pouvait pénétrer profondément le marché intérieur. Mais comme elles sont protégées, elles peuvent maintenir la grande variété de leur portefeuille.

Le large éventail d'activités favorise les conversions. Lorsqu'une branche est en déclin ou connaît des difficultés, il est possible de faire passer le personnel que l'on tient à conserver dans d'autres divisions, d'autres filiales des sociétés associées, ou même chez des sous-traitants. Le transfert ne se fait pas nécessairement à salaires et avantages maintenus, mais à tout le moins l'emploi est-il assuré. Si, comme en Europe et aux États-Unis, les firmes étaient tenues, en raison de la pression de la concurrence, de se spécialiser, elles ne pourraient pas procéder de la sorte.

Les reconversions sont également favorisées par la politique des parts de marché appuyée sur un marché intérieur solide et développée à coups de pertes initiales pour assurer ultérieurement des profits substantiels.

Canon, qui était fabricant d'appareils photo, a fait face à la baisse de la demande en diversifiant ses activités par la fabrication d'imprimantes, de photocopieurs, de télécopieurs et de matériel de traitement de texte. Aujourd'hui la photographie ne représente plus que le tiers de ses activités.

Les firmes sidérurgiques en fournissent un autre exemple. Nippon Steel, qui avait perdu l'équivalent de 500 millions de francs en 86 et a remonté la pente pour en gagner près de deux milliards en 87 (sur 122 milliards de francs de chiffre d'affaires), veut ramener son chiffre d'affaires consacré à l'acier de 80 à 50 % d'ici à 1995. Il commercialise en juillet 1988 trois séries d'ordinateurs de process (assistance à la production) destinés au marché des producteurs automobiles, de la métallurgie, de la pâte à papier. Bien que les Japonais ne soient pas considérés jusqu'ici comme des maîtres dans la confection de logiciels informatiques, ce groupe tente également sa chance en ce domaine. Par ailleurs, en juillet 1988, Nippon Steel Corp. prenait une participation dans Sankyo Seiki Co fabricant de composants électroniques et plus gros fournisseur mondial des synthétiseurs. Kobe Steel, de son côté, a signé en 1988 un accord de coopération avec une firme californienne pour développer des équipements de bureautique conçus pour équiper différents postes de travail. Nippon Kokan (aujourd'hui NKK Corporation) a lancé un programme de diversification sur le thème « New Future Vision » et s'intéresse à différentes techniques électroniques et de biotechnologies.

Ces nouvelles orientations n'excluent en rien les efforts de productivité. Les Japonais se sont rendu compte, avec le yen cher, qu'ils ne pouvaient pas les mener à bien sans une réduction de leur personnel : 45 000 personnes en cinq ans – dans la sidérurgie. Mais le fait que les entreprises japonaises soient contraintes, comme de simples européennes ou américaines, à réduire leurs effectifs pour faire face à l'évolution ne doit pas faire oublier qu'elles ont su mettre au point des techniques d'efficacité qui, avec les choix en faveur du long terme, sont aussi pour beaucoup dans leur réussite.

La maîtrise du quotidien

La stratégie d'attaque japonaise s'inspire d'une longue patience (« Nous ne sommes pas un peuple pressé », dit un grand patron japonais). Elle n'aurait pas pu réussir sans la plus grande attention portée aux détails du quotidien et à l'organisation de la production.

Le miracle japonais, si miracle il y a, c'est qu'au fur et à mesure que les entreprises deviennent plus complexes pour répondre aux variations incessantes du marché et à la diversité des besoins d'une société riche, elles accroissent la maîtrise de leur gestion quotidienne.

Pour Jean Bounine et Suzaki Kiyoshi [4], l'une des raisons de leur supériorité vient de ce qu'elles appliquent plus les moyens de l'informatique aux processus de production qu'aux processus administratifs. Selon eux, les Occidentaux ont consolidé le taylorisme en

4. *Produire juste à temps*, Masson, 1986.

essayant de maîtriser sa complexité par le recours à l'informatique alors que les Japonais ont d'abord modifié leur organisation avant de mettre en œuvre les ordinateurs. Au demeurant, ils les appliquent surtout au domaine de la production et évitent d'en faire des machines à trop contrôler.

Les Japonais dans l'entreprise ont l'appétit du concret. Ils l'ont illustré en généralisant la méthode Kanban, dite du « juste à temps », qui est l'aspect le plus connu de leur efficacité dans le processus de production, mais qui n'est pas le seul.

Kanban signifie carte ou étiquette. Le but du système est de réduire le cycle de fabrication en ne gardant que des stocks intermédiaires et des encours minimum. Il faut évidemment pour cela une synchronisation entre l'usinage effectué dans l'entreprise ou par des sous-traitants et le montage. Cette méthode permet une compression du fonds de roulement et, en définitive, une meilleure utilisation du capital investi. On a vu qu'elle avait été suggérée par l'Américain Joseph H. Juran.

Mais l'histoire telle qu'on la raconte aujourd'hui, veut qu'aux lendemains de la Deuxième Guerre mondiale, Ohno Talichi, l'un des responsables de Toyota-Motors ait été envoyé par ses patrons aux États-Unis pour étudier l'industrie automobile américaine. Il en revint convaincu que jamais personne d'autre n'atteindrait un tel degré de perfection du système fordien de production de masse d'un nombre restreint de modèles. Il décida qu'il fallait, pour faire mieux, parvenir à fabriquer économiquement des petites quantités de nombreux modèles. Pour y parvenir, il imagina une nouvelle organisation de la production automobile de façon à éliminer le plus de gaspillage possible, stocks, rebuts, arrêt long des machines. Il ne fut pas entendu tout de suite.

Lors des premières visites que je fis au Japon, y compris chez Toyota, au début des années 60, la production automobile était encore assez taylorienne. Il est vrai, en revanche, que dès cette époque, les stocks étaient limités. On m'avait expliqué que c'était surtout par manque de place chez les revendeurs. Cet aspect de la méthode Kanban est parfois trop passé sous silence. Nous en reparlerons à propos de la distribution. Toujours est-il que Toyota a donné l'exemple de la maîtrise de la production diversifiée, juste à temps, comme Ford trente ans plus tôt avait inventé la production de masse à coût réduit par perfectionnement de chaque geste et automatisation poussée (l'homme étant réduit à se transformer en machine lorsqu'il y avait un trou dans le processus de production automatique).

Les efforts dans le système Toyota, qui s'est largement répandu surtout à partir des années 70, à la suite de la crise pétrolière qui entraîna la nécessité de compenser par un plus de productivité le surcroît des charges et la montée de la concurrence, portent sur la diminution des temps de réglage et de changements d'outils. Pour l'usinage des boulons, il fallait au départ chez Toyota huit heures de mise au point de la machine. Il suffit désormais... d'une minute. En modifiant la disposition des ateliers, les distances entre les stades de fabrication ont été réduites, les manutentions sont moins nombreuses. La productivité s'est également accrue avec l'affectation d'un ouvrier à plusieurs machines. Pour une fabrication de vilebrequins, là où il fallait douze heures, quatre suffisent. Les changements n'exigent pas toujours des machines très sophistiquées. Il semble même que l'outillage des firmes japonaises soit souvent moins spectaculaire que leurs résultats le laisseraient prévoir.

Toujours est-il que les résultats sont là. On estime généralement qu'il faut deux fois plus d'hommes directement employés dans une usine d'automobiles américaine que dans une japonaise, mais les constructeurs japonais font plus largement appel à des sous-traitants. Ils incitent d'ailleurs vigoureusement leurs sous-traitants à se plier à leurs méthodes. Leur succès serait en effet limité si l'ensemble du système n'était pas réglé par les principes du juste à temps.

Tous les constructeurs automobiles et la plupart des producteurs japonais ont mis au point leur propre organisation. Dans l'industrie automobile, la généralisation du juste à temps a permis, à la fin des années 70, de doubler la productivité et la rotation des actifs sans augmenter le poids en capital.

L'intérêt du système réside non seulement dans la possibilité de réduire les coûts mais aussi dans celle de varier les productions. C'est le secret de la flexibilité des entreprises japonaises. On en arrive à produire à la demande. Là où les constructeurs automobiles français réclament plusieurs semaines pour livrer un modèle personnalisé, les Japonais répondent en moins d'une semaine. Le zéro-stock conduit au zéro-délai. Mais en plus il favorise la qualité.

Le sens de l'information

Autre version de l'art de gérer la durée, l'entreprise japonaise consacre beaucoup de temps à observer le marché, à préparer les produits. On dirait que tout fonctionne un peu comme dans le Sumo. Il faut un temps considérable pour préparer un champion. Lors d'un match, les adversaires procèdent à des actes rituels, s'observent longuement (moins désormais, en raison des exigences horaires de la Télévision!) et brusquement s'empoignent. De même dans les entreprises. Les informations arrivent de partout. Le souci de faire que les produits correspondent sans cesse au marché conduit à un effort de marketing long. Le dialogue est constant entre les hommes de la vente, ceux de la technique, ceux de la production. On offre au client une grande variété de modèles. Cela étant, une fois le programme lancé, on ne revient pas dessus. On ne retouche plus. On ne bricole pas. On ne se plie pas aux fantaisies du passeur d'ordre qui, en France notamment, surtout s'il s'agit d'une grande entreprise nationale, fait sentir son poids au nombre des modifications qu'il impose en cours de fabrication. Au Japon, au stade de la préparation tout est concevable. L'exécution doit se réaliser comme prévu. Pour qu'elle se déroule sans accrocs, il faut évidemment que la qualité soit en quelque sorte intégrée à la conception. On ne corrige pas en cours de route. On joue la qualité au départ. La règle d'or du zéro-défaut est de ne jamais produire lorsqu'on n'a pas l'assurance qu'on pourra le faire sans défaut. Si une machine n'assure pas le zéro-défaut, il ne faut pas chercher à multiplier les inspections, ni tolérer les rebuts. Il faut changer la machine. D'où l'importance accordée dans les entreprises japonaises aux mécaniciens, aux responsables de maintenance et en général à tous les techniciens chargés de la production. D'où aussi les cercles de qualité ou leur équivalent dont une des utilités est de faire s'exprimer sur le fonctionnement des machines ceux qui ont réellement à les manier.

Toutes ces actions sont menées sans un souci excessif de comptabilité industrielle pour connaître les coûts aux différents stades de l'opération. C'est l'ensemble qu'il importe de fabriquer au meilleur coût. C'est donc l'ensemble qui est mesuré avec attention. Et l'on ne se satisfait pas d'un résultat acquis qu'on mettrait en lois pour l'imposer partout. On considère qu'il doit être amélioré, ce qui exclut qu'on légifère à partir de lui.

L'intelligence des dirigeants

La stratégie de conquête menée par les entreprises industrielles japonaises, la manière dont elles sont organisées, illustrent un facteur clé de la réussite japonaise : l'intelligence des responsables.

On parle beaucoup de la qualité des hommes au Japon qui fait la qualité des entreprises. Mais à force de décrire celle de la base, on oublie celle, aussi importante, du sommet.

Il est trop facile, en France, de constater que les entreprises japonaises connaissent des succès parce qu'elles ont su mobiliser les ressources humaines pour se plaindre ensuite qu'une telle action est rendue difficile – chez nous – par l'environnement national. Les entreprises japonaises connaissent des succès parce qu'elles sont bien dirigées. L'élite japonaise – comme l'élite allemande – est au service des entreprises.

L'épuration d'après-guerre a fait sauter 3 600 dirigeants. Même si certains sont restés influents dans l'ombre, cela a provoqué un formidable appel d'air et un renouvellement des directions.

La moitié des responsables en place est issue d'une des cinq universités les plus prestigieuses du Japon : Todaï Tokyo, Kyodaï Kyota, Waseda (privée), Keio (privée), Hitotsubashi. Pour sortir d'une telle université, il faut avoir beaucoup bataillé et cela depuis sa plus tendre enfance puisque la sélection entre les jeunes s'opère dès les premiers pas à l'école. Les grandes entreprises proposent aux plus brillants diplômés d'entrer chez elles. Mais à la différence du polytechnicien français ou du diplômé de Stanford, le futur dirigeant japonais n'est pas installé dès la sortie des études à un poste qui le distingue des autres. Pendant deux à trois ans, et parfois plus, il participe aux tâches de production, de technique ou de commerce, avec tous les autres salariés et avec un salaire comparable bien que, dès le départ, les hauts diplômés soient plus payés que les diplômés du secondaire. La forte densité des jeunes diplômés sur le terrain explique en partie le succès des cercles de qualité et la politique de recherche de consensus social à la base. Ils savent qu'ils seront jugés sur leurs capacités à mettre du liant dans la vie du groupe auquel ils sont affectés. Pour accéder à partir de trente ans aux premiers postes de responsabilité, il faut avoir fait ses preuves de capacité de dialogue et s'être imposé par ses compétences sur le terrain. Il faut aussi savoir prendre ses responsabilités. La société japonaise admet difficilement celui qui rejette sur autrui ses propres faiblesses.

Des patrons qui décident

L'une des forces du système résulte de l'ouverture du sommet. Les entreprises japonaises sont en fait dirigées par des hommes qui ont fait leurs débuts à la base. Certes il y a des parachutages d'hommes venant du MITI ou du ministère des Finances. Mais dans la majorité des cas, les « hommes tombés du ciel » n'arrivent pas à la tête des entreprises. Jusqu'à présent les Conseils d'administration sont essentiellement constitués par des cadres dirigeants. Les postes de commandement sont pourvus par cooptation. Les comités de direction (Jomukai) ont en fait plus d'importance que les conseils d'administration. Tout jeune diplômé entrant dans l'entreprise peut avoir l'ambition d'y parvenir. Certes les postes les plus honorifiques ou même les plus importants sont fréquemment occupés par des hommes qui, dans les groupes occidentaux, seraient depuis longtemps à la retraite. Mais les dirigeants actifs et réels sont souvent à leurs côtés. Il est frappant de constater que dans toutes les entreprises performantes, il existe un leader reconnu. C'est vrai des entreprises créées ou développées par un entrepreneur (Morita chez Sony, Toyoda chez Toyota...), ce l'est aussi dans des firmes plus traditionnelles.

Allez chez TEC qui est une filiale de Toshiba, et demandez qui décide finalement des choix des investissements à réaliser entre les quatre principales activités, les machines électroniques enregistreuses, les terminaux d'ordinateurs, les appareils domestiques et les appareils d'éclairage. On vous répondra « la haute direction en concertation avec celle de Toshiba ». Même réponse chez Yamaha pour savoir qui décide de favoriser la production d'instruments de musique ou de bateaux de plaisance. Certes il y a des palabres à la base. Certes les cadres sont associés à des réflexions sur l'entreprise, mais finalement, ce sont quelques patrons qui décident. Ils le font sous des formes différentes de celles que nous pratiquons. Ils le font sans doute avec un plus grand doigté que certains dirigeants occidentaux, de manière à ce que chacun puisse penser qu'il est un peu associé aux orientations. Mais ce n'est qu'un trompe-l'œil, ou tout simplement un art de diriger. Certes les dirigeants japonais d'un groupe se rencontrent souvent pour échanger des points de vue, mais en définitive, quelqu'un décide, à la tête. On nous raconte à l'envi que les décisions remontent de la base vers le sommet. C'est faux. Ce qui remonte, ce sont les informations et les propositions. Les dirigeants passent beaucoup de temps à écouter, voir. Ils s'imprègnent des données du problème, mais ils tranchent.

Ce constat va à l'encontre de la plupart des descriptions du système de management à la japonaise dans les ouvrages qui ont mis le Japon à l'honneur en France.

Ce qui trompe l'observateur, c'est l'importance que les directions attachent à la formation des salariés, aux réunions d'expression sur les lieux de travail, à la concertation avec les syndicats-maison. Mais il faut situer ces actions dans le contexte nippon. La tradition a joué et joue encore un rôle considérable. L'attachement de chacun à son « samouraï » et à son clan se retrouve dans les affaires [5]. Quand on remonte le cours de l'histoire asiatique et japonaise, on se rend compte que la culture du riz – qui ne peut pas se concevoir sans discipline collective et sans dévouement de chacun à la cause commune – a marqué les populations. Les habitudes collectives qui en sont résultées contribuent au conformisme social.

Dans ces conditions, il n'est pas étonnant que l'on puisse avoir toutes les apparences d'un management ouvert, décentralisé, et la réalité d'une direction qui, comme ailleurs et peut-être plus qu'ailleurs, tient ferme les rênes du pouvoir. Il est vrai qu'elle met beaucoup de formes dans l'exercice de son autorité. Qui plus est, les responsables japonais sont tout à fait dévoués à leur entreprise, comme les samouraïs l'étaient à leurs vassaux. La recherche du consensus s'en trouve facilitée. Mais elle l'est également par la conscience qu'ont les Japonais de leur vulnérabilité collective. Les dirigeants ont moins de mal que les nôtres à faire admettre les exigences de la compétitivité, parce que les Japonais sont depuis toujours confrontés à des dangers qu'ils ressentent être communs. Cela dit, les « patrons » savent à merveille jouer des réflexes de leurs concitoyens. Ils paraissent pratiquer un management participatif. Ils mettent au service d'une stratégie ambitieuse des méthodes d'organisation évoluées qui conduisent à la mobilisation des esprits sans que les gens se rendent compte qu'ils sont peu ou prou « mis en condition ». Ces méthodes prennent du temps, beaucoup plus de

---

5. Voir en annexe le témoignage de Jacques Siegfried (1869).

temps que le tempérament occidental – sauf peut-être l'allemand – ne le supporte. Elles conduisent à répartir autrement les efforts que nous le faisons généralement. La préparation de l'action exige de longs délais. L'exécution, au contraire, a toujours des airs de Pearl Harbor. Mais s'imaginer que chacun a vraiment la possibilité d'orienter la stratégie d'ensemble relève de l'interprétation poétique.

Un président de Nippon Steel n'a-t-il pas déclaré que le contrôle du pouvoir d'un président japonais ne dépend que de lui-même? Les syndicats n'apportent pas un contrepoids très virulent. S'ils sont les acteurs des revendications salariales rituelles qui débouchent chaque année au printemps, s'ils font écho aux difficultés de la vie quotidienne dans l'entreprise, ils contribuent aussi, pour certains d'entre eux en tout cas, à encadrer d'une certaine manière le personnel. En réalité, les dirigeants japonais disposent d'une puissance et d'une liberté de manœuvre qui n'ont pas beaucoup d'égaux dans le monde occidental.

Ils en ont fait jusqu'à présent le meilleur usage. Ils étaient formés pour les batailles industrielles. Ils les ont gagnées. Mais ceux qui sont en place sont plus habitués aux stratégies de croissance qu'aux stratégies de restructuration. On assiste à un renouvellement des élites. Plusieurs grandes entreprises manufacturières ne savent pas très bien que faire d'une partie de leurs cadres dirigeants, spécialistes de croissance et de continuité. Il faut désormais des innovateurs. La formation et le « cursus » des dirigeants japonais n'en favorisent pas l'épanouissement. Le conformisme de la croissance et l'avancement à l'ancienneté ne sont pas nécessairement des atouts dans une économie bousculée par l'évolution des charges, l'apparition de nouveaux concurrents, le chambardement permanent des structures provoqué par les transformations techniques. La revue *Nikkei Business* a publié récemment un article disant que les entreprises employant un fort pourcentage de diplômés de Todai (Tokyo) étaient vouées à un déclin irrémédiable. Elle ajoutait que l'élite studieuse était parfaite pour faire face aux situations prévisibles mais qu'il fallait désormais une élite apte à s'adapter aux situations inattendues. Qui plus est l'élite dirigeante qui était surtout celle des entreprises manufacturières, voit se développer à côté d'elle une élite d'activités bancaires, financières, de services.

Mais jusqu'à une période récente, le système japonais de formation et de sélection de dirigeants lui avait donné un avantage parce qu'il s'agissait d'hommes compétents, ayant fait leurs preuves sur le terrain et en mesure de suggérer vigoureusement leurs décisions, pour ne pas dire de les imposer sans grande opposition, une fois les concertations préalables menées à bien.

Le dévouement des salariés

Il existe au Japon un accord assez général sur le rôle essentiel des entreprises, notamment celles qui assurent les exportations, et cela depuis longtemps. Les Soviétiques, via une sorte de cinquième colonne d'agitateurs, ont bien essayé, après la guerre, d'infiltrer les syndicats. Mais après quelques crises, les Américains mirent le holà. Le gouvernement japonais réussit à faire voter une loi interdisant la grève des fonctionnaires. Les syndicats nationaux ne purent se maintenir que dans la fonction publique et les entreprises nationalisées. Dans les entreprises privées s'installèrent des syndicats d'entreprise [6]. Ils ne sont pas béni-oui-oui. Ils se font l'écho des vrais problèmes humains, sociaux, voire d'organisation. Mais pour le bien de l'entreprise. Ce sont des associés vigilants plus que des adversaires. Le personnel, quant à lui, vit généralement en symbiose avec l'entreprise. Tous les patrons du monde rêvent du consensus à la japonaise. Ils peuvent continuer de rêver. La transposition n'est

6. Selon Eugène Juquet dans *l'État du Japon, op. cit.*, « les fédérations syndicales par branches d'industrie et les confédérations ne jouent qu'un rôle restreint. L'une de leurs principales activités est de contrôler les revendications au moment des négociations annuelles – rituelles – du printemps. Leurs liens sont souvent très lâches avec les syndicats dans les entreprises. Il n'existe qu'un syndicat par entreprise. Y adhèrent tous les travailleurs " réguliers ", à l'exclusion des " temporaires " ou des salariés à temps partiel. Mais il arrive assez souvent que la direction en crée un deuxième pour lui faire pièce et, si possible, l'éliminer ».

pas concevable parce que la société japonaise est différente. Pour obtenir la « participation » des salariés en Europe ou aux États-Unis, comme les entreprises japonaises obtiennent la participation chez elles, il faut d'autres méthodes.

La vie sociale japonaise pousse à évoquer la division des sociologues entre organisation communautaire et organisation en société. La communauté dans l'histoire précède la société. Elle est fondée sur des données affectives, la notion d'appartenance à un même groupe. Être membre d'une communauté est sécurisant. Il y a absence relative de conscience de son propre Ego. L'individu se perçoit comme partie organique de la communauté dont il accepte les règles, les jugements, les choix. Les discussions dans l'entreprise, prise comme une communauté, prennent dès lors un tour très différent de ce qu'il peut être dans une société d'individus liés par des contrats.

Un étudiant de l'Institut d'Études politiques de Paris, qui avait préalablement fait ses études à l'Essec, m'a raconté un long séjour qu'il avait réalisé au Japon. Après avoir appris les bases de la langue, il avait réussi à se faire embaucher comme stagiaire dans une grande entreprise d'accessoires automobiles :

« De prime abord cela m'a rappelé le lycée militaire où j'ai passé trois ans de ma vie. Mais la période d'accoutumance franchie, le travail en usine ressemblait assez à ce que doit être la vie dans un monastère. C'est à la fois discipliné et bon enfant. On se sent protégé, mais soumis. On ne s'adapte que si l'on admet la vie en collectivité avec ses travers et ses avantages, ses petits problèmes et ses joies. On s'assimile au groupe auquel on appartient. On a sa vie dans l'atelier, dans les dortoirs dont les « patronnes » (lorsqu'on est célibataire, on est en effet accueilli dans des dortoirs surveillés par de solides matrones) n'hésitent pas, si elles l'estiment nécessaire, à gifler un jeune ingénieur. Je ne pense pas qu'on puisse trouver en France, en Europe ou aux États-Unis une telle ambiance. On la supporte six ou huit mois. Au-delà, pour un Occidental, cela poserait problème. »

Un parfum de Moyen Age

Au Japon coexistent une organisation industrielle et une communauté qui n'est pas tout à fait moyenâgeuse, mais qui se rapproche tout de même de ce que pouvait être l'organisation sociale au Moyen Age. La politesse formalisée, le respect des valeurs établies et de la hiérarchie, le rejet de toute idée de révolution, la piété filiale, facilitent grandement la concertation. Qui plus est, les Japonais savent qu'il leur faut gagner ensemble parce qu'ils sont les uns sur les autres.

Avec une densité japonaise, la France aurait 360 millions d'habitants et non 56. On verrait alors les Français entretenir entre eux des rapports différents de ceux d'aujourd'hui. L'obligation à chaque instant de faire attention aux autres recréerait peut-être un système plus proche de la communauté que de la société. Cette dernière se caractérise par la place faite aux individus et les contrats qui les lient les uns aux autres. Elle est le fondement du libéralisme tel que nous sommes encore en train de le découvrir. Vouloir transposer la communauté japonaise aux entreprises françaises et européennes serait faire un saut en arrière. Mieux vaut s'inspirer de l'évolution californienne qui, de l'autre côté du Pacifique, illustre une autre forme d'évolution des entreprises et de participation par engagement volontaire des personnes en faveur du profit.

Mais les entreprises japonaises bénéficient indéniablement d'un accord social qui évite les conflits fréquents, les grèves (avec lesquelles le Kanban serait impossible). Il est vrai que, comme les Allemands, les Japonais sont obsédés par l'idée de faire quelque chose de leur temps. Le travail pour eux est souvent une finalité en soi parce que les autres aspects de l'existence manquent de charme. Les maisons sont trop petites. La vie des couples a longtemps été contrainte par le conformisme communautaire. Les surfaces libres sont rares. Les loisirs sont collectifs. Finalement la vie de travail tend à être la vie tout entière. Le temps nécessaire au travail proprement dit se réduit comme partout : on comble le temps libre par des études, des palabres, des réunions d'entreprise, etc. L'entreprise finit par se substituer à la communauté, ou plus exactement par être la micro-communauté en dehors de laquelle on ne peut pas se sentir à l'aise.

Les femmes et l'alcool, explique fort bien Philippe Pons [7], ont une fonction de médiation dans les rapports hiérarchiques professionnels. Un peu partout dans le centre de Shinjuku, le principal quartier de Tokyo, existent des milliers de petits bars où se rencontrent des hommes d'affaires et leurs employés. Ce sont toujours les mêmes clients, aux mêmes heures, aux mêmes habitudes. Ils viennent là pour rien, pour être dans un milieu rassurant. La patronne joue un peu le rôle de la mère. Les bars ne ressemblent en rien aux bars à hôtesses qui jouent également un rôle essentiel dans la vie de l'entreprise et qui fonctionnent sur notes de frais. Ils sont des lieux de rencontre, de halte, peut-être tout simplement les lieux où les gens qui les fréquentent se sentent un peu eux-mêmes.

La cohésion de la communauté japonaise facilite également la diffusion des messages. Les « mots d'ordre » sont plus naturellement suivis que dans des sociétés occidentales.

Marqués par l'esprit communautaire, les Japonais n'en disposent pas moins d'une solide formation de base. Mais elle développe plus chez eux l'aptitude à vivre la communauté qu'à provoquer une prise de conscience de sa propre personne. D'ailleurs la formation proposée par les entreprises à leurs salariés conduit à renforcer les exercices communautaires et l'habitude d'être jugé selon ses aptitudes à vivre à l'aise dans son milieu. On dira que c'est le propre de la plupart des formations proposées par les entreprises du monde entier. Mais au Japon, elles renforcent des tendances préexistantes alors qu'ailleurs elles se heurtent parfois à un fond d'individualisme.

7. Correspondant du *Monde* à Tokyo. Voir notamment son ouvrage, *D'Edo à Tokyo*, Gallimard, 1988.

Les cartes de visite

Le climat des entreprises aristocratiques s'explique également par le fait que le rang et le titre qu'un individu possède dans une entreprise lui confèrent, en fait, sa personnalité extérieure. D'où la pratique des cartes de visite. Avant de se saluer, on se situe pour savoir lequel, socialement, est le supérieur de l'autre. Dans les rapports sociaux, les différences entre les entreprises et les emplois rejaillissent sur les positions de chacun. Le Japonais cherche donc à appartenir à un groupe connu et si possible à y devenir Kacho, chef de service, ou Bucho, intermédiaire entre la direction et les Kacho.

Il est recruté dans les grandes firmes sur entretien. Il est rémunéré par une partie fixe de salaire et par un bonus qui évolue en fonction de la conjoncture. Il se sent donc lié par le sort de l'entreprise. Le système de bonus est certainement l'un des secrets de la participation des salariés japonais à la vie de l'entreprise.

Le salaire à l'ancienneté est une autre caractéristique du système. Même s'il tend à évoluer, il est lié à la notion d'emploi à vie. Il y a beaucoup à dire sur cette dernière et notamment qu'elle a en fait été imposée après la guerre par les Américains qui voulaient ainsi mettre une sorte de frein dans les entreprises japonaises. Elles ont su en tirer parti en attachant leur personnel à leur sort. Encore ne faut-il pas croire que l'emploi à vie empêche les passages d'une firme à l'autre, notamment dans les premières années de travail. Qui plus est, les firmes ne le garantissent jamais à un poste donné, dans un endroit donné. C'est tout au plus une garantie contre les risques du chômage à condition d'accepter les reclassements quand ils s'imposent.

A trop mettre l'accent sur l'emploi à vie et sur l'importance – effective – que les dirigeants japonais accordent à la ressource humaine, on oublie d'autres aspects de l'économie japonaise qui expliquent tout autant ses succès et qui ont permis jusqu'à présent le développement d'une stratégie d'attaque. Deux au moins méritent d'être soulignés : le caractère pyramidal de la société japonaise; le caractère dual de l'économie (que l'on traitera dans le chapitre suivant).

Une société pyramidale

L'industrie automobile est assez typique de la société japonaise. Elle est organisée comme une armée d'antan avec ses chevaliers qui sont les entreprises principales, ses archers qui sont les sous-traitants de premier rang, ses fantassins qui sont ceux du deuxième rang, et sa valetaille, fournisseurs des fournisseurs.

Certes il y a un peu de caricature dans la description. Mais une mission d'étude de l'industrie automobile européenne au Japon, début 1988, confirme [8], en le nuançant, le tableau.

Chaque réseau automobile japonais est structuré à la manière d'une pyramide, formée de couches successives dépendant d'un constructeur qui anime l'ensemble.

25 sous-traitants de premier niveau, 912 de deuxième, 4 960 de troisième. Les fournisseurs du troisième rang n'entretiennent de rapports commerciaux qu'avec ceux du second, lesquels n'en ont qu'avec ceux du premier. Il est vrai qu'il arrive qu'un constructeur visite les ateliers d'un sous-traitant de troisième niveau pour imposer des changements de méthode de production.

Souvent les fournisseurs de premier rang sont eux-mêmes de grandes entreprises. Pour Hitachi ou Mitsubishi Electric, l'automobile représente 5 % du chiffre d'affaires. Leurs relations avec les constructeurs sont évidemment celles de fournisseurs à clients sur un pied d'égalité. Il existe aussi des filiales spécialisées de groupe automobile, telle Nippondenso, filiale à près de 23 % de Toyota.

---

8. Par la plume de J.-J. Chanaron, *Revue Auto-Suisse*, 14 avril 1988.

Elles sont dans la dépendance d'un constructeur mais paient parfois des salaires inférieurs et surtout ne chargent pas leurs structures. Il existe aussi des fournisseurs qui ressemblent à des coopératives de producteurs tel Adebono Brake, un des leaders mondiaux des systèmes de freinage qui fournit tous les constructeurs japonais et au capital duquel on trouve Nissan, Toyota, Bendix, Isuzu, Juge Bank et Japon Industrial Bank.

Les fournisseurs de second rang sont beaucoup plus dépendants des fournisseurs de premier rang que ces derniers des constructeurs, tant en matière technique que commerciale. Ils disposent rarement de capacités d'études et doivent donc se soumettre aux passeurs d'ordres. Ce sont eux qui peuvent avoir le plus à souffrir des fournisseurs des pays proches à faibles salaires. Certes les Japonais sont fidèles dans leurs relations d'affaires. L'esprit « familial » ou de communauté s'exerce non seulement entre les salariés et les directions, mais entre fournisseurs et clients. Mais la raison des coûts finit un jour ou l'autre par l'emporter. En sens inverse, il arrive que les constructeurs incitent les premiers fournisseurs à les suivre dans leurs aventures en marchés étrangers. On commence à voir des « équipementiers » installés aux États-Unis. Ils auront recours aux fournisseurs de deuxième rang locaux. Cela confirmera une observation que j'ai pu faire à mi-88, à savoir que la hausse du yen et les changements dans les données de la compétitivité japonaise accentuaient les différences de traitement matériel et social entre les entreprises leaders et la sous-traitance de deuxième rang (fonderie – pièces estampées – visserie – composants électroniques standard, etc.).

Quant à ceux du troisième rang, ce sont souvent de très petites entreprises, voire des travailleurs à domicile. Il faut avoir vu dans certaines banlieues, que l'on ne montre généralement pas aux visiteurs, des échoppes qui tiennent bizarrement au-dessus d'un garage ou d'une maison, dans laquelle s'affaire un artisan sur une machine fumante : câblage, bobinage, décolletage, allumage... s'opèrent souvent dans des conditions qui surprennent ceux qui se font des entreprises japonaises l'idée d'un jardin harmonieux.

Cela étant et jusqu'à une période récente, l'influence du constructeur se fait sentir sur toute la « famille ». Certes on réclame des fournisseurs soumis qu'ils encaissent les à-coups de la conjoncture et contribuent aux actions offensives par des efforts de prix. Certes lorsqu'un sous-traitant paraît cher, on demande à un cadre qui part à la retraite de lancer une fabrication identique à coût moins cher, quitte à débaucher une partie du personnel du premier. Mais les constructeurs s'efforcent tout de même d'assurer une certaine cohésion de l'ensemble qui évolue autour d'eux. L'intégration à un groupe se traduit généralement par l'adoption de systèmes communs de commandes numériques et de systèmes informatiques. La pression du constructeur et plus encore du banquier qui l'appuie est forte. Selon la Japon Automobile Manufacture Association, l'effet « groupe » est totalement discriminatoire, les entreprises n'ayant pas la liberté d'opter pour un système CAO ou informatique produit par une entreprise d'un autre groupe.

Des évolutions sont cependant en train de se produire. Les constructeurs commencent à diversifier leurs fournisseurs, ne serait-ce qu'en raison de leurs implantations à l'étranger. Des fournisseurs eux-mêmes cherchent à s'introduire dans plusieurs « familles » pour diversifier leurs ventes. L'organisation se complexifie. Mais c'est dans sa forme pyramidale qu'elle a assuré la mise en œuvre de la stratégie d'attaque des entreprises japonaises. Elle n'aurait pas pleinement réussi sans la fiabilité des sous-traitants. Ils sont les premiers à subir les effets des variations de la conjoncture. Cela les incite à être particulièrement performants, quoi qu'il puisse leur en coûter, pour maintenir et développer la compétitivité japonaise. Ce type d'organisation est l'illustration du caractère dual de l'économie japonaise. Il représente pour elle à la fois un appui pour mener une stratégie offensive et un moyen pour poursuivre dans le même temps une stratégie défensive.

CHAPITRE IV

Les stratégies de défense

Le Japon achète à l'extérieur le moins de produits et de services possibles. Et pourtant il est très peu protégé par des droits de douane. Le total des revenus douaniers tirés des importations donne un taux de 3,4 pour les États-Unis, 2,8 pour la Communauté européenne, 2,5 pour le Japon (1984). Cela permet aux responsables japonais d'affirmer avec bonne foi qu'ils ne sont pas protectionnistes. Et pourtant ils le sont. Leurs barrières se situent ailleurs.

Le « on »

Les Japonais sont liés entre eux par des liens à caractère communautaire : chacun se sent plus ou moins redevable de quelque chose à quelqu'un (le « on »). Ils tissent entre eux un réseau de dépendance réciproque dont les étrangers sont exclus.

Il est aussi difficile de s'introduire dans un circuit d'entreprises que de trouver la maison d'un Japonais. Les adresses en effet ne se définissent pas par un numéro dans une rue. On habite un bloc de maison dont les numérotations correspondent à l'ordre chronologique de leur construction. Pour trouver la personne que l'on cherche, il faut situer le quartier, s'adresser à un commerçant ou à un passant qui, s'il ne la connaît pas, cherchera à trouver quelqu'un qui puisse vous renseigner. La recherche est parfois longue car votre interlocuteur a le souci de ne pas vous décevoir et de paraître capable de vous aider.

L'organisation en communauté s'accompagne d'une hiérarchisation des rapports sociaux qui, selon les uns, remonte très haut dans le passé, et selon les autres, date de l'ère Meiji. C'est le point de vue de Philippe Pons [1]. Selon lui, face à l'universalisme occidental, et dans le souci de consolider l'identité nationale, il s'est opéré à la fin du siècle dernier un phénomène de samouraïsation de la société. Or les samouraïs sont toujours fidèles à quelqu'un et entourés de gens qui leur sont fidèles. En plus le pouvoir, à l'époque, avait tendance à considérer les petites gens comme un peu stupides, ayant besoin qu'on leur indique les modes de comportement convenable par des exhortations moralisantes venues d'en haut. Il y a dans les principes qui règlent aujourd'hui le fonctionnement des entreprises une approche qui n'est pas très différente. Vu avec nos yeux, c'est plus du paternalisme que de la participation. Mais avec des yeux japonais, il s'agit certainement d'autre chose. Les Japonais admettent fort bien les liens qui les unissent les uns aux autres et chacun d'entre eux à un supérieur ou à un suzerain. Ils ne se conçoivent d'ailleurs pas comme des individus isolés mais comme les éléments d'un flux de vie, un individu étant un lien entre des ancêtres et ses descendants en même temps qu'un membre d'un ensemble qui le dépasse.

L'individu est donc pris en charge par la communauté. Des psychanalystes ont poussé l'explication de l'originalité japonaise un peu plus loin en insistant sur le rôle de la mère dans l'éducation des enfants. Elle est présente en permanence pour les surveiller, les aider, les houspiller, les encourager dans la course d'obstacles que représente la vie scolaire. Néanmoins le fils aîné aura au foyer un rang supérieur à celui de sa mère. Il sera le lien indispensable avec les ancêtres. Les Japonais prennent donc à la fois l'habitude

1. *Op. cit.*

de travailler dur et d'être maternés. Cela se poursuit bien au-delà des études, l'entreprise finissant par prendre la place de la mère.

Il est évident que ce type de liens ne facilite pas l'adaptation à un système économique à l'américaine fondé sur la concurrence des personnes et des entreprises dans lequel chacun cherche à optimiser ses propres atouts et où les choix des opérateurs s'effectuent en raison de critères purement économiques de coûts et de rentabilité. Les entreprises japonaises en tiennent compte quand elles agissent sur les marchés extérieurs. Elles en ont adopté les méthodes et les critères. Mais au Japon même, la transposition pure et simple du système de libre concurrence à l'américaine a échoué.

Des règles vidées de leur substance

Jean-Hubert Moitry [2] a consacré une étude fort intéressante sur la concurrence au Japon. Il constate que la société japonaise est marquée par un modèle « consensuel », hérité de l'histoire, fondé sur des hiérarchies naturelles qui n'ont rien à voir avec le jeu de la concurrence.

Après la guerre, les Américains avaient mis en place un système se rapprochant du leur, avec une loi antitrust, une commission de la concurrence, bref tout l'arsenal occidental qui s'est étendu à la plupart des pays et notamment à l'Europe.

Mais au Japon les règles ont été vidées de leur substance au point de devenir une coquille vide. Les lois d'après-guerre ont été amendées. Des textes spécifiques sont venus autoriser des pratiques restrictives dans toutes les activités tournées vers l'exportation. La loi qui institue le MITI en 1949 lui donne une large compétence pour la « promotion et la régulation du commerce et la supervision des échanges extérieurs accompagnant le commerce » et plus largement « l'amélioration de la structure industrielle ».

2. *Commentaire*, n° 42, été 1988.

L'idée de base qui régit ce système administratif est que l'exportation est une véritable mission de service public et justifie des actions volontaristes.

Dans tous les secteurs jugés essentiels pour l'efficacité de l'économie japonaise, l'administration est en mesure d'imposer son point de vue. La philosophie d'ensemble est que le consensus dirigé contre l'extérieur est préférable aux règles classiques de la concurrence.

Le premier texte juridique du Japon, le code des dix-sept articles du prince Shokoku, commence ainsi : « Il faut honorer l'harmonie. » Rédigée en 614, cette règle est demeurée une constante. Les modèles les plus élaborés seront amendés s'ils ne tiennent pas compte des réalités. Contrairement aux pays occidentaux façonnés par le droit romain, le Japon est marqué par la doctrine confucéenne. La vie sociale est fondée sur des rapports de solidarité naturelle et morale. Le moyen d'aplanir les conflits n'est pas le procès, considéré comme dégradant, mais la conciliation, sous l'égide d'un tiers, d'un notable, d'un vieillard ou du MITI.

Cette approche sous-tend la pratique du droit de la concurrence à la japonaise. Le commerçant honoré par l'achat d'un consommateur est débiteur à son égard. Les fournisseurs des commerçants ne manquent pas de multiplier les cadeaux qui en font leurs débiteurs. Certains tours de plaisir aux Philippines ou ailleurs ont pour raison d'être essentielle le souci des producteurs de s'attacher les distributeurs par une dette de reconnaissance. Le client, qu'il soit commerçant ou particulier, ne se sent pas le droit de trahir son fournisseur.

Entre les entreprises elles-mêmes s'instaurent des règles différentes des pratiques classiques de la concurrence, surtout s'il s'agit d'entreprises individuelles ou de petite taille. En sens inverse, une entreprise importante ne se sent pas en droit de contraindre un concurrent, un fournisseur ou un client à la faillite. Tout se passe en conciliabules et en arrangements.

La condamnation des positions dominantes, très à l'honneur aux États-Unis et en Europe – encore que la concurrence japonaise ait fait prendre conscience aux Américains que l'essentiel n'était pas de se mesurer aux concurrents intérieurs mais d'être en mesure de combattre les compétiteurs mondiaux n'a pas cours au Japon.

S'entendre pour définir des quotas de production n'est pas répréhensible. Par ailleurs, entre les entreprises et l'État existe une cohésion d'objectifs. Les plans économiques sont acceptés par les uns et les autres après avoir été largement discutés. La loi du groupe s'impose à tous.

Le consensus contre l'étranger cimente les volontés. Pour combattre l'extérieur qui avait contraint les Japonais à accepter l'ouverture de leurs frontières en 1866, l'État et les entreprises n'ont cessé de s'entendre. Des ententes, un moment dissoutes après la guerre mais aussitôt reconstituées, répondent à cette volonté. Certes des évolutions importantes sont en train de se produire. Mais il faudra longtemps encore avant que les vieilles habitudes disparaissent, d'autant que le système de distribution japonais est une sorte de rempart intérieur contre les pressions de la concurrence extérieure.

L'économie duale

Les réflexes de défense du Japon contre l'extérieur, s'ils ont pour origine l'histoire et les mentalités, sont également liés aux faiblesses et aux vulnérabilités du pays. Tous les Japonais sont conscients du fait qu'ils ne se suffisent, dans certains produits alimentaires, qu'au tiers de leurs besoins, qu'ils doivent importer l'essentiel de leurs moyens énergétiques et de leurs matières premières. Ce qu'ils peuvent réaliser chez eux, ils s'efforcent de le produire pour éviter de gaspiller les ressources nécessaires aux importations essentielles. Ce réflexe est d'autant plus net que les excédents commerciaux massifs du Japon sont récents. Préparés de longue date, ils sont spectaculaires depuis moins de dix ans. L'habitude est encore celle de la prudence. Cela d'autant plus qu'une bonne partie des Japonais vivent de manière frugale et qu'un grand nombre d'entre eux ont des salaires bien inférieurs à ceux que pratiquent les grandes firmes.

Pour nourrir sa famille, le Japonais moyen est obligé de travailler deux fois plus d'heures que son homologue américain [3]. 34 % seulement des foyers ont leurs toilettes reliées au tout-à-l'égout au lieu de plus de 90 % en Allemagne occidentale. Tokyo, comme la plupart des villes japonaises, se caractérise par une forêt de câbles. 27 % seulement des lignes électriques sont enterrées, au lieu de 76 % à New York et de 100 % à Londres. L'achat d'une maison ordinaire exige au moins huit ans d'un salaire moyen au Japon – mais beaucoup plus à Tokyo et dans les grands centres – au lieu de trois ans aux États-Unis et quatre en France (en province). Ce ne sont certainement là que des indices. On peut en discuter la précision. Mais la tendance générale est certaine. Qui plus est, les ressources fiscales principales sont les impôts directs payés par les ménages. Même si le poids général de la fiscalité est beaucoup plus léger au Japon que dans les pays de l'OCDE, ce qui est payé l'est surtout par les particuliers qui supportent des prélèvements lourds. Le prélèvement fiscal commence en effet à un taux de 10,5 et monte en quinze tranches à 70 % du revenu. Quand on ajoute les impôts locaux, on aboutit pour les impositions les plus élevées à des taux de 88 %. Ce sont des pratiques de pays socialiste. Mais il ne s'agit pas d'une fiscalité de transferts comme en Suède. Il s'agit d'une fiscalité de combat. Ce sont les personnes qui payent l'impôt et font fonctionner l'État. On évite que ce soient les entreprises pour leur donner toutes leurs chances de réussite. Tout pour la production. Peu pour la consommation. Le Japon est un pays frugal. Sa frugalité même a été, jusqu'à une période récente, une défense contre l'extérieur et ses tentations.

Il est vrai que des pans entiers d'activité échappent à l'impôt. Une partie importante de l'économie, que l'on peut évaluer à environ le tiers des personnes actives, relève plus de l'économie informelle que de l'économie officielle tandis que 30 millions d'actifs sur

---

3. Voir *Japon Economic*, n° 206.

57 ont des salaires et des conditions de travail variés. En fait, c'est l'industrie qui supporte le Japon et, dans le secteur industriel, celles des entreprises qui ont mission d'être le fer de lance du pays avec tous les satellites qui vivent par elles ou dans leur orbite. Quelques chiffres sont à cet égard assez révélateurs.

En 1985, la population active employée dans l'industrie représentait au Japon 34,3 % de l'ensemble, or elle assurait 41 % du Produit intérieur. Elle est donc relativement plus productive que la population de la RFA employée dans l'industrie, 41 % de la population active, qui produit 40,5 % du Produit intérieur. La France, incidemment, ne réalise pas un mauvais score, mais est beaucoup moins « industrielle » : 32 % de la population active employée dans l'industrie réalise en effet 34,4 % du Produit intérieur.

Mais quand on examine les autres activités, on constate que la productivité japonaise n'y est pas brillante du tout : 8,8 % de la population employée dans l'agriculture contribuent pour un peu plus de 3 % du Produit national. Le prix de revient du kilo de riz japonais est supérieur de huit fois à l'américain, celui du blé de près de huit fois aussi, et celui du beurre, de trois.

Le maintien d'une agriculture surprotégée (il n'y a guère qu'en Suisse qu'elle le soit autant) contribue à un coût de vie élevé et à des dépenses alimentaires nettement plus lourdes dans les budgets que celles de la plupart des ménages des pays occidentaux. Certes le poids de l'agriculture existe aussi en d'autres pays. 7 % de la population active recensée comme agricole en France (mais on sait que près de la moitié sont en fait des agriculteurs à mi-temps ou à multimétiers) réalisent à peine 4 % du Produit national. Ce n'est pas mieux que le Japon. Mais il existe en France deux agricultures, l'une de compétitivité mondiale, l'autre de protection sociale qu'il faudrait comptabiliser dans les transferts sociaux plutôt que dans la production. De même, 5,4 % de la population active agricole allemande ne produisent que 2 % du Produit intérieur.

Dans le domaine des services, la productivité japonaise est la plus faible des trois pays. 56,9 % des Japonais réalisent 55,8 % du

Produit intérieur, 53,6 % des Allemands atteignent 57,5 % et 60,1 % des Français, 61,7 %.

Une faible productivité dans de nombreuses activités, de faibles rémunérations, une épargne cependant importante. Tout cela conduit à une consommation individuelle relativement faible qui n'est pas une incitation aux importations massives de biens de consommation. Il ne faudrait pas en conclure que le marché japonais ne présente pas d'intérêt pour l'avenir. Mais jusqu'à présent, l'économie japonaise s'est plus caractérisée par sa montée en puissance que par sa propension à consommer.

Un changement est en train de s'opérer à cet égard. L'un des problèmes du Japon de demain est de savoir s'il va passer, et comment il va évoluer, d'une société spartiate à une société de consommation véritable.

En attendant, il continue de se défendre par ses structures traditionnelles contre les tentations de l'extérieur. Son système de distribution en est l'une des preuves les plus frappantes.

Une distribution « folklorique »

« L'endaka » est la situation qui résulte de la hausse du yen par rapport aux autres monnaies, principalement le dollar. En gros, elle se caractérise par une plus grande importance accordée au marché intérieur dont on attend désormais une croissance plus forte que celle des marchés extérieurs. Mais l'objectif général reste bien la croissance, y compris celle des parts de marché dans le monde.

Ce changement dans l'importance relative accordée aux croissances des marchés externes et internes a, on le verra, des conséquences sur la distribution. Il n'est cependant pas tel qu'il puisse faire oublier les structures traditionnelles du commerce japonais.

Il y avait au Japon, en 1985, 413 000 grossistes,

1 630 000 détaillants (chiffres arrondis) employant plus de 10 millions de personnes, soit environ le cinquième de la population active. Pour 1 000 habitants, il existe au Japon deux fois plus de magasins que dans la moyenne des grands pays occidentaux [4].

Jusqu'en 1982, le nombre des grossistes et détaillants n'avait cessé de croître, de même que la population employée dans le commerce. Contrairement à ce qui s'est passé dans des pays comme la France, la simplification du commerce n'a pas suivi – ou précédé – jusqu'à une période récente la modernisation de l'industrie. Entre 1960 et 1982, le nombre des grossistes était passé de 225 000 à 430 000, celui des détaillants de 1 290 000 à 1 720 000, et celui des personnes employées dans le commerce de 5,4 à 10,4 millions.

En dépit d'une loi qui – un peu comme la loi Royer en France – limite la possibilité d'installer librement des magasins d'une certaine surface (au-delà de 500 m^2, cette limite ayant d'ailleurs été progressivement réduite depuis vingt ans), il existe plusieurs chaînes puissantes de grands magasins (à peu près 10 % des ventes au détail), de supermarchés à libre service, des magasins spécialisés. Pendant longtemps cependant, l'essentiel du commerce de détail s'est opéré par des circuits de grossistes et de petits détaillants, avec des prix de vente élevés. Il était, et reste encore, dans une large mesure, caractérisé par quatre facteurs :

L'exiguïté et le problème des stocks

121 millions de Japonais sont concentrés sur 360 000 km^2. Encore n'occupent-ils qu'une faible portion de leur territoire. 55 millions d'habitants sont installés – dans la grande région de Tokyo – sur une surface équivalente à celle du Nord-Pas-de-Calais. Le terrain est rare et coûte cher. La plupart des échoppes ont 50 m^2 et moins. Il n'est pas question pour elles de disposer de stocks. Dans l'alimentation, la plupart des magasins ne disposent que de trois à quatre heures de stocks. Les grossistes organisent des tournées en

4. Voir Annexe, tableau 18.

permanence. Pour les appareils de télévision, ils livrent les magasins dans les quelques heures qui suivent une commande. Ce sont eux qui supportent les stocks, encore qu'à leur tour ils soient tentés de se retourner vers les fabricants.

Le système du zéro-stock est aussi le résultat du manque de place. Le territoire a longtemps été divisé en cinq cents régions autonomes réparties en quatre grandes îles et beaucoup de petites. Pour faire circuler les marchandises, il fallait des liaisons entre grossistes. Peu à peu s'est établi un réseau de grossistes nationaux, régionaux et locaux par lesquels la plupart des producteurs ont été longtemps obligés de passer.

La dialectique producteur-distributeur

En raison de la lourdeur et du coût élevé du système de distribution, les grossistes ont toujours exercé une pression sur les producteurs pour que leurs prix soient les plus bas possible. Alors que les prix aux consommateurs sont élevés, les prix à la sortie des usines sont bas : il faut en effet financer des marges de trois, parfois quatre intermédiaires, sans compter celles du commerçant final, lequel d'ailleurs ne vit pas souvent dans l'aisance.

La domination des grossistes sur les producteurs nationaux n'est cependant plus la règle. Une lente évolution s'est opérée en trois phases. Avant l'ère Meiji (jusqu'en 1868), les grossistes étaient la puissance marchande sans laquelle il ne pouvait pas y avoir d'échanges. Dans la phase Meiji jusqu'à l'après-deuxième guerre (industrialisation rapide et reconstruction), les fabricants ont concentré leurs efforts sur la production, abandonnant aux grossistes la distribution. A la fin des années 50, l'appareil de production était suffisamment développé pour que les producteurs éprouvent le besoin de maîtriser la distribution en contrôlant leur propre réseau. C'est ce qui s'est fait notamment dans le domaine de l'électroménager et de l'électronique grand public, dont 50 % des ventes sont assurés par des magasins liés aux producteurs.

Par ailleurs, un certain nombre de grandes surfaces ou de

chaînes de supermarchés ont entrepris de se dégager de l'emprise des grossistes pour discuter directement avec les producteurs.

Un point particulier au Japon doit être souligné, qui complète ce tableau. Il s'agit des « shoshas », souvent liés à de grands groupes industriels. On connaît surtout leurs activités à l'import-export. Mais leurs opérations sur le marché intérieur représentent 40 à 60 % de leur chiffre d'affaires. Le taux de profit sur ces opérations est plus élevé que celui réalisé sur les marchés extérieurs. Traditionnellement elles tiennent lieu de « grossistes-primaires » mais leur influence s'étend en aval, au niveau des détaillants et en amont à celui des fabricants. En général elles sont le premier échelon de la distribution : elles font du crédit-client pour le compte du fabricant (qui dispose ainsi des fonds nécessaires pour développer sa production) qui – lorsqu'il est petit – est de ce fait lié à elles. Elles se déchargent des fonctions annexes, par exemple le stockage, sur des grossistes secondaires ou spécialisés qu'elles financent, pour mieux les contrôler. Soucieuses de compenser les pertes d'activité résultant de la modification des échanges et de la réduction – relative – des exportations japonaises et des importations de matières premières, elles s'orientent de plus en plus vers l'importation de produits étrangers et de leur vente au travers des réseaux de distribution les plus modernes.

La politique du « consommateur paiera »

L'establishment japonais, qu'il soit économique ou politique, ne cache pas que, pour lui, la complexité du système de distribution japonaise et l'abondance du personnel qu'il emploie sont une garantie contre le chômage. L'un de ses dirigeants affirme :

« Il y a deux moyens de faire face aux problèmes du chômage. Le vôtre qui consiste à sortir les gens en surnombre des entreprises et à leur donner des allocations payées par le contribuable. Le nôtre, qui consiste soit à reconvertir les gens dans l'entreprise (ce qui exige une forte productivité des activités rentables pour financer l'opération et une relative égalité des salaires pour répartir les charges), soit à favoriser le maintien de structures que vous jugez archaïques. C'est une des raisons d'être du petit commerce. Même s'il évolue actuellement, il a longtemps été une " éponge à emploi ". Certes il en résulte un prix élevé de vente au détail. Le consommateur, à sa manière, paie l'équivalent des indemnités chômage ou retraite qu'il faudrait prévoir sans cela.

« Ajoutez à cela que bien des petits commerçants, ou bien sont des retraités " actifs ", ou bien trouvent par ce moyen un complément nécessaire de ressources, et vous comprendrez que nous soyons prudents dans les changements à provoquer dans notre système. Il ne pèse pas sur les entreprises industrielles et de services qui sont soumises à la compétition internationale et dont l'efficacité contribue d'ailleurs à réduire les coûts essentiels. Nous voulons donc éviter de moderniser trop vite l'ensemble de notre distribution, dont une partie importante ainsi que la masse des petites entreprises échapperont à la TVA. »

L'introduction de la TVA a été en effet la grande affaire politique de ces dernières années au Japon. Pour financer le budget – à fort déficit –, les impôts directs sont, on l'a vu, arrivés à un point jugé insupportable. Il faut donc trouver d'autres sources de revenus publics, tout en essayant, comme partout, de freiner les dépenses. D'où l'idée de recourir à une TVA à 3 % sur tous les produits. Le commerce était contre. Les spécialistes se sont effrayés de l'effort d'adaptation comptable et économique nécessaire (dans le cas du grand magasin qui a à payer 12 milliards de yens de TVA, la mise au point du système est évaluée à 2 milliards de yens). C'est la raison pour laquelle le principe de l'exonération a été retenu pour les PME. Il faut dire que la plupart d'entre elles ne tiennent pas de comptabilité. A sa manière, le Japon a blanchi le travail noir dans les petites entreprises, notamment de distribution et de services. Il continuera.

On sait que, par ailleurs, une partie de l'économie industrielle fonctionne dans des conditions analogues avec des salariés aux ressources « élastiques », des journaliers, des travailleurs à temps partiel, des femmes sous-payées. Mais le chômage officiel est limité

(2,5 % de la population active; on cesse d'être chômeur si l'on a travaillé quelques heures par mois) tandis que les grandes entreprises peuvent, en s'appuyant sur « l'autre économie », mener une politique de « valorisation des ressources humaines » assez remarquable... si l'on oublie le reste.

L'anti-Adam Smith

Comme le rappelle Kevin Jones, de Mc Kinsey : « Le système occidental, et notamment américain, est dominé par la philosophie d'Adam Smith, à savoir la division du travail qui conduit chacun à produire le mieux possible pour le meilleur prix. A produits comparables, la lutte se mène sur les prix. Un acheteur changera de fournisseur pour gagner un dollar. Au Japon, il n'en fera rien. Ce n'est pas parce que les prix sont différents d'un commerçant à l'autre que vous quitterez votre fournisseur pour un inconnu. Il y a dans les rapports commerciaux au Japon les mêmes liens humains que l'on rencontre dans d'autres activités. La fidélité est une des données de l'économie japonaise. Fidélité des fournisseurs qui supportent parfois les concurrents à coups de crédit, aux clients et réciproquement. La concurrence s'exerce donc plus sur les services, le souci de répondre à l'attente de ceux qui vous ont fait confiance, que sur les prix. Cela n'exclut pas une vigoureuse compétition, notamment entre des producteurs qui ont la religion de la part de marché. C'est sur ce point qu'ils concentrent leurs efforts. »

Les liens personnels sont favorisés par les habitudes en matière de paiement.

En termes de rémunération et de paiements, les grossistes, qui sont souvent devenus les agents des producteurs, reçoivent des commissions de 2 à 5 % pour facturer et encaisser pour le compte des fabricants. Ils peuvent bénéficier en plus de ristournes basées sur le volume traité, pouvant aller jusqu'à 3 % pour des produits de consommation courante et plus pour d'autres. Des remises pour paiement à trente jours peuvent également être accordées (la règle étant 90 et 120 jours selon les types de produits). Ce type de service est particulièrement apprécié parce que d'une façon générale les délais de paiement japonais sont longs. On se méfie, à Tokyo et dans les autres grandes villes, de la circulation les jours d'échéance (10 du mois) car un grand nombre de créditeurs se déplacent pour aimablement rappeler à leurs débiteurs leurs dettes avec l'espoir d'obtenir les paiements attendus. Ce n'est qu'après plusieurs visites que le ton des propos peut devenir moins amène.

Beaucoup de ces paiements se font encore en cash. Le Japon a été pendant longtemps, et reste, en dépit de sa modernité, un pays de billets de banque. Il n'est pas rare de voir un client acheter un gros appareil de télévision ou le mobilier d'un appartement en billets. La petite histoire veut que ces pratiques se soient prolongées à la demande des salariés hommes qui, rapportant leur salaire et bonus à leur femme, préfèrent l'avoir en billets pour en prélever une part un peu plus grande que celle qu'elle leur accorde traditionnellement.

Pour en revenir aux marges, il faut évidemment, dans le cas des produits importés, ajouter la marge de l'importateur et celle du reconditionnement dans le cas où il faut réemballer, étiqueter et présenter à la japonaise (3 à 5 %). Cela signifie que les exportateurs en direction du Japon ou bien doivent être particulièrement compétitifs quant au prix ou bien doivent viser le haut de gamme (la technique Mercedes) pour digérer les marges supplémentaires à verser aux intermédiaires.

La force des coutumes

Si les Japonais ont choisi ce qu'ils voulaient ou ne voulaient pas emprunter à l'Occident, ils n'en attendent pas moins que ceux qui veulent s'établir sur leur marché négocient selon leurs coutumes et leurs règles. Ils ont donné l'exemple en faisant les efforts nécessaires pour s'établir en Europe. Il est évident que si l'on veut avoir des clients japonais, il faut adapter les produits à leur demande ou créer le besoin, toujours en suivant les standards techniques locaux.

C'est ainsi que les « Baby Doll » de Mattel n'ont réussi à répéter au Japon leur succès américain que le jour où l'usine, devant l'échec initial, s'est avisé de remplacer les chevelures blondes bouclées par des cheveux noirs raides accompagnés d'yeux bridés...

Procter et Gamble a créé son détergent liquide après s'être aperçu que les machines à laver japonaises n'atteignaient pas des températures suffisantes pour bien dissoudre les poudres. Depuis, l'idée a fait le tour du monde.

Au fil des ans, Smithkline, fabricant de produits médicaux, est passé de 350 grossistes non motivés à un club de 35 grossistes motivés. Les producteurs américains d'amandes pour apéritif, après un premier échec, ont pu finalement se faire admettre sur le marché japonais grâce à la complicité du réseau de vente de Coca Cola.

Un exportateur de confiseries s'étonnait que ses bonbons ne se vendent pas. Ils avaient des couleurs vives, notamment rouge, alors que les Japonais préfèrent les couleurs neutres. Un autre exportateur de fromage a vu un bulldozer pousser en pleine chaleur du mois d'août une tonne de fromages sur une décharge pour n'avoir pas été en règle avec la liste « positive » des ingrédients admis.

C'est encore un fabricant de prêt-à-porter italien qui a renoncé, pour n'avoir pas voulu adapter ses modèles au gabarit des petites japonaises aux « cuisses de grenouille », disait-il... Ces dernières, transpirant peu, se parfument peu, mais par contre se lavent les cheveux tous les jours. Les parfumeurs doivent donc les amener à leurs produits par le biais des shampooings parfumés.

Dans ce secteur d'activité, le prix départ usine doit être multiplié par un coefficient de 7 à 8 pour estimer le prix payé par l'utilisateur final après passage par les réseaux de distribution complexes.

Il faut savoir que les Japonais recherchent des accords durables plus que ponctuels. Ils aiment bien le partenariat qui leur permet d'acquérir un tour de main ou une technologie. Mais il arrive qu'ils s'en servent de façon plus ou moins loyale pour en tirer des améliorations brevetées. C'est la raison pour laquelle certaines firmes américaines ont préféré de lourds et longs investissements initiaux pour s'établir directement au Japon, second marché du monde après les États-Unis, et premier marché en densité de population.

L'effort en vaut la peine et les Européens ont inégalement réussi dans cette voie pour n'avoir parfois pas osé y mettre le prix. « En moyenne, il est six fois plus long et trois fois plus compliqué de conclure un accord au Japon qu'en Europe. Mais ensuite l'exécution est plus rapide [5]. »

Avant de parler affaires au Japon, il faut donc construire une relation humaine. Après s'être fait introduire au bon niveau, ce qui est déjà délicat, il faut se situer, s'apprécier. « Sentir les yeux du cœur », dit-on. On ne fait pas d'affaires avec quelqu'un que l'on n'aime pas. On doit prendre son temps. On ne change pas de distributeur facilement sous peine d'être taxé d'instabilité.

Dans la conversation, les Japonais ne sont pas cartésiens et ne classent pas les sujets. Leur pensée peut donner lieu à de nombreuses circonvolutions au cours du processus d'analyse. Ensuite seulement ils s'intéresseront à la réputation de vos produits sur d'autres grands marchés, principalement Allemagne et États-Unis.

Si les Japonais sont polis et de parole, il faut savoir que le dirigeant japonais coordonnateur et médiateur dans son entreprise se contentera en fin d'entretien de dire « j'ai compris ». A la suite d'un certain délai d'études, il provoquera la décision communautaire, le fameux consensus.

C'est la période plus ou moins longue pendant laquelle il faut entretenir la relation. Par contre, l'Occidental qui engage son entreprise à l'issue de la discussion ne laisse pas place à l'analyse préalable et paraît superficiel. Il va au-devant de malentendus ultérieurs. Il est de ce fait plus sérieux de venir à plusieurs visiteurs lors des contacts initiaux.

Par ailleurs, il ne faut pas oublier que l'essence de la politesse locale commande de dire ce que l'interlocuteur attend. Il importe

5. Howard F. Van Zandt, *Harvard Business Review*.

de ne pas dévoiler sa pensée sous peine de se la voir resservie. Il faut aussi savoir que l'affrontement et la négation ne sont pas de mise. Des termes comme « c'est difficile » ou « je ferai de mon mieux » peuvent vouloir dire « impossible » s'ils sont accompagnés d'un certain regard, d'un certain raclement de gorge ou d'un silence éloquent. Il est donc souhaitable de faire répéter en fin d'entretien ce qui a été convenu et éventuellement photographier les tableaux de chiffres au mur. La décision prise n'est que le début de la lutte pour la conquête des parts de marché sur les concurrents. Il faut faire la différence à la fois sur le terrain de la qualité et celui du service.

L'exigence de qualité pour quiconque veut réussir au Japon est bien connue. Même si les produits japonais ne sont pas eux-mêmes exempts de défauts, l'impératif qualité est souligné par tout le monde, des publicitaires aux grossistes. Son respect est d'autant plus nécessaire que les acheteurs japonais, et surtout les acheteuses, sont exigeants. Un fabricant de yaourts français implanté à Tokyo, qui a l'expérience de nombreux marchés mondiaux, dit : « Je n'ai jamais vu des clientes aussi attentives. Elles lisent toutes les notices et contrôlent leur exactitude. » Il n'est pas rare qu'un client mécontent d'un produit le renvoie. Il retournera finalement chez le producteur. C'est la raison pour laquelle la plupart des commerçants ne paient pas les fournisseurs tant que le produit n'est pas définitivement vendu. C'est la pratique du dépôt-vente.

Non seulement il faut la qualité de la production et du service, mais il faut le souci d'être agréable aux clients. Le petit commerçant cherche à l'être pour sa pratique. Souvent il porte à domicile un repas, un produit. A son tour il attend de ses fournisseurs qu'ils lui accordent les mêmes égards. D'où le recours non seulement aux cadeaux – plus ou moins symboliques – mais encore, et surtout au niveau des grossistes, aux voyages ou fêtes organisés. Et en permanence la recherche des contacts suivis entre les personnes appelées à travailler ensemble, le contact direct étant préférable à l'écrit et au téléphone.

Bref avant même l'avènement de l'économie de services (qui,

ne l'oublions pas, reste à base industrielle), le Japon était naturellement une société de services. Il en est résulté « la vie chère », mais en contrepartie, beaucoup de commodité dans la vie quotidienne, grâce notamment à la proximité des points de vente.

Ces remarques montrent qu'en dépit de leurs retards, les Japonais ont un mode d'existence bien à eux qui ne manque pas d'agrément et qui peut donner à la majorité des gens le sentiment de vivre dans un pays qui présente beaucoup d'avantages.

Mais l'ensemble du système de distribution représente une barrière de fait contre les incursions extérieures. En faire reproche au Japon, c'est ignorer sa nature et son histoire. Disons qu'il tire parti à la fois de ses atouts et de ses faiblesses pour s'imposer comme leader économique mondial. Et lorsque ses entreprises se sentent freinées par la concurrence, elles font comme toutes les autres entreprises du monde, elles cherchent à se protéger.

Les « trucs » habituels

Les entreprises japonaises multiplient les brevets. Elles s'organisent entre elles sous forme de clubs. Acquérir un brevet est beaucoup plus compliqué au Japon qu'ailleurs. Ce n'est pas tout. Même quand l'économie japonaise semble accepter de s'ouvrir à la compétition, certains de ses dirigeants cherchent à freiner le mouvement en s'appuyant sur l'utilisation de normes. On sait toutes les difficultés qu'éprouvent habituellement les constructeurs de voitures étrangers à s'imposer. Des modifications successives sont exigées à chaque nouvel examen : volume du coffre, hauteur des feux, plaque protectrice sous le châssis, fonctionnement des essuie-glaces, hauteur des pare-chocs, etc. Récemment les fournisseurs de télécommunication ont pu vérifier la difficulté de s'imposer. Un pas en avant, deux pas en arrière, constate Robert Kuttner dans *Business*

Week [6], en expliquant comment l'administration japonaise « renvoie la copie ».

En 1985, les Américains obtiennent en principe l'ouverture du marché aux équipements et aux services extérieurs de télécommunication. Mais le ministère des Postes et Télécommunications réagit. Pour comprendre ce qui est en cause, il faut savoir que les compagnies emploient différentes sortes d'ordinateurs pour combiner les échanges de lignes internationales. Pour les faciliter, un effort de coordination est prévu dans un programme appelé Vans. Onze sociétés y participent. On a calculé qu'il pouvait représenter un marché de 400 millions de dollars par an pour le seul Japon. Plusieurs d'entre elles, comme IBM, ATT, Tynnel et Telenet, ont prévu des accords avec des compagnies japonaises pour l'attaquer. En 1985, quand le gouvernement japonais entama la privatisation du monopole de Nippon Télégraphe & Téléphone (NTT), il admit le principe de la dérégulation. Il autorisa des sociétés comme IBM à passer des accords locaux à condition de ne pas porter préjudice aux utilisateurs. Cette restriction laissait évidemment la porte ouverte à bien des interprétations. Le ministère des Postes en profita pour exiger des adaptations de techniques permettant les interconnexions. Les intéressés firent valoir qu'il allait en résulter des coûts supplémentaires. La mesure était contraire aux recommandations de l'Union internationale des Télécommunications de Genève. Mais le ministère maintint ses recommandations. Il s'agit en fait de réserver le marché à des producteurs japonais. L'affaire agace d'autant plus les Américains qu'en 1984 les Japonais ont exporté aux États-Unis onze fois plus de matériel téléphonique qu'ils n'en ont importé.

Autre exemple. En 1987, pour la première fois de son histoire, le Japon est devenu importateur net de produits textiles. Cela a provoqué un choc dans une industrie qui a joué un rôle décisif dans la croissance de Japon Inc. avec l'acier et la construction navale. En 1955 en effet, le textile couvrait 19 % de la production manufacturière. Aujourd'hui, elle n'en représente plus que 5 %. La

6. 13 juin 1988.

part du textile dans les exportations est tombée de 37 à moins de 4 %. Il a subi toute une série de restructurations. Comme toutes les industries textiles des pays développés, celle du Japon subit la concurrence des pays à bas salaires comme le Pakistan, la Chine, la Corée du Sud. Dans certains secteurs, les produits étrangers représentent 80 % des ventes. Et les Japonais découvrent, comme les Européens et les Américains, qu'en ayant équipé des pays extérieurs et implanté chez eux des usines, ils subissent en retour une concurrence contre laquelle ils sont mal armés pour se défendre. Les Japonais qui ne participent pas à l'accord multifibre instauré par la Communauté Européenne ne peuvent pas prétendre fixer des quotas pour freiner des importations qui les gênent. Les industriels concernés ont décidé de faire front et de réclamer des mesures anti-dumping, notamment contre la Corée du Sud et la Chine. Le MITI, interpellé, résiste. Il craint en effet les mesures de rétorsion qui mettraient en difficulté d'autres industries. Mais il admet cependant la possibilité d'avoir des négociations avec la Corée du Sud en vue d'accord d'autolimitation, exactement comme les États-Unis et la Communauté Européenne en discutent avec le Japon. Dans le même temps, il incite les entreprises textiles japonaises à poursuivre leur politique de restructuration.

Certaines n'ont pas attendu. Toray, qui produit des fibres, a décidé de se lancer dans les produits pharmaceutiques. Il a pour cela embauché une équipe de chercheurs qui a découvert que des tissus très fins pouvaient faciliter la cicatrisation des brûlures. Des investissements ont été décidés dont on n'attend pas de rentabilité avant dix ans. C'est bien la méthode japonaise de parier sur le long terme sans souci immédiat de rentabilité. Mais en attendant, il faut bien vivre.

Aussi les grandes firmes textiles japonaises ont-elles décidé d'investir à l'étranger pour y produire. La défense consiste à tirer parti des possibilités de production dans des pays à faibles coûts. Cette politique de délocalisation ira en croissant. Sur place les Japonais s'empressent de se moderniser encore, comme l'ont fait les industriels textiles allemands et ceux des Français qui ont survécu. Ils s'informatisent. Ils cherchent les productions de séries courtes qui permettent des adaptations rapides aux fluctuations de la mode. Par ailleurs ils se diversifient.

Toray et Trijin se sont lancés dans la production de bandes magnétiques. Tohokayon a choisi les fibres de carton. Mais la délocalisation et la production à l'extérieur n'ont pas empêché les réflexes protectionnistes de jouer. Les Japonais, si prompts à se plaindre d'être accusés de dumping, ont découvert que d'autres pouvaient à leur tour pratiquer des méthodes qui les mettent dans des positions difficiles.

Des fusions contrôlées

Au Japon, d'éventuelles prises de contrôle d'entreprise, en force, seraient entravées par de nombreux obstacles législatifs. En plus elles sont totalement étrangères à la culture du monde des affaires. Les arrangements à l'amiable demeurent la règle.

« Ce n'est pas demain que nous verrons au Japon une opération comme celle de la Société générale de Belgique », regrette un banquier européen installé à Tokyo avec l'espoir, déçu, d'y développer des affaires de fusions et d'acquisitions.

De telles opérations se pratiquent pourtant. La Fair Trade Commission, chargée de veiller à l'application de la loi sur les monopoles, en enregistre plus d'un millier chaque année. Mais la réalité des fusions et acquisitions « à la japonaise » est très différente de ce que l'on observe aux États-Unis et en France. Les fusions concernent des entreprises petites et moyennes (d'un chiffre d'affaires inférieur à 5 milliards de yens dans 80 % des cas). Elles intéressent le plus souvent des sociétés déjà liées entre elles par des liens de capital ou d'activité. Quand Matsushita Electrical Industrial absorbe la société commerciale de son groupe (Matsushita Trading), on ne peut pas dire que ce soit un changement décisif dans le paysage économique.

Dans ce genre d'opération, le rôle des intermédiaires financiers reste modeste. Pour les banques et les maisons de titres japonaises, même celles qui sont réputées le plus intéressées par les restructurations comme la Sanwa Bank ou Yamaichi Securities, ce type d'activité en est encore au démarrage. En outre la loi interdit aux institutions financières de détenir directement plus de 5 % du capital d'une entreprise et 10 % pour les compagnies d'assurances. Mais les participations croisées avec les filiales leur permettent de maintenir la cohésion du groupe.

« Les fusions et acquisitions sont en fait essentiellement considérées comme un des moyens de secourir des affaires en difficulté » explique un spécialiste de Saitama Bank. « De ce fait aucune ne concerne des entreprises de très grande taille. »

Les tentations d'OPA inamicales n'ont évidemment pas de chances de réussir dans un tel climat. On cite le seul cas d'une tentative de ce genre lancée sans succès, jusqu'à ce jour. Il s'agit de l'offensive lancée en 1985 par Mineba, leader japonais du roulement à billes, contre Sankyo Seiki (synthétiseurs et composants), lequel a accepté ensuite l'entrée du Nippon Steel, en quête de diversification, dans son capital. Pour résister, Sankyo Seiki avait fait appel à son noyau dur d'actionnaires qui avait répondu favorablement.

Toutes les grandes entreprises japonaises disposent en effet d'un noyau dur, renforcé par un réseau de participations croisées, qui les rend pratiquement invulnérables à une offensive inattendue. Sanyo Electric est « soutenu » par plusieurs entreprises du groupe Sumitono, par des compagnies d'assurances. Kenwood, spécialiste de production d'appareils de radio, est également soutenu par Sumitona Trust, des compagnies d'assurances et Mitsui Bank. Fanuc, spécialiste des machines à commande numérique et des robots, est lié au groupe Fujitsu. Nissan a des intérêts dans le groupe Komatou des instruments de levage et réciproquement. Et ainsi de suite. Il arrive que des firmes étrangères soient présentes. Ainsi General Motors possède-t-il plus de 40 % des actions d'Isuzu Motors, mais il y a eu échanges de bons procédés. D'une façon générale, en dehors de la présence de groupes américains au capital d'entreprises japonaises, des liens techniques – souvent importants – entre firmes allemandes et japonaises, d'accords commerciaux avec des entreprises qui cherchent à vendre sur le marché japonais et qui, en contrepartie, peuvent aider les firmes japonaises à exporter (c'est notamment le cas dans les activités pharmaceutiques), les entreprises japonaises sont... japonaises et le restent.

Le ministère des Finances doit d'ailleurs être informé de toute acquisition de capital supérieure à 10 %. En 1986, il avait mis le holà à un projet d'Opa du groupe américano-britannique Trafalgar-Egfen sur Minebea (celui-là même qui s'était attaqué en vain à Sankyo-Seiki) en invoquant la sécurité du pays. Minebea fabrique en effet aussi des revolvers!

Cela étant, les prises de contrôle ou des prises de participation à l'amiable sont théoriquement concevables. Certaines entreprises y sont déjà parvenues. En 1983, le groupe pharmaceutique américain Merck and Co a pris le contrôle de Banyn Pharmaceutical Co. L'obstacle majeur réside dans les coûts élevés de la Bourse (en 1988) et le ratio prix-bénéfices qui atteint des proportions auxquelles Européens et Américains, qui ont cependant assisté à des opérations risquées, ne sont pas du tout habitués.

Bref dans le domaine de la propriété des entreprises comme en d'autres, le Japon a des moyens de défense tels que certains Américains commencent à se demander s'il est réellement capitaliste.

Les « faux-semblants »

Dans les négociations permanentes qui se poursuivent entre Américains et Japonais, la libéralisation du marché financier nippon a été une priorité de l'administration Reagan. En principe il s'agit d'ouvrir le marché japonais aux compétiteurs extérieurs. Un accord Yen-Dollar de mai 1984 fixait les règles générales de l'ouverture.

Les autorités japonaises admirent l'introduction d'opérateurs étrangers, américains notamment, qui furent rapidement déçus. D'abord ils ne s'attendaient pas à ce que les Japonais deviennent brusquement les banquiers du monde. Ils allaient au Japon avec l'intention de prêter de l'argent. Ils tombaient sur une économie qui en regorgeait. Quant à essayer de travailler avec du yen quand on est une société étrangère, il faut se lever de bon matin. En dépit de la puissance de leur monnaie, les Japonais cherchent à limiter son emploi international. En 1988, 7 % des réserves internationales sont comptées en yens au lieu de 67 % pour le dollar et 15 % pour le mark. Le tiers seulement des exportations japonaises et 10 % des importations sont, à cette date, comptés en yens. En dépit de changements majeurs intervenus dans la répartition des devises, les Japonais préfèrent employer le dollar pour leurs comptes extérieurs. Ils agissent pour la monnaie comme pour la production. Ils profitent beaucoup plus des opportunités ouvertes sur les marchés financiers mondiaux que les étrangers ne peuvent tirer parti d'un climat de dérégulation financière au Japon, tout simplement parce qu'on ne leur laisse que les miettes de la compétition. Robert Kuttner [7] remarquait à ce propos que les Américains, au lieu de croire que la main invisible du marché favorise la satisfaction de tous aux meilleures conditions, devraient s'habituer à tenir compte de l'insaisissable main japonaise qui guide le système nippon par un système complexe d'orientations administratives.

Lorsqu'on les interpelle sur de tels sujets, les Japonais sourient. Rien n'est plus désarmant que le sourire japonais dont on ne sait pas s'il cache des sentiments hostiles, un désarroi momentané, de la prudence ou tout simplement une réelle politesse faite de mille attentions de détail. En réponse, ils protestent de leur bonne foi et la prouvent en énumérant les entreprises étrangères qui se sont implantées avec succès au Japon. Il n'y aurait pas dans leur politique de défense particulière. Il y aurait simplement de la part des firmes étrangères une méconnaissance du marché japonais et une trop

7. *Business Week*, art. cit.

grande impatience à vouloir y réussir. Dernier argument en date : « Nous avons changé d'époque. Désormais le Japon participe pleinement à la globalisation de l'économie. » Il est vrai que des changements majeurs sont en train de se produire qui donnent de nouvelles dimensions au défi japonais.

CHAPITRE V

Les nouvelles donnes

Le maintien ou l'arrêt de la prospérité économique mondiale favorisée jusqu'à présent par le relativement bon fonctionnement des échanges dépend dans une large mesure du Japon.

Il a pu développer sa « realpolitik » mercantiliste à l'abri de la puissance des États-Unis tant que ces derniers ont été en mesure d'imposer le libre-échange. Les Américains ne sont plus en mesure d'en assurer seuls la bonne marche. Pour qu'elle se prolonge, il faut que leurs partenaires européens et japonais prennent également en charge le bon fonctionnement des échanges et de la croissance mondiale. Un système de libre-échange ne fonctionne pas en effet naturellement. Il faut, pour le maintenir, une nation dominante. Si son pouvoir décline et s'il n'est pas remplacé soit par celui d'une autre nation, soit par un accord international, les tentations protectionnistes reprennent le dessus. En raison du poids qu'il représente désormais dans l'économie mondiale, le Japon, qui avait pu mener ses stratégies d'attaque et de défense sans s'occuper outre mesure de leurs conséquences générales, se trouve investi de responsabilités nouvelles pour lui. Encore ne les assurera-t-il que si des changements considérables se produisent non seulement dans sa politique mais dans le comportement des Japonais eux-mêmes.

La prise de conscience

« Ensemble les États-Unis et le Japon représentent près de 40 % du Produit mondial. S'ils ne parviennent pas à surmonter leurs antagonismes et s'ils n'apprennent pas à coopérer, les perspectives des années 90 sont littéralement sinistres. » C'est ainsi que débute un cahier spécial financé par de la publicité japonaise paru dans *Business Week* (du 12 juillet 1988). D'autres documents réalisés dans des conditions similaires ont été publiés dans d'autres magazines américains ou européens. Le discours y est à peu près le même. Il faut, dit le texte, que les économies américaine et japonaise soient pareilles à des œufs brouillés, qu'elles se confondent littéralement. On voit ainsi se dessiner une nouvelle forme du défi japonais, en tout cas pour l'Europe. Si l'on assiste à ce qui est effectivement souhaitable, à savoir une bonne complémentarité des économies américaines et japonaises, et si l'Europe ne se décide pas à mener sa propre stratégie mondiale commune, elle sera sous la dépendance d'un nouveau condominium : « l'americanippon ».

Les responsables japonais s'efforcent de convaincre les Américains que l'accord est possible entre eux. « Côté positif, les compagnies américaines ont pu pénétrer le marché japonais avec un très net succès. Les sociétés japonaises en ont fait autant de l'autre côté du Pacifique. Les sociétés américaines de haute technologie vendent leurs produits à leurs équivalents japonais qui en font autant. » Il se produit de la sorte un enrichissement réciproque. Malheureusement, poursuit en substance l'argumentaire, il existe des côtés négatifs dans les rapports entre les deux pays qui résultent surtout de malentendus politiques et d'une mauvaise interprétation des déficits. Les tensions qui en résultent peuvent être dangereuses non seulement pour les deux contrées, mais pour le monde entier. « Nous devons donc, affirme Ogasavara Toshiaki, patron du *Japon Time*, trouver le chemin d'un véritable travail en commun. » « Nous devons reconnaître que nous avons une responsabilité conjointe en tant que première et deuxième économie du monde », ajoute Magi Yuzaburo, directeur général du Kikkoman. « Nous devons faire effort pour maintenir la liberté des échanges de monnaie et de biens. Certes il peut en résulter quelques problèmes politiques mais cela ne doit pas empêcher de favoriser la plus large ouverture possible des marchés. »

Ce discours est répété dans les instances patronales les plus influentes comme le Keizaï Doyu Kaï dans son rapport de 1988 sur la « globalisation de l'économie ». Il affirme la volonté d'ouverture de la société japonaise, celle de battre l'isolationnisme, de favoriser la transparence dans les rapports entre les pays.

Le Japon, selon lui, doit s'efforcer d'ouvrir son marché aux importations étrangères. L'augmentation des importations va dans l'intérêt du pays car si elle ne se produit pas, il ne pourra pas poursuivre son expansion extérieure. Certaines lois de protection sanitaire pourront être maintenues mais d'autres telles que des lois exigeant des certifications de produits étrangers ne sont plus nécessaires.

Certes il faudra aussi, et cela prendra du temps, modifier certaines habitudes dans les relations d'affaires. Les industriels japonais produisent 60 % des éléments dont ils ont besoin pour leurs fabrications. Sur les 40 % qui restent, 10 % à peine sont attribués à des fournisseurs étrangers alors que dans une économie baignant dans la concurrence ouverte, ce pourcentage est nettement plus élevé.

Le rapport Maekawa

Le document le plus connu illustrant le tournant de la politique japonaise a été réalisé sous la direction de Maekawa Harno (avril 1986), Président du « Comité consultatif sur la restructuration économique pour une harmonie internationale ». Nakasone était alors

Premier ministre, celui-là même qui s'adressa un jour à la télévision à ses compatriotes en tweed anglais pour les inviter à importer.

Il y a certes dans ce rapport et sa présentation beaucoup de mise en scène et le désir de convaincre les partenaires du Japon que ce dernier souhaite réellement passer d'une économie mercantile à une économie d'échanges. Mais l'insistance que mettent les officiels japonais à arguer de leur bonne foi est telle qu'on ne peut pas tous les soupçonner de duplicité.

Le rapport Maekawa sert d'ailleurs d'inspiration au gouvernement japonais et ses thèmes reviennent en permanence dans les interventions des ministres japonais à l'étranger et les sommets de chefs d'État. Selon ce rapport, le moment est venu pour le Japon de réaliser une transformation historique de sa politique économique traditionnelle et de son mode de vie national (incidemment on reconnaît par là que ni l'une ni l'autre ne correspondaient aux exigences du libre-échange).

Le Japon doit se fixer pour objectifs à moyen terme la réduction progressive des excédents de la balance courante et prouver à la communauté internationale qu'il œuvre réellement en ce sens. Une transformation profonde de la balance entre les exportations et les importations est nécessaire, ce qui suppose, entre autres, une amélioration de la qualité de vie des Japonais. Trois principes sont affirmés qui intéressent les Japonais, mais aussi leurs partenaires :
– les politiques économiques doivent être fondées sur les règles de l'économie de marché;
– ces politiques doivent être envisagées dans un cadre planétaire. « Nous sommes persuadés que l'économie japonaise ne peut se développer que dans le contexte d'une croissance durable et stable de l'économie mondiale. » Il est donc indispensable que le Japon prenne l'initiative de modifier sa structure économique;
– il faut se placer dans une perspective à long terme car il faudra du temps pour mener à bien cette œuvre.

Ces trois principes s'accompagnent d'une série de recommandations : l'expansion de la demande intérieure, la transformation de la structure industrielle, l'ouverture aux importations, la stabilité des monnaies et l'internationalisation des marchés de capitaux, la coopération internationale, notamment en matière d'aide au développement.

Le MITI s'est mis aussi de la partie en publiant un rapport sur le Japon du XXIe siècle qui reprend des thèmes semblables.

Bref le Japon officiel annonce un changement dans son approche des rapports économiques mondiaux et son intention de jouer pleinement le jeu de la liberté des échanges, mais dans les deux sens, du Japon vers l'étranger, de l'étranger vers le Japon.

Voilà l'intention.

Des évolutions importantes sont effectivement en train de se produire dans l'économie japonaise. Elles ne signifient pas que le Japon n'est plus un redoutable compétiteur mais qu'il est en train, tout en paraissant décidé à tenir compte des exigences de l'interdépendance des économies, d'élargir le champ de ses compétences et de ses atouts. Qui plus est, tous les Japonais ne sont pas encore acquis à l'idée d'ouverture! Un livre qui a beaucoup de succès au Japon s'intitule *Nihonwa warenkukai* [1], (le Japon n'a rien à se reprocher), de Shimomura Osamu, ancien haut fonctionnaire du ministère des Finances.

Le passage de l'économie industrielle à l'économie complexe

Il y a quelques années, les firmes japonaises que l'on citait partout en exemple s'appelaient Toyota, Sony ou Nippon Steel. En 1987, Nomura prenait la tête (dépassé à nouveau ensuite par Toyota).

Avec 38 bureaux dans 21 pays, Nomura Securities est devenu le premier, le plus riche et le plus profitable groupe de placements du monde. En 1987, il a dépassé ses grands rivaux américains comme US's Citicorp et Merill Lynch. L'économie « financière »

1. Chez Bungei-Shunjuu, 1987.

devient, au Japon aussi, plus profitable que l'économie réelle. La compagnie emploie 12 000 personnes et compte 5 millions de clients. Elle occupe une place de choix à Londres sur le marché des Eurobons. Elle est présente de façon massive aux États-Unis. D'Australie à Bahreïn, de Singapour en Suisse, Nomura s'impose. Ayant racheté une compagnie de placements à Wall Street, le groupe japonais peut faciliter les achats des firmes américaines par les Japonais. Le krach d'octobre 1987 a provoqué une baisse de ses profits de 23 % par rapport à octobre 1986 mais ils étaient tout de même trois fois plus élevés qu'en 1985.

Les surplus de devises accumulés par le Japon sont évidemment l'une des sources de la puissance de Nomura et des autres firmes de placement japonaises. Une large part des ressources se place en bons du Trésor américains, mais le reste sert à des achats d'actions, d'obligations et d'entreprises.

On retrouve dans les activités financières comme celles de Nomura les mêmes principes de conduite que dans les firmes manufacturières et notamment l'acceptation de pertes à court terme si elles rendent possibles des gains substantiels à long terme. Nomura a par exemple repris des bons d'État qui ne valaient pas grand-chose mais qui, finalement, lui ont permis de s'assurer une clientèle et de réaliser de substantiels profits. Mais comme dans les industries manufacturières, les succès sont aussi le résultat de recherches importantes et de la mise en œuvre des moyens technologiques les plus modernes. *Time* [2] explique que Nomura a mis au point un système informatique pour les sociétés de Bourse. Qu'il soit à Milan ou à Detroit, un membre du groupe ou un associé peut, grâce à un réseau branché sur 45 000 terminaux dans le monde, bénéficier des données du groupe et des informations qu'il émet de Tokyo. Nomura fait de gros efforts pour s'adapter au milieu. N'a-t-elle pas offert un don substantiel à la Tate Galery à Londres, invité des clients au tournoi de Wimbledon, à des matchs de rugby à Twickenham? Nomura n'en reste pas là. Elle essaye d'inventer des produits nou-

2. 8 août 1988.

veaux et d'attirer des clients par une politique agressive de prix. Elle profite des opportunités légales de chaque pays, ouvre une banque à Londres, élargit le champ de ses intérêts à Wall Street. Avec son concurrent Daiwa, elle a réussi à négocier directement avec le Trésor américain en raison de l'importance des souscriptions de bons officiels auxquelles elle souscrit. Le Congrès américain s'en est ému et a réclamé pour les groupes financiers américains un traitement équivalent. Mais General Motors a fait appel à la filiale américaine de Nomura pour un placement très important.

En sens inverse, Nomura est un actif propagandiste à l'extérieur des actions japonaises. Elle incite ses clients mondiaux à souscrire des valeurs nippones. Elle ne rencontre pas que des succès. Le marché de Wall Street est tellement large qu'il est difficile de s'y imposer mais des experts américains rappellent que lorsqu'en 1960, les compagnies d'automobiles américaines virent apparaître les premières voitures japonaises, elles n'y prirent pas vraiment garde. « Ne sous-estimons jamais l'aptitude qu'ont les Japonais à apprendre et à tirer parti des opportunités. »

Fin août 1988, John Phelan, président du New York Stock Exchange, annonce, à Tokyo, la création d'une commission consultative pour le Japon (Japan Advisory Committee), qui permettra au conseil d'administration de la Bourse new-yorkaise de recueillir les opinions et les préoccupations des milieux économiques et financiers nippons, aussi bien sur les questions financières internationales que sur des problèmes plus spécifiquement japonais. La commission sera présidée par Okita Saburo, un ancien ministre des Affaires étrangères, et rassemblera des personnalités éminentes du monde des affaires, notamment Morita Akio, le patron de Sony, qui en sera le vice-président, Kume Yutaka, directeur général de Nissan, et Saba Soichi, ancien patron de Toshiba et vice-président du Keidanren, l'équivalent du CNPF en France.

Le leader de Nomura, Tabuchi, un ancien journaliste, espère pouvoir combiner les moyens d'une banque d'investissement et ceux d'une banque commerciale. Son ambition est le recyclage permanent des monnaies. Pendant des décennies, ce sont les Anglais qui l'ont fait. Après ce furent les Américains. « Maintenant c'est au tour des Japonais. » Il ne se cache pas de vouloir faire du Japon le banquier du monde.

Sans Toyota pas de Nomura

La montée de Nomura est symptomatique du passage d'une économie dont la puissance était bâtie sur la seule industrie à une économie où la dimension financière et les activités dites de service tendent à prendre, elles aussi, des allures industrielles et des proportions internationales. Mais alors que dans des pays comme la Grande-Bretagne le savoir-faire financier et les activités de services fonctionnent avec succès même sans assise industrielle parce qu'autrefois Londres a été la capitale du monde, au Japon la puissance montante des activités financières et de services est la suite des réussites industrielles. Sans son fort pourcentage d'activités industrielles, l'économie japonaise (pas plus que l'économie allemande) ne pèserait pas lourd. Nomura est un développement spectaculaire. Mais sans Toyota, il n'y aurait pas Nomura.

Les Japonais ont construit leur montée en puissance sur une stratégie industrielle hardie.

L'avancée japonaise aurait sans doute été moins rapide si les entreprises des autres pays et les États partenaires avaient pris conscience à temps de ses progrès. Mais lorsqu'en 1962 on annonçait en France, après un voyage d'études sur l'industrie automobile japonaise, qu'elle « partait à la conquête du monde », on était – au mieux – considéré comme un esprit imaginatif. Il est vrai que pour favoriser l'équilibre mondial, les États-Unis ont favorisé la croissance de leurs anciens adversaires, notamment en ouvrant assez largement le marché américain à leurs produits.

Toujours est-il que la stratégie japonaise a réussi. Après deux années de réduction des profits, en 1985 et 1986, en raison de la hausse du yen, elle débouche, en 1987 et 1988, sur une hausse des chiffres d'affaires et des bénéfices. Les sociétés japonaises ont rapidement adapté leur production aux nouvelles conditions de la concurrence. Elles délocalisent une partie de leurs activités pour compenser le renforcement de la monnaie. On a même vu des voitures Honda fabriquées aux États-Unis exportées vers le Japon pour tirer parti de l'affaiblissement des coûts salariaux provoqué par la baisse du dollar.

Les succès des entreprises japonaises ne se démentent pas. Lorsqu'un retournement de conjoncture se produira dans le monde elles auront plus de ressources que les autres pour bousculer leurs concurrents les plus vulnérables. Selon l'Institut Wake, les quatre cent quarante premières entreprises japonaises devraient poursuivre sur les lancées de hausses de bénéfices. Et cela alors qu'en 1986 encore, la Chambre de Commerce de Tokyo estimait qu'un très petit nombre seulement des entreprises japonaises (moins de 4 %) résisteraient victorieusement à la hausse du yen ! Les affaires ont bénéficié pendant un temps d'une réduction relative des prix de l'énergie et des matières premières. Mais surtout elles ont développé leurs ventes sur le marché intérieur et procédé à des investissements systématiques de modernisation et d'automatisation.

Les succès enregistrés font boule de neige. Les profits favorisent autofinancement et recherche et permettent aux entreprises japonaises de jouer en permanence le haut de gamme et la technologie fine, par exemple dans l'automobile. Selon un dirigeant de Nissan : « Nous ne pourrons rien contre les prix coréens. Alors nous nous défendrons grâce à nos techniques sophistiquées et au goût croissant des Japonais pour le luxe. »

Mais l'industrie n'est pas le seul fer de lance de l'économie japonaise. De plus en plus les organismes financiers, banques, organismes de paiement, assurances, sont poussés à développer leurs activités à l'extérieur. Les banques notamment sont moins sollicitées par les entreprises qui gèrent elles-mêmes leurs trésoreries et trouvent au Japon et dans le monde tout l'argent dont elles ont besoin. Elles sont donc incitées à s'intéresser à d'autres marchés (par exemple la vente à crédit et le leasing connaissent une progression extraordinaire) et à d'autres pays.

La nouvelle offensive

La hausse de la Bourse de Tokyo entre 1985 et mi-1988 a laissé les observateurs étrangers pantois. Le multiple des gains que l'on accepte de payer une valeur en Bourse, est passé (en moyenne) de 27 fois à près de 60 au Japon alors qu'il se situe entre 10 et 20 fois aux États-Unis et en Grande-Bretagne. Mais ce critère de jugement habituel en Occident a beaucoup moins de sens au Japon où les habitudes comptables ne sont pas les mêmes. La valeur comptable des sociétés japonaises correspondrait à un tiers de leur valeur réelle, selon Paul Aron, de Daiwa Securities New York : les sociétés japonaises, pour éviter de payer des impôts, minimisent systématiquement leurs profits, alors que les américaines, pour promouvoir leurs cours à Wall Street, les font volontiers apparaître. Qui plus est, les sociétés japonaises sont particulièrement prudentes. Pour mieux estimer leurs valeurs, il faut donc effectuer une chasse aux actifs cachés. Amortissements et dépréciations sont plus larges, les réserves sont à long terme, les filiales permettent à la maison mère d'augmenter lesdites réserves. Si celle-ci est minoritaire certains résultats et certaines réserves ne sont pas consolidés. L'immobilier qui a fait un boom compte tenu de l'exiguïté du pays n'est pas comptabilisé à sa juste valeur. Un bureau loué à Tokyo est trois fois plus cher qu'à New York avec un rendement inférieur, en raison du prix des terrains. Enfin une proportion non négligeable des actions n'est pas mise sur le marché (environ 70 % selon UBS Philips and Drew) pour éviter les risques d'OPA et maintenir les majorités telles qu'elles ont été convenues entre les partenaires, d'où l'étroitesse du flottant. Des spécialistes ont calculé que les évaluations des firmes japonaises n'étaient ni surfaites, ni très différentes des évaluations des sociétés anglaises ou américaines. De toute manière les affaires japonaises ne doivent pas se juger en fonction des bénéfices qu'elles espèrent à bref délai, mais de la croissance qu'elles envisagent à terme et de la valeur de leurs actifs.

Cette approche commence à faire école en Europe et même aux États-Unis. Alors que pendant des années, les spécialistes financiers ont affirmé que les Japonais devraient occidentaliser leur manière de voir s'ils voulaient que la Bourse de Tokyo devienne durablement la principale du monde, certains d'entre eux commencent à se dire que la façon dont les Japonais jugent une entreprise et la priorité qu'ils accordent aux plus-values en capital sont peut-être les critères qui finiront par s'imposer partout. Au lieu d'assister à une occidentalisation de la finance japonaise, on assisterait à une nipponisation de la finance occidentale.

En attendant, les grandes banques et les établissements financiers japonais sont comme les entreprises industrielles leaders, partis à la conquête des marchés extérieurs.

Durant la seule année fiscale 1986, le Japon a été le premier créancier du monde, en prêtant l'équivalent du budget français. Le tiers de ses placements a servi à faire les « fins de mois » du gouvernement américain. Mais le Japon a également procédé à des investissements à l'étranger, soit sous forme directe, soit par rachat d'entreprises. Entre 1980 et 1987, les investissements directs aux États-Unis ont considérablement augmenté : de plus de 400 % en provenance de Grande-Bretagne, de 150 % environ pour l'Allemagne, les Pays-Bas, de 170 % pour la France, de 180 % pour la Suisse, mais de 611 % pour le Japon. Les Américains constatent que les étrangers contrôlent désormais 10 % de leur industrie manufacturière, près de la moitié des propriétés commerciales de Los Angeles, et emploient trois millions de salariés américains. Les banques étrangères, dont beaucoup de japonaises, contrôlent le quart des prêts. Ce n'est pas seulement Nomura qui pousse ses avantages à Wall Street. Yamaichi Securities a acquis en 1988 le quart de Codestar Group qui opère sur la place de New York.

La montée en puissance financière du Japon, qui résulte en apparence de la montée du yen, mais, avant tout, de son assise industrielle et de ses réserves de devises, est illustrée par le poids qu'ont pris en quelques années les banques japonaises. En 1980, sur les quinze premières mondiales (sur la base du total du bilan), cinq étaient japonaises, mais aux derniers rangs. En 1987, les cinq premières sont japonaises. Les leaders sont les grandes banques de dépôt qui financent essentiellement les grandes entreprises dont elles sont les pivots. Elles développent un réseau étranger en prêtant des fonds et en faisant commerce de titres.

Parmi les atouts des grandes banques japonaises, il faut en souligner au moins quatre. L'abondance des liquidités au Japon; de faibles frais généraux en comparaison des banques américaines et européennes, et cela en raison notamment du petit nombre des comptes individuels; un nombre limité d'employés; des exigences de garantie en fonds propres moindres de ce qu'elles sont ailleurs.

Avec de tels atouts de base, que les banques japonaises devront adapter aux conditions des pays où elles s'installent, on s'explique que dès la fin de 1986, elles souscrivaient près d'un dixième des emprunts lancés sur le marché américain des affaires et occupaient une place de choix dans les crédits aux municipalités.

Au fur et à mesure qu'elles s'implantent sur les marchés étrangers, les banques japonaises prennent évidemment des risques plus grands que sur le marché japonais. Elles seront notamment conduites, au fur et à mesure qu'elles pénétreront sur le marché des prêts aux entreprises, à prendre des garanties qui ne sont pas nécessaires au Japon en raison des liens entre les firmes et leurs dirigeants.

Mais le potentiel financier japonais ne s'est pas encore traduit par les interventions massives que l'on peut craindre. En effet, de même que la très grande majorité des Japonais s'est longtemps méfiée des produits étrangers, les gestionnaires de portefeuilles ont souvent marqué une aversion à l'égard des placements extérieurs.

En 1973, les placements extérieurs des compagnies d'assurances représentaient 0,1 % de leur portefeuille. En 1986, 11,7 %. En 1987 les chiffres se sont fortement accrus. Si les Japonais le veulent, au taux du yen en 1988, ils sont en mesure de secouer les majorités des compagnies d'assurances et des banques privées européennes (et américaines).

Les intéressés auraient tort, comme ils le font parfois, de dormir sur leurs deux oreilles. En mars 1987, Nippon Life achetait 13 % des parts de Shearson Lehman Brothers aux États-Unis (la troisième firme de gestion de titres de Wall Street). Trois mois plus tard, 28 spécialistes de Nippon Life s'envolaient pour New York avec l'intention d'y étudier pendant deux ans les méthodes de Shearson Lehman. Revenus à Tokyo ou placés ailleurs, ce seront demain les Samouraïs de la finance nippone dont on découvrira les actions après qu'elles se seront produites, faute, une fois de plus, d'avoir pris au sérieux le sens japonais de la longue patience pour conquérir des parts de marché. Pour ne pas être en reste, Yasuda Mutual Life s'est offert 18 % du capital de Paine Webber Group Inc. L'accord entre les deux groupes prévoit la formation de 150 spécialistes... Et les Japonais ont le don des chiffres car s'ils patinent verbalement, ils se révèlent par contre de vraies calculettes mentales dans les discussions d'affaires.

Les maisons de placement japonaises ont d'ailleurs programmé de réaliser la moitié de leur chiffre d'affaires à l'extérieur du Japon avant l'an 2000.

Encore faudra-t-il que les circonstances monétaires et l'évolution des changes le permettent. A chaque époque il existe dans le monde des organismes financiers qui recyclent les excédents de ressources accumulés par quelques pays. Nous avons vécu la période arabo-anglo-saxonne où les banques américaines, notamment, prêtaient à long terme aux pays en développement des crédits à court terme placés chez elles par les producteurs de pétrole, alors couverts de devises. Auparavant, l'Amérique déversait sur le monde une partie non négligeable des capitaux qu'elle drainait. Depuis les années 80 et surtout après 1985, les banques et les organismes financiers japonais redistribuent une partie des surplus de devises accumulés grâce aux réussites des firmes industrielles « de combat ». Leur action contribue à maintenir la croissance dans le monde. Elles pourraient, en principe, ne pas mener une telle politique, mais le Japon en serait tout autant la victime que ses partenaires. Bien qu'il se soit longtemps enfermé dans une politique mercantiliste, il a partie liée avec l'économie mondiale, et notamment l'américaine. Qu'il réduise ses prêts à l'Amérique et décide de limiter ses investissements extérieurs et ses clients cesseront de lui acheter ses produits. Le passage de l'économie industrielle à l'économie diversifiée dans laquelle les activités financières prennent une part essentielle participe à la fois d'une évolution assez générale dans le monde et de la nécessité d'élargir les activités japonaises avec l'extérieur pour que l'industrie, qui en reste le noyau, puisse continuer à prospérer.

Une industrie peut en cacher une autre

Il y a certes montée des services dans l'économie japonaise, mais il y a toujours une forte présence industrielle. Elle reste déterminante mais elle se diversifie. Après l'acier, les bateaux, l'automobile, les magnétoscopes et autres, on signale la présence de firmes industrielles japonaises sur des marchés extérieurs dans des domaines aussi inattendus – en raison de l'image qu'on se fait généralement du Japon – que le parfum, les industries alimentaires ou, dernier en date des succès japonais, le four à pain individuel.

Signe de l'avancée des Japonais dans les activités de services, ils achètent de grands crus dans le Bordelais, prenant ainsi la succession des Anglais. Est-ce parce que le vin de Bordeaux passe pour s'améliorer quand il prend la mer? Il a toujours intéressé les pays maritimes. Ce n'est pas tout. Les Japonais achètent aussi des restaurants parisiens. Le groupe Sumitomo – qui organise chaque année des séminaires sur le thème « que serons-nous dans cent ans? » – a repris le restaurant Lucas Carton à la famille Hérard-Dubreuil (Cognac Rémy Martin). Son intention n'est pas de modifier le restaurant mais de s'appuyer sur son patron Alain Sanderens, spécialiste de la nouvelle cuisine, pour développer des plats cuisinés haut de gamme destinés d'abord au marché japonais. Les Japonais en effet prennent leurs repas à l'extérieur et, quand ils cuisinent chez eux, ils le font rapidement. La cuisine devient une affaire industrielle. Les plats préparés et surgelés sont en train de conquérir le marché de l'alimentation. Les grandes chaînes de distribution elles-mêmes s'y intéressent de près. Les clients achèteront moins de produits à préparer et de plus en plus des plats surgelés. Dans ce domaine, le label « made in France » fait fureur au Japon. Il s'agit de créer des « lignes de produits haut de gamme et de les vendre au Japon d'abord, dans le monde ensuite. Il y a actuellement dix fois plus de chefs qui sortent des écoles japonaises que des françaises.

« Aujourd'hui, dit un spécialiste français, les Japonais nous accueillent à bras ouverts. Demain ils prendront nos places. Ce sont d'excellents copieurs et, pour eux, copier c'est apprendre. Sur le rythme actuel, dans dix ans, tous les grands cuisiniers seront japonais [3]. »

On commence aussi à rencontrer les Japonais sur les marchés de l'armement. L'industrie d'armement japonaise est cependant légère. Jusqu'à une période récente, le budget de l'Agence de Défense, qui passe les commandes, était à peine équivalent à celui d'une entreprise comme General Dynamics. Mais peu à peu, et notamment au travers de contrats groupés avec des firmes américaines, les industriels japonais prennent pied dans l'industrie de l'armement. Ils le font notamment dans le domaine des missiles et de l'aviation, par exemple en participant au rééquipement de l'armée de l'Air japonaise dans une nouvelle version du F 16 de General Dynamics.

On retrouve le même processus : des années d'apprentissage à l'ombre de firmes expérimentées, l'attaque du marché intérieur et dès qu'on le peut, l'exportation. Ce n'est donc pas parce que les services prennent plus de place dans les emplois que l'industrie japonaise perd de son efficacité et de son goût des conquêtes du

3. Voir *Le Nouvel Observateur*, 5-11 août 1988, Isabelle Lefort, « Quand les Japonais rachètent nos toques ».

marché. Mais il est difficile désormais pour les Japonais de ne pas tenir compte des réflexes de défense des marchés qu'ils cherchent à dominer, ni des coûts qui, souvent, sont plus élevés sur leur propre territoire qu'à l'extérieur. La politique mercantiliste ne peut plus se mener à partir seulement du sol national. De ce fait, elle évolue dans le sens de l'internationalisation et de la participation aux échanges.

Le passage d'une économie mercantiliste à une économie « globale »

Pendant des années, les Japonais sont partis de leur base nationale pour conquérir des parts de marchés.

Progressivement ils s'internationalisent. Les dirigeants patronaux préfèrent dire qu'ils agissent pour favoriser la « globalisation de l'économie » et la réduction des barrières aux échanges, discours qui peut porter à sourire mais qui comporte une part importante de sincérité. Les patrons japonais évolués sont en effet très préoccupés des réactions de protectionnisme qui se développent aux États-Unis, en Europe et ailleurs.

Il est vrai que les investissements directs des étrangers au Japon restent faibles, alors que les investissements japonais à l'extérieur se développent fortement. Les entreprises étrangères ont, certes, plus investi au Japon durant les cinq dernières années que pendant les trente années précédentes. Toutefois les entreprises étrangères au Japon ne font encore que 2 % du chiffre d'affaires total des entreprises japonaises et n'emploient que 1 % de la population active. Les investissements américains comptent pour moitié, les Européens (CEE) pour 14 % (dont 2 % pour les Français). Les raisons des investissements étrangers au Japon sont le souci de prendre place ou de se développer sur un puissant marché intérieur, le souhait de concurrencer les Japonais sur leur propre marché (tel l'Américain Kodak) et la volonté de participer à partir du Japon à la création progressive d'un ensemble du Sud-Est asiatique dominé par lui.

La rentabilité des entreprises étrangères installées au Japon est comparable à celle de filiales implantées dans d'autres régions.

Le délai pour atteindre le point mort est au moins de quatre ans (voire beaucoup plus comme en pharmacie où il faut dix ans). Mais les freins existent qui, selon une enquête menée par Booz-Allen & Hamilton auprès d'entreprises américaines, se ramènent à sept :

1. le temps de l'implantation;
2. la complexité des opérations commerciales;
3. la difficulté d'embaucher du personnel compétent;
4. le renforcement du yen, sans doute durable, qui alourdit les coûts;
5. la mauvaise perception, par le siège social, des possibilités du marché japonais;
6. l'importance des investissements, y compris publicitaires et commerciaux, nécessaires à la réussite;
7. et surtout la difficulté d'acquérir des sociétés japonaises.

Si les investissements étrangers au Japon sont encore faibles, les investissements japonais à l'étranger se développent. Ceux qui intéressent le secteur industriel proprement dit sont réalisés surtout aux États-Unis et de plus en plus dans les pays asiatiques. Les investissements qui se développent le plus rapidement intéressent le secteur bancaire et l'immobilier. L'Europe est la deuxième zone pour les investissements dans les services et passe désormais avant les États-Unis pour le secteur bancaire. Bref les sociétés japonaises investissent d'abord en Amérique du Nord tant dans le domaine industriel que des services, puis en Asie pour y produire, enfin en Europe pour y affirmer leur puissance financière, notamment parce que les bourses européennes y sont à mi-distance de Tokyo et New York, ce qui offre, en raison du décalage horaire, des opportunités nouvelles. Ces mouvements devraient progressivement modifier la structure du commerce extérieur japonais.

L'excédent commercial reste important. Mais même s'il est jugé excessif, notamment par les Américains, il annonce un rééquilibrage. En 1987 dans les échanges extérieurs japonais, les États-Unis représentent toujours une part importante (36,5 % des exportations et 21 % des importations). Le commerce avec l'Europe progresse vivement et plus encore avec les « dragons ». Des liens de plus en plus étroits sont en train de se tisser. La structure des exportations n'a pas été modifiée fondamentalement par la nouvelle donne monétaire (les entreprises japonaises ont réduit leurs marges à l'étranger en se rattrapant sur les surprix du marché intérieur) contrairement à celle des importations où la part de l'énergie s'est fortement réduite tandis que celle des produits manufacturés ne cesse de croître.

Une nouvelle orientation de l'économie japonaise se dessine donc. Elle participe plus aux échanges et aux investissements mondiaux, tend à prendre une part grandissante dans l'aide aux pays en développement et à s'y implanter. On est loin d'une économie jouant pleinement les lois de la globalisation dans la mesure où le marché japonais intérieur reste encore très... japonais. Mais un mouvement s'est amorcé. Il ne va pas sans poser de problèmes aux Japonais, notamment au niveau du management et de l'organisation. Les équipes dirigeantes, aptes à s'internationaliser, sont très insuffisantes. Les carrières internationales ne sont pas vraiment programmées. La connaissance des langues et des habitudes extérieures est faible. Les responsables au plus haut niveau en sont conscients et annoncent une vigoureuse action de formation, notamment en matière de langues étrangères.

Exportateurs ou intégrés au paysage

L'une des préoccupations les plus fortes que j'ai observée au cours de l'été 1988 chez les dirigeants japonais est celle des rapports avec l'Europe. Leurs agents y sont très présents, essentiellement à

Düsseldorf qui est la plaque tournante européenne du Japon. Certaines de leurs entreprises sont fortement implantées en Grande-Bretagne et cherchent, de là, à partir à l'assaut du marché européen. Nissan monte des voitures dans des usines anglaises que la France refoule parce qu'elles sont essentiellement produites à partir d'éléments japonais. Un caricaturiste a illustré la pratique. On y voit un énorme Japonais tendant à un petit Européen un rétroviseur. Il lui dit avec un large sourire : « Vous allez le poser et comme cela vous aurez fabriqué une voiture européenne. » La dispute de la part de valeur ajoutée produite sur le territoire d'un État ou d'un ensemble d'États est un des sujets majeurs de discussion entre les firmes et les gouvernements. Chacun souhaite que ses concurrents travaillent aux mêmes conditions que lui. Les Japonais plaident évidemment leur bonne foi. Les Européens se montrent de plus en plus circonspects. Le Premier ministre Takeshita, lors d'un voyage en Europe en juin 1988, a entrepris de démontrer la bonne volonté de ses compatriotes. Elle se traduit par des implantations comme celle de Sony en Alsace.

Mais les implantations japonaises sont nettement moins nombreuses en Europe qu'aux États-Unis. Là-bas, les Japonais, ou à tout le moins certains d'entre eux, sont intégrés dans le paysage. L'exemple le plus spectaculaire est celui de Honda. *Business Week* y a consacré un article [4] à la fois admiratif et alarmiste.

Honda vend aux États-Unis plus de voitures que n'importe quelle autre entreprise étrangère. Pour tourner les quotas d'importation imposés par les Américains, il a ouvert une usine dans l'Ohio en 1982, qu'il a fortement développée depuis. La direction de l'entreprise veut faire de sa filiale américaine une société indépendante. Dès à présent, le marché américain représente 43 % des ventes du groupe.

Les autres constructeurs, après avoir critiqué sa politique, ont fini par la suivre. Toyota a décidé d'être également présent sur le

4. 25 août 1988.

marché américain en tant que constructeur et pas seulement comme partenaire de General Motors.

L'influence américaine pousse les constructeurs japonais à concevoir des voitures plus luxueuses. Honda multiplie les modèles et ne joue plus la carte des prix bas. Certaines de ses voitures sont plus chères que les américaines à performances comparables. Le marketing du snobisme est en train de remplacer celui des prix bas.

« Les voitures Honda sont comme les BMW, mais en moins cher » dit le Président de Porsche pour les États-Unis. L'exemple, qui fera école aux États-Unis mais aussi en Europe dans quelques années, illustre la « globalisation » de l'économie dans un secteur particulièrement concurrentiel, celui de l'automobile.

En 1966, les constructeurs automobiles japonais occupaient 9,3 % des parts de marché dans le monde; en 1986, 27 %. Mais après la montée en puissance, voici les problèmes : la hausse du yen; les réactions de défense américaines et européennes; une nouvelle concurrence. Les Japonais ont commencé par jouer la carte des prix bas. Mais il y a désormais plus forts qu'eux dans cette direction, les Coréens du Sud, les constructeurs implantés au Brésil.

Pour réagir, les constructeurs japonais sont conduits à délocaliser leurs productions, à sous-traiter en Corée ou à Taïwan et surtout à changer de style. Ils seront de plus en plus les compétiteurs des Mercedes et autres Volvo. Mais ils seront contraints pour réussir de multiplier leurs usines en dehors du Japon. C'est une nouvelle ère industrielle qui s'ouvre pour eux.

De l'économie égoïste à l'action en faveur des pays en développement

Dès l'annonce des promesses de paix entre l'Irak et l'Iran, les Japonais ont fait savoir qu'ils étaient prêts à mobiliser la moitié des sommes nécessaires pour la reconstruction des deux pays.

Conscients de leur propre intérêt d'évoluer dans un monde où la pauvreté perd sans cesse du terrain, les Japonais – et c'est un des thèmes du rapport Maekawa – semblent décidés à prendre une part croissante dans l'aide au développement.

Les États-Unis ont fait valoir à l'Allemagne et au Japon qu'ils prenaient en charge une part essentielle de leur Défense, qu'ils assumaient seuls un rôle « d'équilibre » mondial dont profitaient leurs alliés, lesquels bénéficiaient de ce fait d'un atout concurrentiel. Sans les dépenses militaires entraînées par l'OTAN et la défense du Pacifique, leur déficit budgétaire serait réduit à peu de chose. Les États-Unis réclament donc en contrepartie d'une part de n'être pas accusés de laxisme, d'autre part que les plus riches de leurs partenaires financent directement une partie des dépenses du monde libre, notamment l'aide aux pays en développement.

Pour l'année fiscale 1988, le gouvernement japonais a procédé à un accroissement significatif du budget d'assistance.

Cette année-là, sa participation en dollars devient la plus forte du monde. Toutefois l'effort japonais reste faible comparé à celui des Pays-Bas et de la France (0,30 % du Produit national contre 1 et 0,8 %).

Une discussion s'est engagée entre les membres de l'OCDE. Les uns, comme la France, préconisent une aide en pourcentage du Produit national. Les autres, comme le Japon, préfèrent une somme donnée. Le gouvernement japonais, sans céder sur ce point, a admis la nécessité de contribuer plus largement au recyclage des capitaux mondiaux. Il a imaginé un plan de remboursement sans intérêt des dettes des pays surendettés comme le Mexique ou le Brésil. Les Américains s'y montrent hostiles parce que les banques privées ne sont pas armées pour régulariser leurs comptes avec ce handicap supplémentaire. Mais l'initiative est significative. Dans leurs relations bilatérales avec les pays en développement, les Japonais n'hésitent pas à faire des gestes. Le patronat japonais a annoncé un recyclage des surplus commerciaux en direction des pays en développement.

Il se fera sous forme de dotation en capital entre sociétés

japonaises et étrangères. Le Keidanren n'a pas hésité à comparer ce programme – qui devrait représenter sur dix ans 240 milliards de dollars – au plan Marshall. Dix grands projets sont retenus qui, s'ils sont menés à bien, assureraient, entre autres, aux sociétés japonaises un ravitaillement sûr pour certains produits de base comme la pâte à papier, mais leur fourniraient aussi l'occasion d'étendre leur influence, par exemple, dans le secteur hôtelier.

Ces programmes intéressent l'Amérique latine mais surtout l'Asie.

Le Japon a décidé de doubler, en 1988, son aide à l'Indonésie (pour l'année fiscale qui prendra fin le 31 mars 89). De 1,23 milliard de dollars, cette assistance passe à 2,3 milliards. Le Japon fournit ainsi le tiers des besoins financiers de l'archipel. Il est vrai que le Japon absorbe la quasi-totalité des exportations de cuivre et de nickel indonésiens et une grande partie de celles du caoutchouc, d'huile de palme, d'étain et de café. Il achète également 13 % de son pétrole et souhaite encore augmenter sa part. Ce n'est pas encore l'intégration économique mais cela commence à y ressembler. Les industriels nippons hésitent cependant à se lancer pleinement dans les investissements durables à cause des risques politiques qui leur semblent moindres – pour l'instant – en Malaisie et en Thaïlande. Mais d'une façon générale, ils portent une grande attention à toutes les opportunités du monde asiatique.

Vers un bloc économique asiatique

Après que l'Europe se fut lancée dans la transformation du Marché Commun en Marché Unique, que les États-Unis et le Canada aient décidé une unification progressive de leurs marchés, en février 1988, le Japon a proposé d'établir un organisme regroupant les nouveaux pays industriels les plus dynamiques où ceux-ci pourraient débattre avec les grands pays industriels des grands problèmes internationaux [5]. Il se pose ainsi en relais entre les économies exportatrices d'Asie d'une part, l'Europe et les États-Unis de l'autre.

Les pays asiatiques, pris ensemble, représentent aujourd'hui le plus grand « atelier » du monde. Le poids total du Japon et de l'Asie en développement, inférieur à 17 % de la production mondiale en 1967, atteint aujourd'hui 25 % soit un chiffre supérieur à celui des États-Unis ou de l'Europe occidentale. Les perspectives de croissance y sont beaucoup plus fortes qu'ailleurs. Non seulement ils comptent jouer un rôle déterminant mais depuis la réévaluation massive du yen (1986) et la suppression au détriment de Taïwan et de la Corée du système de préférence dont ils bénéficiaient aux États-Unis, les échanges commerciaux entre le Japon et les pays asiatiques se multiplient. De même les entreprises japonaises y délocalisent leurs usines et ripent en quelque sorte vers les pays à bas salaire tout l'aspect taylorien de leur production industrielle. Mais ils vont plus loin. Les échanges commerciaux s'accompagnent de transferts de technologie. Un système de brevets régional s'amorce. Le marché japonais développe ses importations en provenance d'Asie, celles des biens de consommation et celles des pièces de montage ou de composants divers. Les Japonais hésitent à accepter que le tout se transforme en zone yen pour éviter d'avoir à supporter la charge et les risques d'une monnaie de réserve, ce que leur demande cependant avec insistance le président de la Bundesbank qui y voit le moyen de rééquilibrer le dollar et d'en réduire les variations. Mais ils sont tout de même les meneurs du Sud-Est asiatique.

Lorsque la Communauté internationale exerce des pressions sur les nouveaux pays industriels d'Asie qui ont nettement dépassé le stade du sous-développement pour qu'ils adoptent des comportements de pays de « plein exercice économique », réévaluent leurs monnaies, ouvrent leurs marchés, développent leur consommation (ce qu'ils ont aussi demandé au Japon), le Japon ne s'oppose pas à la demande, mais il y met des nuances. Il est vrai qu'il est en

5. Voir « Vers un bloc économique asiatique » par François Godement, *IFRI Information*, juin 1988.

position d'excédent commercial, contrairement aux États-Unis et à l'Europe. Il ne cesse de tisser des liens avec les dragons d'Asie. Entre 1984 et 1987, leur part des Nouveaux Pays Industriels (NPI) d'Asie dans les échanges extérieurs du Japon est passée de 11,2 à 15,4 %. Ces pays désormais, si le mouvement se prolonge, pèseront d'un poids plus lourd que celui des exportations et importations du Japon avec la Communauté européenne! Il existe donc une solidarité de fait entre le Japon et ses principaux partenaires asiatiques, qui est non seulement économique, géographique et culturelle, mais politique. Ce sera plus net encore si la Corée du Sud et Taïwan parviennent à mettre en place durablement des régimes « conservateurs et modernes » à l'image du parti libéral-démocrate japonais.

Ces tendances sont suffisamment fortes pour que certains universitaires ou économistes japonais s'interrogent sur l'utilité de pousser encore la participation de leurs pays à des institutions « atlantiques » comme le GATT ou l'OCDE. On n'en est pas là. Mais les programmes à terme de l'Agence de planification économique japonaise prévoient qu'en l'an 2000, un quart de la production japonaise sera fabriqué hors des frontières du pays, essentiellement dans la zone Pacifique.

Cette formation progressive d'un ensemble du Sud-Est asiatique, auquel les Américains seront intéressés par la Côte Pacifique, ne va cependant pas sans poser quelques problèmes. Les pays dans lesquels l'influence japonaise se développe le plus rapidement sont aussi ceux qui ont subi le joug militaire japonais et cela souvent durant des décennies, comme en Corée.

Tout en admettant la nécessité de la coopération économique et la logique géographique, ils se méfient de leur puissant voisin. Certains Coréens ne se cachent même pas de les détester et veulent gagner leur rang de grands industriels mondiaux pour « battre les Japonais ».

Les Japonais eux-mêmes, tout en manifestant leur intention de jouer un rôle important dans le Sud-Est asiatique, ne sont pas prêts à recevoir une masse d'immigrants. Il est vrai qu'on peut se demander où ils les mettraient. Mais en plus leur politique en ce domaine évolue peu. Ils sont japonais, se considèrent comme exceptionnels ou en tout cas spécifiques. Ils ne tiennent pas au mélange. Les mariages mixtes ne sont pas toujours bien vus des familles. Le ministère de la Justice a, en 1988, renforcé dans le sens de la sévérité la législation sur l'accueil des immigrés et même des réfugiés asiatiques. Les Japonais veulent bien faire un effort pour participer de façon plus échangiste aux mouvements de capitaux et de produits, mais pas des hommes. Ils sont loin de la société multiraciale qui se crée aux États-Unis et dont on commence à voir les signes en Europe. Pour les compétitions de demain, ils préfèrent rester eux-mêmes.

Quant aux rapports avec les Chinois, ils sont complexes. Les Chinois ont besoin de l'aide japonaise pour moderniser leur économie. Les Japonais souhaitent une Chine politiquement stable et relativement libérale. Ils espèrent évidemment tirer largement parti d'un développement très prometteur mais beaucoup plus lent à venir qu'on ne le croit souvent. Les sommes prévues pour l'aide à la Chine d'ici à 1990 sont du même ordre que celles destinées à l'Indonésie sur une année. Mais les Japonais envisagent une progression de cette aide après 1990. Les rapports entre les deux pays n'en sont pas pour autant toujours au beau fixe, tant s'en faut, et les exportations japonaises vers la Chine ont fortement chuté depuis 1985.

Dans le concert asiatique, la probabilité est donc celle d'un pôle asiato-nippon regroupant les pays non concurrents du Sud-Est asiatique. La Chine ne fera pas partie de cet ensemble; le Japon a et aura avec elle des rapports d'une autre nature, où les problèmes politiques et d'influence risquent de troubler longtemps les relations économiques.

Le passage hésitant de l'économie frugale à l'économie de consommation [6]

Le rapport Maekawa a recommandé une augmentation des importations pour pouvoir maintenir les exportations. D'une façon plus générale, les Japonais se sont rendu compte qu'ils ne pouvaient pas compter dans les prochaines années sur les marchés étrangers – en dépit de leurs progrès en Asie – pour assurer leur prospérité. Pendant des années, le marché intérieur a servi de base d'attaque pour le développement par les exportations. Désormais le marché intérieur doit servir de base pour assurer la prospérité. C'est un changement majeur d'orientation. Il suppose pour se réaliser pleinement que les Japonais commencent à abandonner leur frugalité pour goûter pleinement aux satisfactions de la société de consommation. D'après ce que j'ai pu observer sur place au cours de l'été 1988, il serait prématuré d'affirmer qu'ils y entrent de plain-pied. Plusieurs jeunes publicitaires, journalistes, économistes à qui je demandais : « Avez-vous conscience d'appartenir à la deuxième économie occidentale, celle dont l'avenir paraît le plus sûr ? » répondaient : « Nous lisons cela dans vos journaux. Mais dans notre vie courante, nous ne sentons pas encore que nous sommes riches. » Depuis longtemps l'économie japonaise est riche mais les Japonais se sentent pauvres. En dépit de l'abondance des produits dans les magasins, de leur qualité, de l'augmentation des cylindrées et du confort des voitures, de la multiplication des déplacements en avion, loin du Japon, les Japonais hésitent à annoncer un changement radical dans leur mode d'existence. Ils continuent d'être préoccupés par trois contraintes qui pèsent lourdement dans leur budget. La première est la nécessité de payer aux enfants, notamment aux garçons et de plus en plus aux filles, une formation privée pour

6. Voir Annexe, tableau 19.

leur donner les meilleures chances de réussite. La deuxième qui pèse sur le budget des ménages est la préparation de la retraite. On a vu que la retraite de sécurité sociale est faible. Tout Japonais doit donc épargner fortement en vue de se constituer une réserve suffisante pour sa troisième vie. La dernière contrainte est la nécessité de se loger dans un pays de villes denses, sans beaucoup de place, où de nombreux terrains à bâtir potentiels sont entre les mains d'agriculteurs surprotégés et gavés d'aides par les pouvoirs publics parce qu'ils sont une des bases de l'électorat du LDP, parti au pouvoir depuis des années. Les entreprises possèdent également des réserves foncières substantielles mais souhaitent les garder le plus longtemps possible pour « asseoir » leurs comptes d'exploitation.

Ou bien les gens vont habiter loin des centres de travail (quatre heures de trajet quotidien ne sont pas rares) et ils peuvent élargir leur espace vital; ou bien ils s'installent le plus près possible de leur travail et ils sont condamnés aux loyers élevés et à l'exiguïté. Cela ne contribue pas – en dépit du progrès de la construction avec 1,6 million de logements mis en chantier en 1987 contre 1,1 précédemment – à donner le sentiment de vivre pleinement la société de consommation. Plusieurs signes traduisent cependant une évolution dans cette direction.

Une double politique de réduction des taux d'intérêt et d'accroissement des dépenses publiques a eu pour effet de favoriser les travaux publics, le bâtiment et la consommation. Les salaires réels qui n'augmentaient que très faiblement depuis plusieurs années sont passés sur la base 100 en 1985, de 97 en 1983 à 106 en 1987. Les dépenses de consommation ont également augmenté, mais moins : toujours sur la base 100 = 1985, elles sont passées de 99,8 en 1983 à 102,7 en 1987.

Le gouvernement aimerait bien prouver à l'opinion mondiale que le Japon est entré dans la société de consommation. En réalité les Japonais tout en admettant la nécessité de changer progressivement leurs comportements, au point d'inscrire un peu de réduction de temps de travail et la semaine de cinq jours pour tout le monde dans le plan des années 1988 à 1992, ne peuvent pas s'empêcher de privilégier la modernisation et l'adaptation de leur appareil de production pour faire face aux défis (celui du pétrole hier; celui de la monnaie forte aujourd'hui). Ils sont par nature inquiets et ne cessent de relancer la machine par crainte de n'être plus à même de faire face. Comme le remarque un banquier français installé depuis dix ans au Japon : « Nous Occidentaux avançons par traction avant, en nous fixant des objectifs que nous essayons d'atteindre. Les Japonais réagissent quotidiennement à l'événement. Ils fonctionnent comme un moteur à réaction. »

Certains signes marquent tout de même un changement. Pour la première fois depuis longtemps, l'industrie japonaise n'est plus créatrice d'emplois, au contraire. Alors qu'elle en avait créés 686 000 de 1981 à 1985, elle en a perdus 280 000 de 1985 à 1987. En revanche, comme si l'économie japonaise commençait à évoluer à l'américaine, le secteur des services a créé à lui seul 1,5 millions d'emplois en 1986 et 1987 (dont 480 000 dans la distribution, ce qui montre que même si le nombre des boutiquiers tend à se réduire, celui des personnes employées dans le commerce ne diminue pas).

On peut voir dans cette évolution un renforcement de l'économie duale. On peut aussi se dire que le recentrage progressif sur le marché intérieur engendrera une nouvelle répartition de la main-d'œuvre. De toute manière, c'est bien de la demande intérieure que les Pouvoirs publics et les entreprises attendent le soutien de la croissance dans les prochaines années.

Les Japonais n'ont pas encore tous, tant s'en faut, conscience d'en profiter [7]. Curieusement les prix de vente des produits importés sur le marché japonais sont loin d'être aussi bas qu'ils le pourraient. Il semble bien que les importateurs et les distributeurs prélèvent une forte marge qui réduit la pression à la baisse des prix des produits importés et limite les risques qu'ils représentent pour les producteurs japonais.

Ces pratiques ne suffisent cependant pas à empêcher une partie

---

7. Voir Annexe, tableau 20.

des Japonais, surtout les jeunes, de changer leurs habitudes de consommation. Ils sont de plus en plus sensibles au snobisme et au niveau des prix.

Le snobisme, ou si l'on préfère le souci du standing, s'exerce en faveur des produits étrangers, voitures, vêtements, meubles. Dans le même temps, apparaît l'effet Adam Smith, c'est-à-dire le désir de profiter des prix bas quand c'est possible, lors de l'achat de produits simples. C'est le cas de petits appareils de télévision coréens ou d'ordinateurs personnels, voire de bicyclettes. Une petite brèche peut s'établir ainsi dans le commerce japonais qui est lui aussi en train d'évoluer.

Quelques brèches dans le système

Plusieurs mouvements sont en train de se produire qui sont le signe d'une certaine modernisation de l'organisation du commerce (lente, à la japonaise, sans cassures et susceptible de retours provisoires en arrière).

La pression des producteurs sur la distribution

L'appareil productif s'est modifié dans le sens de la flexibilité. Quand il s'agissait de produire à grande échelle des biens à valeur ajoutée relativement faible, la fonction classique des grossistes était relativement suffisante pour répondre au souci des producteurs d'écouler leur marchandise. Mais la production a franchi un seuil qualitatif; le cycle de vie des produits s'est raccourci; une valeur ajoutée plus forte y est incorporée. Les produits, ou plus exactement les déclinaisons d'un même produit, se multiplient pour tenir compte de la diversité des goûts et des attentes des clients. Le marketing est donc une fonction de plus en plus intégrée à la production. De même les producteurs multiplient-ils les dépenses de publicité pour imposer leurs marques (sans que jusqu'à présent ils aient eu à souffrir de la pratique des prix d'appel). De ce fait, les producteurs sont conduits à sélectionner les grossistes les plus puissants en essayant d'en faire des agences ou des concessionnaires. Ils rationalisent les conditions du commerce en exerçant des pressions pour la réduction des marges de gros. Ils font des efforts pour que certains réseaux vendent principalement leurs produits.

Le développement des commerces spécialisés

Ils apparaissent de plus en plus dans des activités liées à la mode mais aussi à l'électronique. Ils sont plus autonomes, essayent de se concentrer, recherchant eux aussi le contact direct avec les consommateurs. On assiste même à un démarrage de la vente par correspondance jusqu'alors très peu répandue. De même se multiplient les franchises soit pour les magasins, soit pour les restaurants.

Cela ne doit pas faire oublier le réseau des coopératives agricoles qui, dans certaines régions, exercent une très forte influence et sont un peu comme en France une économie dans l'économie. Il déborde d'ailleurs assez largement les frontières de la seule agriculture.

La diversification des grands groupes de distribution

La plupart des groupes de grands magasins sont puissants. Souvent liés à des centres ferroviaires (certains sont propriétaires de lignes privées), ils ont organisé la distribution autour des gares, alors qu'aux États-Unis les centres commerciaux se sont installés près des croisements d'autoroutes. Ils développent des sociétés affiliées qui sont spécialisées dans d'autres formes de commerce. C'est ainsi que Seibu contrôle des magasins spécialisés (Parco : mode, fournitures d'intérieur, alimentation de luxe, etc.) des supermarchés (Seiyu), des magasins de proximité (Family Part) en franchise pour l'alimentation; des hôtels, des restaurants, des sociétés de transport. Il pratique une politique de marques de distributeur, surtout dans l'alimentation, procède à des importations directes préparées par ses centres dans le monde (il y en a un à Paris), possède une agence très importante de crédit et de finances, avec une carte maison (ce que font tous les grands distributeurs), s'est fait assureur, travaille en liaison avec des groupes internationaux comme le Club Méditerranée ou les vêtements Lacoste (Devanlay Recoing). Certains de ses concurrents investissent à l'étranger et développent des filiales, notamment dans les pays asiatiques.

Seibu est le grand magasin qui affirme vendre le plus de produits d'origine étrangère, soit 8 % de ses ventes. 2 % sont importés directement (ce sont généralement les produits de grande marque). 6 %, dont quelques-uns sous licence Seibu, passent par des shoshas (ce sont généralement des produits où la concurrence s'exerce sur les prix).

L'informatisation de la distribution

Un nombre croissant de commerçants – ceux en tout cas qui évoluent sur des circuits économiques transparents – s'équipent en matériel électronique et pratiquent une gestion informatisée. Certaines études un peu futuristes montrent même un commerce japonais sous-tendu par un réseau informatique très poussé permettant des liaisons instantanées entre détaillants, grossistes, fabricants, voire consommateurs. Il est vrai que les codes barres se généralisent.

L'informatisation pourrait rendre plus difficile la pénétration des produits extérieurs. Les fabricants sont prompts à aider les commerçants à s'équiper à condition qu'ils favorisent en priorité la vente de leurs produits. L'informatisation permet également l'élargissement des produits offerts. La gestion des stocks divers est en effet facilitée. Elle conduit aussi à développer les fichiers clients et à pousser les commerçants à solliciter de plus en plus les clients à domicile.

L'informatisation, ajoutée à l'abondance de la main-d'œuvre qui subsistera certainement dans la distribution, contribuera à développer encore le service au client, avec des livraisons rapides et des informations développées.

L'importance croissante de la publicité

Depuis 1985, les dépenses de publicité ont fait un bond en avant. De 2 800 milliards de yens en 1984, elles sont passées à près de 4 000 en 1987 (1,14 % du produit national, soit plus que les dépenses militaires). On connaît l'importance de la télévision comme media (29,8 % des dépenses de publicité). Mais les quotidiens occupent une solide deuxième place avec 25 %. Les magazines et la radio comptent beaucoup moins (respectivement 6,5 et 4,4 %). L'affichage, en revanche, occupe une part un peu plus significative (7 %), de même que les expositions (7,7 %). Le pourcentage restant est notamment consacré à la promotion par lettres, téléphone, aux catalogues, à la PLV (publicité sur les lieux de vente).

Contrairement à ce qui se passe aux États-Unis et en Europe où la publicité est conçue différemment suivant les régions souvent fort diverses, on considère au Japon que l'essentiel peut être fait de Tokyo qui couvre avec les régions de Kansai et de Chukyo 54,8 % du pays et 55,5 % de la population. Les coûts de la publicité sont très élevés. Comme les firmes japonaises ont déjà réalisé de forts investissements, tout nouvel arrivant doit doubler la mise, ce qui alourdit les charges d'implantation.

Le MITI s'intéresse à la distribution

Début juin 1988, le MITI annonçait la création d'une direction de la distribution. Alors qu'il s'occupait surtout des entreprises industrielles, il se met donc à s'intéresser à d'autres activités, ce qui est le signe de l'importance croissante de la notion de services dans l'économie japonaise.

Les tendances de la consommation

On l'a déjà noté, les consommateurs payent cher la plupart des produits, notamment alimentaires (en raison d'une surprotection de l'agriculture). Bien que représentant encore en 1984 27,3 % du budget des ménages, l'alimentation perd du terrain (elle en représentait 38,1 % vingt ans avant). La part des meubles et des appareils ménagers a plafonné en 1973 et connaît depuis une baisse. De même pour l'habillement. En revanche, les dépenses pour l'achat et l'entretien des automobiles sont en hausse. Comme partout, on note la montée des services au détriment des biens, étant entendu que les budgets des ménages en valeur absolue sont en hausse. Les dépenses de services (éducation, voyages, divertissements, information, loisirs...), sont passées de 30 % en 1963 à 42,5 % vingt ans plus tard. Comme partout aussi la sophistication des produits se poursuit. On achète moins d'ingrédients pour faire la cuisine et plus de plats préparés. Par ailleurs, un nombre important de repas se prend à l'extérieur. Une masse grandissante de services est donc incorporée à la consommation.

L'essentiel des besoins matériels, en dehors du grave problème du logement, est satisfait. En revanche les besoins qualitatifs augmentent : confort; sports; culture; artisanat. Comme le temps est une matière précieuse dans un pays où l'on travaille beaucoup, les services à domicile et les « petits boulots » se multiplient. Les magasins sont ouverts le samedi et le dimanche. Les Japonais n'hésitent pas, sur simple appel téléphonique, à faire nettoyer la cuisine, la salle de bains ou préparer le repas. Dans chaque quartier de Tokyo existent désormais des naudemoya (boutiques de n'importe quoi) qui proposent toute une gamme de services à domicile. Dans le même temps, les produits de luxe sont de plus en plus prisés. Ils sont souvent importés. Mais les succès des produits-vedettes sont souvent de courte durée. L'emballage a une particulière importance dans un pays qui a toujours été sensible aux signes. Cette attirance explique aussi la multiplication des modèles. Honda propose 450 modèles de motos différents. Les produits « naturels » sont aussi en vogue. Cette diversité d'un marché très évolutif impose des liaisons constantes entre les distributeurs proches des consommateurs et les fabricants, d'où le souci qu'ont ces derniers de contrôler les circuits de A à Z.

L'apprentissage de l'international

Pour illustrer la difficulté du Japonais moyen à s'accoutumer à un changement de nature de ses habitudes économiques, il est intéressant d'analyser un sondage demandé en 1987 par le Bureau du Premier ministre au Hakuhodo Institute of Life and Living [8] et réalisé auprès de 1 600 personnes âgées de 15 à 54 ans pour savoir comment elles intégraient le facteur international dans leur existence.

Pour les enquêteurs, le but était de déterminer le degré de réceptivité aux influences extérieures, l'envie d'acquérir des biens ou des services étrangers mais aussi d'ouverture aux idées venues d'ailleurs. Pendant des décennies, les Japonais recherchaient les techniques extérieures pour en tirer parti. Aujourd'hui, ils vont plus loin. Ils ont conscience du fait que leurs constructeurs automobiles fabriquent des voitures aux États-Unis et que partout dans le monde on utilise leurs matériels électroniques. Ils savent que leurs grands magasins s'installent dans les pays du Sud-Est asiatique. A titre individuel, ils sont de plus en plus nombreux à voyager à l'étranger et à avoir des contacts d'affaires avec des entreprises internationales. A la télévision, ils ont le choix entre de nombreux programmes dont beaucoup sont américains. Ils peuvent choisir des restaurants français, chinois, italiens et bien sûr des fast-foods qui se sont multipliés à l'envi. 76,5 % d'entre eux se disent favorables à l'internationalisation. Mais quand on affine les réponses, on se rend compte qu'ils l'acceptent plus volontiers pour les informations venues de l'extérieur que pour les biens.

Les barrières de langage et de comportements culturels se font encore sentir. Moins de 35 % manifestent un réel intérêt pour ce qui se passe dans les autres pays, 32 % pour les autres cultures, et

8. *Japon Economic*, n° 203, 31 mars 1987.

21 % seulement expriment ouvertement leur désir d'acheter des produits étrangers.

Pour leurs achats, les Japonais sont attentifs à la qualité, à la solidité, aux performances, mais aussi à la présentation, la couleur. Les produits importés en vogue sont les produits dits de luxe. C'est ainsi que les couturiers européens bénéficient d'un préjugé favorable. Mais les Japonais sont convaincus que leurs produits peuvent parfaitement soutenir la comparaison. Ils manifestent surtout de la curiosité pour les activités étrangères en matière de musique, de cinéma, de livres.

D'après l'enquête, les Japonais commencent à vouloir consacrer une part importante de leurs ressources et de leur temps aux activités de loisir. Près de 39 % espèrent qu'ils en auront la possibilité, ce qui est un pourcentage significatif. La musique occupe une part importante dans ces souhaits. Un Japonais sur cinq se dit chanteur ou musicien. Les formations orchestrales étrangères sont les bienvenues. Les films bénéficient d'un préjugé favorable. 38 % des Japonais interrogés espèrent avoir l'occasion de voyager à l'étranger. Viennent dans l'ordre : l'Europe, l'Australie, les États-Unis et les autres contrées d'Asie. Près de la moitié des hommes interrogés souhaitent faire des voyages avec leur épouse.

Nombre d'entre eux pensent que les enfants, pour être bien formés, doivent se frotter aux formations d'autres pays. Quant à travailler dans des compagnies étrangères, les Japonais y sont moins défavorables qu'autrefois mais se préoccupent des reclassements au Japon même.

Mais plus de la moitié des Japonais n'iraient pas chez un coiffeur étranger.

Des barrières subsistent contre les produits étrangers concernant les prix, la qualité et la communication. Lorsque deux produits sont à des prix comparables, c'est toujours le japonais qui l'emporte. Pour les produits électroniques, d'équipement électrique et les installations ménagères, les marques japonaises dominent. Qui plus est, les Japonais éprouvent des difficultés sérieuses à comprendre les autres langages.

Il existe aussi des barrières émotionnelles : manque de confiance, patriotisme. Pour beaucoup de Japonais, il est difficile de se fier aux produits étrangers et surtout aux services après-vente qui les accompagnent.

Cela dit, un grand nombre de personnes interrogées semblent conscientes du fait qu'en raison de son pouvoir économique, le Japon doit s'internationaliser. Quant aux pays qui ont la préférence des Japonais, ils varient selon les types sociologiques, mais les États-Unis arrivent largement en tête. Viennent ensuite, loin derrière, la France pour les « actifs », la Grande-Bretagne pour les « conservateurs » et l'Allemagne pour les « réactionnaires ». Les commentateurs de ce sondage ont tous conclu que les Japonais étaient en train de bouger. Mais en contrepoint, voici le témoignage d'un jeune banquier français, marié à une Japonaise, qui vit au Japon depuis trois ans.

Les Japonais évoluent-ils?

« Sans doute. Mais ils sont toujours enserrés dans les disciplines du travail. Autrefois, il fallait quelques jours pour intégrer les jeunes dans le monde de l'entreprise, après la période de défoulement que constitue souvent le passage à l'université. Maintenant, il faut un an. Cela marque bien la poussée des nouvelles aspirations d'une part, mais d'autre part le poids des règles. La pression de l'entreprise sur la société japonaise est déterminante. Je vois le Japon comme une société aristocratique, avec une élite très remarquable qui se partage les responsabilités des affaires et des administrations et une masse de gens assez moyens qui font bien – sans plus – et sans imagination ce qu'ils ont à faire. Ils prennent les faits les uns après les autres et ne portent pas de jugement d'ensemble. Au lycée en France, nous écrivions des dissertations. Les Japonais en restent toujours au niveau de la rédaction. Ce ne sont pas des conceptuels.

« Les horaires mangés par le travail et tout ce qui tourne

autour – transport et palabres – restent la règle. Il est très difficile de rencontrer des amis parce qu'ils sont encore à leur bureau ou dans le train qui les ramène chez eux tard dans la soirée.

« La famille a une grande importance pour le Japonais. On divorce peu. Mais on a une conception de la vie en couple très différente de l'européenne. La femme vit de son côté avec les enfants et ses amies. L'homme est marié avec son entreprise.

« Incidemment l'entreprise joue souvent un rôle matrimonial indirect. Comme les hommes qui entrent dans l'entreprise n'ont pas beaucoup de temps pour trouver une fiancée, c'est généralement dans l'entreprise qu'ils la rencontrent. Mais là, attention, il ne faut en aucun cas que cela se sache. Les intéressés se rencontrent donc en cachette et ont un comportement parfaitement neutre dans le travail : le Japonais a une grande capacité de dissimulation de ses sentiments personnels. Un jour la jeune fille donne sa démission. Un mois après, le couple annonce son prochain mariage. Alors tout le monde est à la fête. Mais si l'idylle avait été découverte avant, les deux intéressés auraient été poussés vers la sortie.

« La pression patronale est très forte pour les petites et les grandes choses de la vie. Elle conduit au conformisme social. Les progrès du niveau de vie sont réels, mais limités. Ne pouvant pas acheter le logement de leurs rêves, les Japonais se jettent sur l'inutile. C'est la raison pour laquelle ce pays où la vie est beaucoup plus dure matériellement qu'en Europe est cependant un pays de gadgets. Cela favorise l'industrie dans la mesure où très souvent des produits qui seront demain très répandus commencent par être des gadgets. Dans cette société matérialiste, les jeunes contribuent à la dépense. Les filles plus encore que les garçons : pour la plupart elles travaillent; quand elles ne sont pas mariées, elles vivent chez leurs parents où elles ne dépensent pratiquement rien; leur salaire passe donc en repas dans des restaurants chers avec des amies, en robes de marques, en sacs Vuitton, en fanfreluches...

« Le discours du gouvernement sur la nécessité de réduire le temps de travail pour favoriser la consommation est écouté, certes, mais il passe difficilement dans les faits. Quand ils ne travaillent pas, beaucoup d'hommes ici ont mauvaise conscience.

« Je ne voudrais pas que mon discours vous donne le sentiment que la vie japonaise est semblable à celle d'un camp de labeur. En fait, si l'on est loin du mode de vie à la française, l'existence quotidienne est tout à fait agréable parce qu'elle est agrémentée de mille attentions et de mille détails. Que ce soit la pratique des cadeaux ou celle de la politesse, tout contribue à favoriser les contacts et à faire que les gens, qui sont en quelque sorte les uns sur les autres, tant la densité de population est forte, aient entre eux des contacts de qualité.

« Je parle là de la société que je fréquente. Comme la plupart des étrangers au Japon, je vois beaucoup moins les Japonais du revers de la médaille, ceux très nombreux et, je crois, de plus en plus nombreux en raison de la dureté de l'adaptation aux nouvelles conditions de la compétition, qui ont un statut de journalier (chaque jour ils tentent de se faire embaucher quelque part), de salarié de sous-traitants de deuxième ou de troisième rang, de retraité contraint d'accepter des petits boulots. Il faut aussi penser à la kyrielle des parias qui sont souvent des descendants d'immigrants coréens mais qui se recrutent aussi chez les Japonais eux-mêmes. Ils existent. On le sait. On vit avec. Personne ne paraît s'intéresser à des changements qui pourraient améliorer cet état social. Il est vrai que la majorité des Japonais, y compris ceux qui passeraient dans un pays comme la France pour injustement traités, se disent appartenir à la classe moyenne.

« Prenez mes remarques comme personnelles. D'autres interlocuteurs pourront tenir un autre langage ou souligner d'autres données. Mais j'insiste sur un fait que je crois essentiel : il y a et il reste entre les Japonais et nous une différence profonde. Ils sont habillés comme nous, au bureau, mais le soir, le P-DG se met en tenue traditionnelle et les diverses corporations ont des styles bien marqués, survivance des anciens systèmes de stratification sociale. Ils travaillent dans des entreprises qui ressemblent aux nôtres. Ils roulent dans des voitures qui sont les mêmes que les nôtres. Ils regardent, comme nous, la télévision. Ils sont poussés par le mouvement des techniques, de l'économie, des échanges, à participer de plus en plus à l'activité internationale... Mais ils ne pensent pas comme nous. »

Les deux défis : vieux et jeunes

Aux lendemains de la guerre, le Japon avait vigoureusement combattu les risques de surpopulation. Aujourd'hui il prévoit d'avoir à faire face à un problème nouveau pour lui, celui de l'augmentation rapide du nombre des personnes âgées. La masse des plus de 65 ans, qui était de 7 % en 1970, atteindra 14 % en 1996, soit un doublement en 26 ans. La France aura mis 130 ans pour connaître la même évolution (1865-1995), l'Amérique 70 ans (1945-2015), le Royaume-Uni 45 ans (1930-1975) ainsi que l'Allemagne. Dès 1987, un Japonais sur dix a plus de 75 ans contre 1 sur 14 en 1970. En 2020, ce sera un sur quatre. En cinquante ans, le Japon aura basculé de la société industrielle la plus jeune du monde à la plus vieille. Cette « évolution grise » inquiète les Japonais. Elle peut remettre en cause leur dynamisme. Ils sont donc à la fois convaincus de la nécessité de favoriser le développement de leur marché intérieur et soucieux de prendre rapidement des positions fortes dans l'économie mondiale pour assurer, après-demain, leur richesse par les intérêts des investissements réalisés.

Les coûts des pensions de retraite auront une incidence sensible sur les comptes de la sécurité sociale. Qui plus est, une certitude se dessine à terme : le marché intérieur augmentera forcément en importance. Comme dans tous les pays en voie de vieillissement, le pourcentage des personnes en âge de travailler (15-64 ans) se réduira : on en comptait 7 pour 1 de plus de 65 ans en 1980; en 2000, ce rapport sera de 2 à 1. Les Japonais sont donc conduits à repousser progressivement l'âge de la retraite traditionnellement fixé à 55 ans.

Personne encore n'a, à vrai dire, tiré toutes les conclusions de cette évolution. Elle doit être prise en compte dans une étude sur le poids et le rôle du Japon dans le monde de demain. Mais on aurait tort cependant de se contenter d'attendre que le Japon vieillisse pour n'avoir plus à faire face à la pression de sa concurrence. Il n'a pas fini de se montrer particulièrement efficace. Il est certainement capable d'inventer les formules qui permettront à un pays à forte densité de personnes âgées de garder des atouts considérables dans la compétition. A noter que les personnes âgées sont moins esseulées qu'en Europe, restent le plus souvent au foyer familial et sont traitées avec déférence par leurs enfants et la société, la famille étant presque une religion. Mais on voit que le Japon n'est pas plus assuré que l'Europe de garder à terme la maîtrise des événements face à la formidable montée démographique du Tiers Monde.

Le Kosuku en question [9]

Une autre évolution, moins visible, moins spectaculaire, est en train de se produire qui peut modifier à terme le comportement des Japonais. Celle de l'attitude à l'égard de la jeunesse et des modes de formation. Au fur et à mesure que la jeunesse, au Japon comme ailleurs, devient une minorité (relative), l'opinion la considère avec un œil différent. Elle a jusqu'à maintenant été élevée à « la dure ». Un certain nombre de parents commencent à trouver que les traditions scolaires doivent être adaptées aux mœurs de notre temps.

Dans les établissements primaires et secondaires, les règles de disciplines sont strictes comme elles pouvaient l'être en France au début de la Troisième République. Beaucoup de normes sont imposées aux enfants et de ce fait même aux parents. Les professeurs vérifient la couleur des chaussettes, la longueur des jupes pour les

9. Voir dans *L'État du Japon, op. cit.*, la contribution de Jean-François Sabouret.

filles, les chaussures pour les garçons. L'ensemble de ces règles s'appelle *Kosuku.* L'administration des établissements scolaires vérifie périodiquement qu'elles sont bien appliquées.

Les plus jeunes des parents d'élèves sont décidés à réagir contre de pareilles pratiques. Mais ils se heurtent à la majorité des professeurs qui rejettent l'idée que le Kosuku soit trop vieux jeu et s'emploient à signaler dans le bulletin scolaire qui accompagne les jeunes à l'université les manquements aux disciplines avec la volonté très nette de porter préjudice à ceux des élèves qui se sont montrés trop libres d'esprit.

Au-delà des mouvements d'impatience contre le caractère rigide de l'organisation scolaire, les Japonais s'interrogent sur la façon dont ils vont pouvoir garder au XXIe siècle leur position de leader économique et technologique. Comment y parvenir? Comment renforcer la formation, en lui donnant un caractère plus ouvert sur le monde tout en préservant la tradition japonaise?

On sait que 94 % des jeunes Japonais entrent dans des lycées, que la plupart d'entre eux reçoivent un diplôme de fin d'études équivalent à notre baccalauréat. Mais dès l'entrée au lycée, une sélection s'opère entre les élèves qui auront accès aux lycées les plus cotés qui conduisent directement aux universités les plus réputées et les autres. En 1985, près de la moitié des lycéens ont poursuivi leurs études dans une université ou une école spécialisée. Cela est d'autant plus remarquable que les études sont payantes. Mais la course aux diplômes est une longue tradition. Avant l'ère Meiji, les Japonais bénéficiaient d'un niveau de scolarisation bien supérieur à celui des pays qu'ils allaient copier, ce qui explique sans doute la rapidité de leur adaptation. Aujourd'hui les experts s'interrogent sur la manière non pas de démocratiser un enseignement très sélectif, mais de le rendre encore plus sélectif pour repérer les futures élites et leur donner une formation sur mesure.

Au Japon, comme dans tous les autres grands pays, la réforme du système éducatif, la modernisation de l'enseignement supérieur, la réflexion sur les méthodes de sélection, sont des sujets permanents de préoccupation. Moins les jeunes seront nombreux, plus la qualité de la formation qui leur sera proposée comptera pour assurer la force ultérieure de l'économie et du pays. Elle dépendra en partie de la qualité des enseignants : dès 1970, les Japonais se sont rendu compte qu'il fallait revaloriser les rémunérations de ces derniers pour éviter la médiocratisation du Corps telle qu'on l'observe en de nombreux pays, y compris la France. Mais les enseignants ne sont pas pour autant considérés comme l'équivalent des cadres d'entreprise. Le Japon a fait mieux que les autres pays en matière de formation de base pour préparer les gens à une société économique relativement simple et conformiste. Il n'a pas jusqu'à présent accompli dans le domaine de l'enseignement des progrès équivalant ceux qui ont été réalisés dans les usines.

Vers le XXIe siècle

En dépit de ses faiblesses – vieillissement en cours et interrogation sur la formation –, en dépit de son adaptation progressive à une société de consommation, l'économie japonaise n'est pas près de s'endormir. On n'a pas fini de parler du dynamisme, voire du danger japonais, en tout cas du défi.

Le Nihon Keizai Shimbun et Data Resources Inc. (USA) ont publié, fin 1986 [10], une étude sur l'économie japonaise à l'horizon 2010. Elle devrait se développer sur une pente de 3 % l'an, soit un taux supérieur à celui des États-Unis ou de la Communauté européenne. Cette croissance sera moins liée à l'exportation. Mais les opérations financières et les industries de haute technologie tournées vers l'extérieur devraient jouer un rôle moteur tandis que le marché intérieur ne cesserait de se développer. Les excédents tirés des ventes de marchandises se réduiraient, sans disparaître pour autant. Mais une part croissante de ces excédents, qui passeraient de 49 milliards de dollars en 1985 à 181 en 2010, en

10. Voir *Futuribles*, juillet-août 1987.

raison du développement de la masse que représente l'économie japonaise, viendrait des activités dites invisibles (revenus des capitaux investis, des brevets, des assurances, des opérations financières, du tourisme, etc.). La balance des invisibles encore déficitaire en 1986, devrait devenir positive d'ici à peu d'années.

Le Produit national fera plus que quadrupler. Pour compenser le manque de main-d'œuvre résultant du vieillissement de la population active, le Japon puisera dans sa réserve de main-d'œuvre féminine (de plus en plus de femmes travaillent dès à présent mais s'arrêtent assez tôt; elles resteront en activité, ce qui ne manquera pas de changer les relations humaines largement empreintes de machisme jusqu'à présent dans l'entreprise). La population totale passera de 121 millions en 1985 à 134 millions en 2010; la main-d'œuvre potentielle de 60 à 71 millions; la population au travail de 58 à 67 millions. Il y aura donc plus de chômage qu'aujourd'hui, mais comme dit tel directeur des affaires sociales japonais que j'ai rencontré à Osaka : « cela n'aura pas une importance considérable puisque ce seront surtout des femmes qui seront au chômage ». D'ailleurs, ajoutait un autre manager, « nous ne donnons pas de responsabilité aux femmes parce qu'à trente ans, elles deviennent méchantes [11] ».

Le yen devrait, toujours selon les mêmes recherches prospectives, devenir une monnaie de référence sur les marchés financiers mondiaux et compléter le dollar. Avant l'an 2000.

Les industries de haute technologie (ordinateurs, semi-conducteurs, matériels de précision, produits pharmaceutiques, etc.) qui entrent pour 3,6 % dans la production industrielle totale, devraient peser près de 11 % en 2010. Au passage, on constatera qu'en dépit des grands discours sur la montée des « industries de pointe », même dans un pays aussi « moderne » et « technique » que le Japon, elles occupent une part directe assez faible de l'activité industrielle. En revanche – ce qu'aucune étude ne montre vraiment bien – elles

11. A noter qu'en France, 60 % des chômeurs sont des femmes, selon les statistiques de l'UNEDIC.

irriguent l'ensemble des activités. Le degré d'avancement technologique d'une économie doit moins se mesurer en termes d'activités de pointe que de pointe dans toutes les activités. A cet égard, les Japonais sont sur la bonne voie. Ils savent se servir des outils les plus modernes là où ils peuvent réellement accroître la productivité.

En plus ils n'hésitent pas à se lancer dans certaines recherches susceptibles d'en faire les grands architectes du monde futur : sciences de la vie; mise au point de réacteurs à fusion nucléaire; construction de villes sur la mer; utilisation de matériaux infraconducteurs. Ils ne réussiront pas en tout mais ils témoignent en ces domaines des ambitions d'une société qui n'est pas blasée, comme trop souvent la nôtre, par l'aventure technologique.

CHAPITRE VI

Leçon du Japon : copier, non; transposer, oui

Bernard Esambert a parlé des économies fourmis et des économies cigales. Le Japon appartient à la première catégorie. La France à la deuxième. L'Europe aussi. L'idéal est évidemment un dosage entre ces deux comportements. Le propre de l'économie moderne est de favoriser le mieux-être d'un nombre de plus en plus considérable de familles et de personnes. Mais lorsque l'appétit de consommation n'est pas soutenu par un grand effort de productivité, il risque de rester insatisfait. En sens inverse, produire pour produire n'a pas de sens. Il faut consommer. Les Japonais ont décidé d'exporter pendant des années des ressources qu'ils auraient pu, dans une assez large mesure, absorber. Mais ils auraient connu une progression moins rapide. Ils ont opté pour la montée en puissance plutôt que pour la montée en jouissance. Ils récoltent aujourd'hui les bénéfices de cette politique d'austérité active. En France, les problèmes économiques internes sur lesquels nous butons résultent du choix inverse. Les Français aiment travailler mais veulent « vivre ». On aurait tort de le leur reprocher. Dans les religions, les carêmes annoncent les fêtes de Pâques (ou équivalentes). De même les disciplines de l'économie moderne qui enserrent les gens au travail dans un réseau d'obligations ne sont durablement supportables que si elles conduisent à un meilleur niveau de vie.

Mais la tentation est grande dans des pays comme la France

de penser que les progrès ouverts par les technologies et l'organisation économique sont tels qu'il n'est plus besoin d'être un peu fourmi. Il en résulte des risques d'appauvrissement relatif et d'aliénation. On veut la consommation. Mais on en subit les contraintes. Celles des équilibres extérieurs (on met l'accent sur elles parce qu'on refuse de voir les contraintes naturelles qui existeraient même si les frontières étaient moins ouvertes). Celles des budgets. Celles de la productivité. Et l'on redécouvre que la prospérité n'est pas un don du ciel mais le résultat d'une volonté. Les Américains, autant que nous, sont en train d'en faire l'expérience. Ils s'étaient crus invulnérables. Ils sont de plus en plus contraints de composer avec d'autres. Et notamment les Japonais.

Pendant que les Japonais sont en train de faire l'apprentissage du chant des cigales, non sans difficultés, leurs partenaires s'efforcent de tirer de leur expérience fourmi des recettes transposables. On peut mettre particulièrement l'accent sur la montée en puissance du Japon, la compétitivité de ses entreprises, sa capacité à proposer du travail à tous. Cet examen devrait inspirer une politique de promotion de l'Europe industrielle, un nouvel élan de ses entreprises, la relance de l'emploi de ses actifs.

La montée en puissance

Parti sur la même ligne de départ que d'autres pays aux lendemains de la Deuxième Guerre mondiale, et même loin des plus importants d'entre eux, le Japon, en quarante ans, s'est hissé au deuxième rang économique mondial. Parmi les explications de cette croissance réalisée dans un délai record, on peut en sélectionner trois.

L'industrie d'abord

L'économie japonaise est et reste à base manufacturière. Elle s'est construite sur des activités qui, du textile aux composants informatiques, relèvent toutes de ce qu'on appelle communément l'industrie.

Ce sont des entreprises industrielles qui ont fait le Japon moderne – comme d'ailleurs l'Allemagne moderne. Ce n'est que depuis quelque temps que des entreprises japonaises cherchent à se développer dans des secteurs nouveaux comme les services informatiques ou l'ingénierie financière. Sans la réussite industrielle, il n'y aurait pas eu la progression du yen et l'internationalisation des organismes financiers et des banques japonaises.

L'essentiel des excédents commerciaux accumulés par le Japon – et là aussi en un temps extraordinairement réduit – provient des exportations des produits industriels.

Certes les Japonais constatent que l'industrie proprement dite change de nature. Elle s'automatise, se robotise, elle est susceptible de produire beaucoup plus avec beaucoup moins de travailleurs directs. Mais ils n'ont pas renoncé à devenir les premiers producteurs automobiles du monde ni à imposer leurs normes dans le domaine de l'électronique grand public pour bénéficier de nouveaux débouchés industriels. Les entrepreneurs n'hésitent pas à s'engager dans d'autres formes d'industrie, que ce soit la machine-outil ou les industries alimentaires, la manutention ou les travaux publics, l'industrie « biologique » ou les industries d'armement.

Charité bien ordonnée commence par soi-même

La deuxième raison de la croissance japonaise accélérée pourrait se résumer dans cette formule populaire. Elle illustre la manière dont les Japonais ont entendu la notion de marché libre jusqu'à une période récente. Maintenant qu'ils ont atteint le plus haut niveau de la compétitivité mondiale, ils admettent très bien qu'on ne puisse pas indéfiniment vendre sans acheter, accumuler sans placer, souhaiter que les autres ouvrent leur marché intérieur et ne pas faire effort pour libéraliser le sien. Mais pendant des années, les Japonais ont mené une politique mercantiliste. Ils ont notamment profité des facilités d'accès du marché américain. Les Japonais peuvent dire à juste titre que leurs produits se sont imposés en raison de leur qualité et de leur prix. Il faut cependant noter que les prix pratiqués sur le marché intérieur étaient fréquemment plus élevés que ceux qui étaient proposés ailleurs.

Priorité aux producteurs sur les distributeurs

Pendant toute la montée en puissance de l'économie japonaise, la communauté d'intérêt entre producteurs et distributeurs a constitué une barrière de fait aux produits étrangers. Le contrôle qu'exercent les producteurs sur une partie du commerce, le sens de l'intérêt japonais qui anime une partie de la distribution (on n'offre de produits étrangers que si les Japonais ne proposent pas leur équivalent) continuent de canaliser les importations.

L'économie japonaise est en train de vivre une adaptation de taille puisqu'il s'agit progressivement de la transformation d'une économie de combat, sobre et marquée par l'esprit national, en une économie de prospérité, comptant plus pour sa croissance sur le marché intérieur que sur l'exportation.

On pourrait penser qu'un développement de la demande intérieure profite largement aux exportateurs d'autres pays. C'est ce qui se passe traditionnellement dans des pays comme les États-Unis ou la France. Quand les achats y progressent fortement, les entreprises étrangères en tirent largement parti. Cela commence à être le cas au Japon mais beaucoup moins qu'ailleurs.

En réalité, les responsables japonais continuent de contrôler les grands équilibres, aidés en cela par le comportement des Japonais et la structure de la distribution.

Les distributeurs sont à la fois le point de passage obligé des produits étrangers et le frein à leur entrée massive. Ce n'est pas de l'hostilité, c'est de la prudence. Les Pouvoirs publics proclament la nécessité d'acheter étranger. Les mentalités suivent avec lenteur. Or les commerçants écoutent plus les clients que le gouvernement.

On constate d'ailleurs qu'il y a relativement peu d'étrangers pour profiter du surcroît de la demande de produits « exotiques ». Ce sont les firmes étrangères installées sur place qui en tirent le bénéfice. Elles appartiennent au paysage. Le Japon n'est pas un pays où l'on débarque rapidement à l'occasion d'un mouvement de conjoncture. C'est un marché qui se cultive longuement, avec soin, comme une rizière. C'est aussi un marché où le droit d'entrée est très cher. Les distributeurs demandent aux fabricants étrangers de faire tous les efforts pour s'imposer sur le marché, encore que l'on commence à voir des shoshas qui cherchent à travailler en association avec eux.

Finalement ce sont les firmes japonaises elles-mêmes qui profitent le plus à la fois de la montée de la consommation et de la globalisation de l'économie. Elles sont en train de délocaliser certaines de leurs productions. Plusieurs envisagent – comme NEC – de suivre le modèle d'IBM en spécialisant leurs productions par pays et en multipliant les échanges internes au groupe. D'autres diversifient leur palette pour compenser les pertes de parts de marché à l'étranger. D'autres enfin comme Matsushita mènent une politique plus agressive sur le marché intérieur pour en garder le leadership et profiter de son expansion.

La distribution elle aussi s'adapte pour répondre à des clients plus exigeants (notamment par l'informatisation) mais se soucie de garder le contact direct avec eux (démarchage) et de leur rendre service (abondance de main-d'œuvre). Elle ne fait pas une grande partie de son chiffre sur des biens importés mais les utilise comme produits d'appel.

La croissance du marché intérieur japonais a donc toutes les chances de profiter très largement aux entreprises japonaises qui, avec des bénéfices qu'elles en tireront, seront encore mieux armées pour maintenir ou développer leur influence sur les trois grandes zones qui les attirent le plus : le Sud-Est asiatique – et très progressivement la Chine –; les États-Unis et l'Europe.

Des entreprises compétitives

Henri Lagarde dirige Thomson électroménager. Il est l'un des industriels qui rencontrent le plus de Japonais... et de Coréens sur son chemin. Il a essayé de décortiquer les raisons de la supériorité asiatique en s'appuyant sur l'exemple du four à micro-ondes [1].

Il part de l'hypothèse que deux firmes française et japonaise réalisent des performances techniques identiques, disposent des mêmes matières premières au même prix ou presque. Mais l'essentiel du prix de revient est constitué par le facteur humain.

Quand il fait le compte des différences de charges sociales dues en particulier au recours par les Japonais à la main-d'œuvre des sous-traitants, à des intérimaires et autres travailleurs temporaires, il aboutit à un coût salarial global de 265 francs au Japon pour 532 francs en France.

A quoi s'ajoute le coût de l'argent. En raison des différences de taux d'intérêt, des structures de capital et de la fiscalité, les coûts financiers au Japon pour un four à micro-ondes sont inférieurs de 40 % aux coûts français. Certes pour vendre en France, les Japonais doivent compter les frais de transport et de douane. Mais au total, pour un produit similaire, ils livraient le marché français, il n'y a pas très longtemps, avec un avantage de 35 % au moins sur le prix français.

H. Lagarde ajoute que ces chiffres font apparaître le management à la japonaise sous un éclairage inédit. Certes la recherche de la qualité, la méthode Kanban et le juste à temps sont à retenir. Mais le facteur décisif de la compétitivité est dans la maîtrise des coûts.

En plus, quand on considère les craintes qu'éprouvent les Japonais eux-mêmes devant la percée de produits en provenance

1. *Politique industrielle*, été 1988.

de Taiwan, de Corée du Sud notamment, on constate que le fameux management japonais vole en éclats devant la réalité des prix de revient. « La principale force du management japonais, dit H. Lagarde, et aussi des autres asiatiques, réside dans les données de l'environnement. » C'est d'ailleurs la raison pour laquelle les Japonais s'implantant en Europe s'efforcent, dans toute la mesure du possible, d'introduire dans leurs fabrications européennes le plus de composants en provenance d'Asie.

Ces constats relativisent l'admiration qu'on peut nourrir à l'égard de l'entreprise japonaise. Il ne faut pas oublier pour autant les atouts qu'elle s'est forgés.

Le sens de l'action longue

Les entreprises japonaises ne s'intéressent pas aux bénéfices immédiats. Elles ne travaillent pas avec l'épée dans les reins que représente l'obligation de publier, pour la Bourse, des résultats trimestriels. L'Air Liquide s'en est avisé qui refuse d'être coté à Wall Street pour ne pas tomber dans le « va-va » qui agite les entreprises qui se soumettent aux règles américaines.

Toutes les réussites japonaises ont été construites sur des actions longues. Lorsque Minolta s'est installé en France, la direction du groupe a donné dix ans aux responsables – français – pour « faire leur trou » sur le marché. Cela ne veut pas dire que les directions japonaises ne surveillent rien entre temps. Elles examinent notamment l'évolution des parts de marché. Lorsque la filiale mord suffisamment sur les parts des concurrents, la production peut se développer, les prix de revient se réduisent, les bénéfices s'étoffent.

Dans un reportage télévisé diffusé par FR3 en août 1988, le directeur d'un grand cru bordelais racheté par les Japonais confirmait : « Les Japonais nous ont donné dix ans pour nous imposer vraiment. »

Cette technique exige des entreprises importantes. Les firmes japonaises qui ont des prétentions internationales visent la très grande taille.

Comme partout, on peut être petit, relativement, et gros sur une activité donnée. Mais les entreprises japonaises qui l'emportent à l'extérieur sont, jusqu'à présent en tout cas, plutôt des départements d'un groupe que des entreprises autonomes. La stratégie de la longue patience a été menée essentiellement par de grandes entreprises. Certes il y a de nombreuses petites entreprises au Japon, mais au service des grandes.

La souplesse en aval, celle que représentent les sous-traitants de divers rangs, est un atout considérable.

Le cœur de l'entreprise

Les Japonais sont d'abord des industriels. Au centre de leur efficacité il y a l'usine et au cœur de l'usine, la production. Les meilleurs éléments du pays sont au service des entreprises et d'abord des entreprises industrielles... Les meilleurs techniciens entrent dans les usines des champions. Toutes les administrations concourent à leur réussite. La recherche est orientée en fonction des besoins de l'industrie. La politique de crédit également.

Mais l'efficacité industrielle est considérablement renforcée par le caractère méticuleux des Japonais. Ils portent attention à tous les détails. La stratégie de la longue patience a son pendant au sein des ateliers. C'est la technique de la qualité totale.

Les Japonais attachent beaucoup d'importance à l'information. Comme ils se savent lents à réagir, ils ont besoin de disposer très tôt des données indispensables à une action industrielle.

La préparation d'un produit, d'une campagne de production, exige souvent des délais bien plus longs que dans les entreprises d'autres pays. Une fois les choses au point, la réalisation est très rapide. D'où les surprises des concurrents des Japonais qui s'étonnent d'avoir dix longueurs d'avance au niveau de l'innovation et de se voir coiffés sur le poteau au moment de la mise en vente.

La curiosité naturelle des Japonais contribue sans cesse à nourrir le cœur de l'entreprise. Si les Français sont de beaux parleurs, les Japonais sont des écouteurs. On voit généralement les Japonais circuler en délégation. Elles comportent quelques personnages respectables et une cohorte de jeunes toujours affairés autour d'eux. Certains se comportent en véritables gardes du corps! Ils sont chargés d'aider leurs patrons dans leur démarche, ne serait-ce que pour traduire les langues étrangères que les dirigeants japonais d'un certain âge ignorent. Mais ils sont surtout chargés de regarder, d'interroger, de détecter et de transmettre. On cite souvent la présence parmi les visiteurs nippons d'un cadre en costume Prince de Galles de façon à avoir une échelle de mesure sur les photos d'objets. Chaque jour lorsqu'une délégation japonaise se rend à l'étranger, elle expédie les informations recueillies qui sont largement diffusées dans l'entreprise. Quand elle revient, elle n'a pas à se préoccuper de faire connaître les résultats de son voyage. Ils sont déjà connus. L'essentiel du temps des réunions est consacré à l'interprétation des informations récoltées et aux actions qu'il convient de mener à partir de là. Elles portent très souvent sur l'évolution du marché. Elles portent également sur les méthodes de production et les outils.

Les équipements de production sont nettement plus récents au Japon que partout ailleurs.

Les investissements immatériels qui couvrent notamment la Recherche/Développement, les logiciels et la publicité, qui étaient parfois en retard dans les entreprises japonaises, s'accroissent rapidement.

L'instinct fourmi

Les Japonais sont mus par un profond instinct de survie. On a déjà souligné leurs craintes des accidents naturels et leur sentiment de dépendance à l'égard de l'extérieur. Les phénomènes contemporains viennent confirmer en les renforçant les traditions du pays où l'on est toujours redevable de quelque chose à quelqu'un et où finalement l'individu est au service d'un groupe.

L'organisation des entreprises est singulièrement facilitée par ces attitudes.

Edward J. Lincoln [2], évoquant principalement l'univers des grandes entreprises qui représente environ 20 % de la population active salariée du Japon, rappelle que les Japonais se définissent par le lieu où ils travaillent. Un Japonais est quelqu'un parce qu'il est lié à une entreprise. Il ne cherche pas à réfléchir par lui-même mais dans un cadre qui lui est donné. Si par malheur ce cadre éclate, il ne sait plus exactement où se situer. Ce type de comportement montre que les Japonais sont naturellement « collectifs » alors que les Français s'enferment dans leur individualisme et que les Américains se refusent à donner à l'entreprise plus que ce qu'elle leur apporte.

Habitués à vivre ensemble dans l'entreprise comme d'autres vivraient dans une communauté religieuse, les Japonais s'adaptent fort bien aux changements intérieurs, aux modifications de l'organisation. Il ne faut pas confondre cette pratique avec une méthode démocratique de prise de décision dans l'entreprise ou avec l'unanimisme de points de vue.

Le professionnalisme du Japonais fait d'exactitude, de politesse, donc de liens avec les autres, se fonde sur l'idée que pour être efficace, il faut être plusieurs et qu'il faut donc tenir compte des autres, du client bien sûr, mais également de tous ceux qui, d'un bout à l'autre de la chaîne, participent à l'organisation.

Pour la recherche du consensus dans son clan (l'entreprise), l'individualisme est un obstacle. « On ne peut vivre organisé quand chacun pense à soi. » Cette manière d'être modifie les rapports hiérarchiques. Le supérieur est accepté comme un rouage de l'ensemble. Les préceptes du confucianisme introduits de Chine au Japon au VIIe siècle renforcent l'acceptation des contraintes collectives liées à la culture du riz [3].

Cet esprit de groupe n'atténue en rien l'esprit de compétition. Il s'agit de gagner sur les autres clans. Chacun fait en plus confiance au système pour dégager ses mérites. La promotion à l'ancienneté

2. *Japon, Facing Economic Maturity*, Brookings, 1988.
3. Voir *L'entreprise polycellulaire* d'Hubert Landier, EME, 1987.

dans ce contexte est normale puisqu'elle conduit à récompenser l'expérience de la vie dans le groupe.

Le rôle du chef

Les relations importantes sont celles qui relient l'employé à son supérieur. Jean Stoezel [4] y voyait une transposition du système patriarcal dans le domaine politique et économique. La relation du chef qui s'apparente à celle de l'élève et du maître s'enracine dans la fidélité, c'est-à-dire la loyauté en échange de l'apprentissage et surtout de la protection. La société japonaise est une société unitaire car, explique Nakani [5] : « On ne peut servir deux maîtres dans un tel système de participation affective. » Le chef s'apparente au guide, au fédérateur d'initiatives. En cas de faute, il assume la responsabilité. Du coup la peur de mal faire disparaît. Le chef joue également un rôle essentiel dans la formation. La rotation des hommes s'en trouve facilitée. Chacun acquiert une vision globale du travail qu'il a à accomplir. Il ne s'oppose jamais. Mais il peut suggérer. On ne dit jamais rien qui soit irréparable. Ce n'est que lorsque le groupe est bloqué par des contradictions que la hiérarchie intervient.

Du travail pour (presque) tous

Si les prouesses japonaises ne sont pas, en matière d'emploi, aussi spectaculaires que les Japonais eux-mêmes souhaitent le faire croire, les chiffres du chômage, même recalculés, sont nettement inférieurs aux nôtres. Par ailleurs, les Japonais ont une plus forte densité d'emploi que la nôtre alors que la plupart des travailleurs japonais pratiquent des horaires de travail ou de présence supérieurs de 40 % aux nôtres. Avoir une durée moyenne de travail supérieure

4. *Jeunesse sans chrysanthème ni sabre*, Plon, 1954.
5. *La société japonaise*, Colin, 1974.

à la nôtre et moins de chômeurs véritables constitue une réussite qui mérite examen.

La situation de l'emploi au Japon résulte de trois facteurs qui sont, dans l'ordre, la croissance, l'économie duale et la flexibilité.

La croissance

Chaque fois que l'on s'interroge sur la manière de relancer l'emploi ou de le maintenir, on tombe d'abord sur l'importance de la croissance. Même aux États-Unis les grandes poussées de l'emploi sont liées à des progrès de l'activité, avec en plus l'acceptation par le corps social d'une grande diversité de situations. Au Japon, de toute manière, ce n'est pas l'emploi pour l'emploi qui est la raison principale d'agir. C'est la croissance. Nous avons entendu beaucoup de discours sur l'importance que les dirigeants japonais attachent aux hommes. « Ce sont, disent-ils, les principales ressources de l'entreprise. » Ils cherchent donc à les garder quoi qu'il arrive, même en période difficile. Mais cette attitude est plus facile quand les affaires se développent que lorsqu'elles se réduisent. En dépit de l'intérêt porté aux hommes, il arrive désormais que les entreprises licencient ou transfèrent des effectifs sans le dire. Pour ce qui est des femmes, cela s'est d'ailleurs toujours fait.

Si les entreprises japonaises cherchent à maintenir en place les équipes, c'est pour être aptes à développer sans cesse de nouvelles offensives. Même si le rythme de croissance japonais se ralentit par rapport à ce qu'il était dans les années 60 et 70, il reste supérieur à l'américain et surtout à l'européen.

En s'efforçant de développer la consommation sur le marché intérieur, les Japonais veulent maintenir un rythme important de croissance. De même comptent-ils sur les ressources dégagées par leurs développements industriels et financiers à l'extérieur.

L'économie duale

L'économie est supposée fournir du travail à tous les actifs potentiels mais également aux retraités. De nombreux petits commerces de proximité et d'exploitations agricoles très peu productives sont maintenus pour pourvoir à cette catégorie d'emplois. De même observe-t-on une prolifération d'employés dans les services de toute nature. Ce n'est pas l'« État-providence », c'est la « Nation-providence ». Tous les consommateurs contribuent à maintenir, voire à développer, des activités qui permettent l'emploi d'une main-d'œuvre peu payée, souvent très modérément garantie et, généralement, de très bonne volonté. L'étonnant n'est pas qu'il y ait au Japon deux économies. Elles existent peu ou prou partout. L'étonnant est que les personnes qui évoluent dans les strates de la médiocrité n'apparaissent pas comme des révoltés en puissance. Il est possible que leur comportement évolue. En effet tant que l'ensemble de la population vivait dans la frugalité, les moins bien lotis pouvaient se consoler en pensant que les mieux lotis, finalement, ne vivaient pas dans des conditions très largement différentes des leurs. Mais si les évolutions en cours se confirment, on verra se développer de larges zones de luxe dans la société japonaise. Des fortunes rapides se sont réalisées, notamment dans l'immobilier, commençant à susciter des contestations.

Il est probable cependant, compte tenu de l'esprit japonais, que ce n'est pas là que se situe la plus forte vulnérabilité du système.

L'économie duale a pu fonctionner parce que l'ensemble était protégé. Vous pouvez entasser les gens dans certains ateliers ou maintenir des personnes en surnombre dans des bureaux tant que la pression de la concurrence extérieure n'est pas générale. Si elle s'imposait partout, les Japonais ne pourraient pas maintenir tous les emplois qu'ils ont multipliés depuis des décennies.

Cette éventualité cependant n'est pas pour demain.

L'ouverture du Japon ne s'opérera que très progressivement. Les emplois contractuels, familiaux, vont subsister. Les syndicats d'entreprise ne cherchent pas à les faire transformer en emplois à statut. Ils agissent dans le cadre des entreprises. Ils sont surtout faits pour défendre les intérêts des salariés les plus nantis. Plus encore que dans d'autres pays, les syndicats s'occupent plus des mandants qu'ils ont à défendre que des nouveaux adhérents qu'ils pourraient recruter.

La diversité de l'emploi au Japon favorise une autre de ses caractéristiques : sa flexibilité.

La flexibilité

Quand tout bouge dans l'économie, il y a forcément adaptation nécessaire de la production, entendue au sens large du terme. Elle s'opère et ne peut s'opérer à court terme qu'au travers de trois moyens : l'emploi, les salaires et les charges, les horaires.

Une entreprise qui doit faire face à une récession, ou qui est obligée de réduire ses coûts pour mieux résister à la concurrence, commence généralement par « serrer les boulons », c'est-à-dire par faire la chasse aux dépenses jugées moins utiles. Très rapidement cependant, elle est conduite à réduire les emplois. Dans les périodes de croissance, on veut d'abord être en mesure de servir le client, donc on ne regarde pas à l'embauche. Quand le vent tourne, on cherche à « débaucher ».

Si les salaires étaient malléables, bien des entreprises, européennes, plutôt que de se séparer du personnel, préféreraient stabiliser, voire réduire la masse salariale (salaires et charges). On observe d'ailleurs qu'un nombre important d'entreprises réussissent à convaincre leurs salariés d'accepter cette pratique. Il y a plus de souplesse dans les entreprises françaises, notamment, qu'on ne le croit souvent. Mais la méthode a des limites, les charges sociales sont plus difficiles à réduire que les salaires et les bonus, les transformations techniques font qu'un certain nombre de travailleurs ne sont plus à même de remplir une tâche utile à l'entreprise et sont difficiles à former pour de nouveaux emplois.

Bien entendu lorsque les salaires sont constitués par une part fixe et une part variable, il est plus facile de maintenir les effectifs tout en réduisant les coûts. C'est un des avantages des pratiques salariales japonaises. Pour les salariés pleins – les 30 % de privilégiés de « l'emploi à vie » – les rémunérations se divisent en deux. Les salaires négociés chaque année à période fixe, en mars, par le syndicat et qui augmentent généralement modérément, souvent à l'ancienneté, bien que le mérite commence à s'imposer dans des activités particulièrement soumises à concurrence; le bonus qui peut aller jusqu'à plusieurs mois de salaire. Quand la conjoncture s'affaisse, le bonus suit.

Le bonus n'est pas la seule soupape. Les salaires des entreprises sous-traitantes sont également « variables ». Il y a garantie d'emploi au Japon parce que nulle part, sauf dans les administrations, il n'y a garantie de rémunération. A cette cause principale de flexibilité (en matière d'emploi) s'ajoute celle des horaires. Quand on visite une entreprise japonaise, on y côtoie des personnels qui n'ont pas du tout le même statut. De nombreux sous-traitants sont employés sur place. Des travailleurs à temps partiel côtoient des intérimaires. En cas de nécessité, les horaires des uns et des autres sont comprimés.

Lorsqu'un chantier naval a 10 000 employés en surnombre, il pousse vers la sortie 5 000 d'entre eux en leur payant des primes de départ, comme n'importe quelle firme française ou allemande. Autre exemple : des dirigeants japonais expliquent à un groupe d'étude la manière dont ils sont parvenus à maîtriser la reconversion de 11 000 personnes. Calculs faits et refaits, les auditeurs trouvent seulement 6 000 réemplois. Question : « Où sont passés les 5 000 autres? » Au Japon, une question non prévue donne lieu à un conciliabule entre les responsables présents. Après quelques hésitations, la réponse arrive : « Oh! ce sont des femmes. » En clair, on les a renvoyées chez elles.

De plus en plus de femmes travaillent, mais elles ont longtemps permis aux entreprises industrielles de « faire de l'accordéon ». Quelques progrès ont été réalisés en vue de les considérer un peu moins comme des troupes de réserve et un peu plus comme une véritable « ressource humaine », mais elles sont et resteront plus qu'ailleurs la principale « soupape » de l'emploi.

Les Japonaises qui veulent travailler sont désormais plus nombreuses que celles qui préfèrent rester au foyer. La proportion des femmes salariées sur l'ensemble de la population active féminine est passée de 26 % en 1950 à 64 % en 1982.

Plusieurs facteurs expliquent cette évolution : accès d'un nombre croissant de jeunes filles aux études supérieures, croissance des activités tertiaires où elles trouvent plus naturellement leur place, modernisation du système des valeurs.

Les responsables japonais pensent que nombre de femmes, après avoir travaillé en moyenne quatre ans avant de se marier, reprendront un travail après la quarantaine. Elles auront alors encore devant elles 20 à 25 ans d'activité. Leur présence sera une riposte au vieillissement. Dans le même temps, les budgets familiaux seront élargis. La consommation intérieure en tirera profit.

On assistera peut-être, comme aux États-Unis et en Europe, à la conciliation d'une vie d'épouse, de mère et de travail. Dès à présent plus de 50 % des femmes de 30 à 34 ans ont un emploi. 22 % des femmes qui travaillent le font à temps partiel.

En dépit d'une loi votée par la Diète qui annonce l'égalité de traitement des sexes, les femmes ne sont pas encore en mesure de prétendre à des rôles de direction. Mais une évolution en leur faveur s'opère, comme partout, dans la banque, la presse, la publicité. Les Japonais eux-mêmes admettent que l'évolution en la matière sera longue. Plus le travail féminin gagne du terrain, plus la souplesse de l'emploi a des chances de se maintenir.

Ne pas renoncer à l'Europe industrielle

Ayant rappelé certains des signes de la réussite du Japon et examiné les causes de sa montée en puissance, il faut examiner dans quelle mesure l'Europe peut s'inspirer de son exemple.

Le premier point est relatif au rôle des entreprises industrielles. On entend dire de plus en plus que de nombreuses activités industrielles n'ont plus d'avenir en Europe, qu'au reste le développement économique repose désormais essentiellement sur des activités de services. Finies les usines, vivent les bureaux! Il ne faut pas admettre de telles affirmations comme vérités d'évidence. Même dans des pays très développés, les entreprises industrielles jouent et continueront de jouer un rôle moteur.

S'il est vrai que les « services » emploient de plus en plus de monde, il faut constater que les deux économies qui dominent la période actuelle, la japonaise et l'allemande s'imposent par des exportations industrielles. L'Allemagne couvre à elle seule plus de 20 % des exportations de fonderie, de travail des métaux, des machines-outils, d'équipement industriel; le Japon domine pour les produits sidérurgiques, le matériel de manutention, le matériel électronique professionnel, la construction de véhicules, la construction navale, les matériels de précision, et talonne l'Allemagne pour les machines-outils. Quand l'Amérique s'interroge sur la manière de retrouver sa place dans le concert international, à savoir la première, elle s'attache surtout au renouveau de son industrie.

Ceux qui affirment que le progrès du commerce et des services peut compenser la perte des usines commettent une erreur d'optique. En fait la production industrielle mondiale n'a jamais été aussi forte. La croissance est suspendue d'abord à la progression des activités industrielles. La règle d'or du développement reste la mise en œuvre des techniques grâce à des systèmes sans cesse renouvelés d'organisation. En raison des progrès de productivité qu'ils permettent, on peut produire beaucoup plus avec beaucoup moins de matériaux de base, d'énergie et de personnel. Mais les économies les plus puissantes restent à base industrielle.

La compétition industrielle secoue les positions établies. Dans une économie d'échanges, la répartition du travail entre les économies ne cesse d'évoluer. Les pays à bas salaires mais à forte densité d'intelligence économique – ce que semblent être la plupart des pays asiatiques contrairement aux pays islamiques et d'Amérique latine sous influence catholique – l'emportent dans la plupart des activités exigeant une forte part de main-d'œuvre. Il est donc inévitable de voir des secteurs d'activité changer en permanence de localisation. Mais il ne faudrait pas en conclure que l'industrie doit émigrer dans sa totalité vers le Tiers Monde et que les services permettront au monde développé de vivre. Chaque ensemble économique a besoin d'une base industrielle. Il est même nécessaire qu'il possède la gamme de pratiquement toutes les productions. Il n'est pas vrai que l'on puisse briller en informatique si l'on est nul en mécanique. L'idée que l'on pourrait ne conserver en Europe que quelques types d'activités industrielles de luxe ou de haute technologie est aussi farfelue que celle qui consiste à vouloir apprendre à des analphabètes l'usage des ordinateurs sans se préoccuper outre mesure de leur base culturelle.

L'Europe, heureusement pour elle, garde de nombreux atouts dans le domaine industriel. Entre 1958 et 1972, sa croissance avait été très forte et sa croissance industrielle plus encore. C'est après 1973 que l'on a commencé à parler de « désindustrialisation ». En effet la croissance s'est fortement ralentie et la concurrence extérieure s'est accrue. On a donc vu disparaître nombre d'entreprises et des secteurs d'activité entiers. L'opinion en a surtout retenu les aspects relatifs à l'emploi. Mais il faut se demander si le cœur économique n'a pas été atteint dans la mesure où l'Europe n'a pas suffisamment compensé la perte d'industries où elle excellait à l'époque de sa gloire par des industries d'avenir.

La part de l'Europe de la Communauté (CEE) dans le monde est faible pour les productions de minerais, de pâte à papier, d'énergie primaire. Elle est plus forte pour les produits industriels de technologie courante tels que les filets, les tissus, l'acier, les produits chimiques de base [6]. Elle l'est aussi dans des activités plus complexes comme l'automobile ou les matières plastiques. Elle retombe pour

6. Voir Annexe, tableau 21.

les produits les plus sophistiqués comme l'aéronautique (en dépit des progrès récents) et l'électronique.

En fait l'Europe souffre de l'absence d'un véritable marché intérieur. Pour les activités les plus récentes, la loi des parts de marché s'impose. Plus vite vous les gagnez, plus vite vous abaissez vos coûts, plus vite vous vous imposez. C'est comme cela que procède l'industrie américaine à partir de son propre marché. Le Japon dispose d'un marché intérieur qui correspond à l'addition de la France et de l'Allemagne, et comme ce n'est pas suffisant, il s'est lancé à la conquête du vrai marché commun existant, à savoir des États-Unis. Chaque pays européen a essayé de développer des industries nouvelles sur son propre territoire, ce qui a augmenté considérablement les dépenses de recherche et minimisé les chances de réussite. On l'a vu dans le domaine informatique ou dans celui des composants. Il est bien connu que l'Europe est restée en queue du peloton notamment pour l'électronique. Elle devrait, pour compenser la perte d'influence qu'elle a subie dans l'économie mondiale mener une politique commune.

Elle exige le plus rapidement possible une monnaie commune ou un équivalent. Mais en attendant il faut mettre en commun les recherches, comme cela se fait au travers des projets de type Esprit ou Eureka, et les fabrications, comme cela se fait pour Airbus en dépit des réticences allemandes. L'absence d'agences communautaires dans les domaines de la défense, des télécommunications, des équipements ferroviaires et en général de toutes les activités liées aux pouvoirs publics conduit à un émiettement des efforts.

Les entreprises s'adaptent au cadre juridique qui leur est proposé. S'il existait des commandes européennes, elles s'organiseraient pour y répondre. S'il n'existe que des commandes nationales, elles restent nationales. Faute d'Europe, les pays européens ont et auront plus de mal que le Japon et les États-Unis à conquérir ou reconquérir les premières places dans des activités industrielles nouvelles.

Ce handicap est d'autant plus difficile à surmonter que les positions ne sont pas les mêmes d'un pays à l'autre. En fait l'industrie européenne, c'est d'abord l'Allemagne – qui n'a pas conscience d'être à la traîne dans la compétition mondiale à l'exception peut-être de certains secteurs électroniques. Elle ne voit pas la nécessité d'accomplir des efforts particuliers pour unifier un marché européen qu'elle domine déjà. Elle craint que toute opération d'européanisation ne provoque des mesures de rétorsion de la part de ses grands clients extérieurs. Elle est moins sensible que la France au discours sur la nécessité de la réindustrialisation et sur les conditions de la compétitivité industrielle européenne.

Les Anglais, quant à eux, semblent avoir renoncé à jouer un rôle industriel général. Certaines de leurs entreprises sont parmi les plus brillantes du monde. Mais des pans entiers d'activité sont dès à présent aux mains des Japonais. N'ayant pas réussi à se hisser au niveau de la compétition globale, ils sont devenus les salariés des autres. Dans un système parfaitement libéral, cela n'aurait aucune importance. Mais les considérations de pouvoir ne sont pas absentes du cœur des hommes et du fonctionnement des sociétés. En devenant le Cheval de Troie de l'automobile japonaise, par exemple, en investissant massivement aux États-Unis, avec plus d'ardeur qu'en Grande-Bretagne même, les Anglais montrent que jusqu'à présent ils ont participé au Marché Commun sans se vouloir vraiment européens.

Une évolution se produit dans les esprits, notamment avec des entreprises moyennes qui espèrent trouver dans la réalisation du Marché Unique l'occasion de renforcer leur position en élargissant leurs débouchés. Il est temps. En renonçant à l'efficacité industrielle, la Grande-Bretagne est passée du premier rang du niveau de vie mondial à celui d'un pays moyennement développé.

Si les Européens avaient, en matière industrielle, agi comme les Japonais, ils se seraient, il y a plus de vingt ans, interrogés sur la perspective de développement. Pour bénéficier d'un marché intérieur permettant d'amortir rapidement et largement les frais de démarrage de nouvelles activités, ils auraient réellement créé le Marché Commun à six (dont le Marché Unique à douze n'est que la relance affadie) et, à défaut, ils auraient favorisé la fusion franco-allemande. Mais il y a toujours retard des États sur les opportunités à saisir. Pour toutes les activités nouvelles, les Européens auraient coordonné leurs efforts. Et l'on n'aurait pas assisté, par exemple, à l'échec d'Unidata. Il y avait là, alors qu'il était encore temps, la possibilité de lancer l'informatique européenne. Sous la pression d'industriels français marqués par l'antagonisme franco-allemand, le gouvernement d'alors a rompu l'accord en cours au profit d'une opération franco-américaine bancale. Il n'est pas sûr qu'Unidata aurait réussi. Mais à tout le moins c'était le signe du pari européen en ce domaine. Il est apparu à cette occasion comme en plusieurs autres que chaque pays européen préférait les accords de ses entreprises avec des entreprises américaines plutôt qu'avec des européennes. C'est le réflexe primaire du villageois pour lequel l'ennemi est le hameau d'à côté.

Si les Européens se mettaient à l'écoute de l'exemple japonais, que feraient-ils?

Au Japon et dans les pays asiatiques où la progression de la valeur ajoutée industrielle reste très vive, une double stratégie a été mise en œuvre : d'une part l'amélioration systématique des produits existants (de la pointe dans toutes les activités); d'autre part l'accélération du renouvellement des produits pour capter les acheteurs et surprendre les concurrents.

Ensuite il faudrait mettre en commun les efforts de recherche. Comme il a été dit, si des organismes européens publics recevaient délégation des gouvernements de gérer pour le compte de tous des agences européennes, une réorientation des crédits, des travaux de laboratoires, des réflexions stratégiques s'opérerait plus facilement entre les entreprises européennes auxquelles l'accès direct aux contrats européens devrait être réservé. Cela n'exclurait pas les firmes étrangères mais elles devraient nécessairement se lier à une entreprise ou un groupe d'entreprises européennes.

Enfin, les Européens décideraient de réaliser à l'échelle européenne un rapport Maekawa qui aurait l'ambition d'examiner les conditions d'une croissance accrue dans les prochaines années, le rôle respectif que devraient y jouer les échanges extérieurs (beaucoup plus importants pour l'Europe que pour le Japon) et le marché intérieur européen.

Le marché intérieur

Henri Froment-Meurice, qui a notamment été ambassadeur de France en Allemagne, a réalisé en 1988 un rapport sur « la dimension extérieure du marché intérieur ». Il pose clairement le problème du choix européen : libre-échange ou socle européen d'abord?

L'ensemble des économies européennes constitue encore aujourd'hui une puissance commerciale. Les marchés européens sont heureusement alimentés principalement par des producteurs européens ou installés en Europe.

La CEE est, avec les États-Unis, le champion des échanges industriels de biens mécaniques et de produits chimiques.

La CEE est le principal marché solvable du monde. On a déjà noté qu'entre 1975 et 1985, ses entreprises avaient perdu des parts importantes de marché, y compris à l'intérieur de l'Europe, dans des domaines comme celui de l'automobile, ou celui de la bureautique. Il est évident que le décloisonnement européen et la création d'un Marché Unique de 320 millions d'habitants présentent une dimension extérieure très importante. Cette dimension doit être appréhendée au niveau des politiques intérieures conduites par la Communauté : la fixation des normes ou la politique des marchés publics peut être un moyen d'orienter ou de construire des marchés; la politique de concurrence ou celle des aides ont forcément une influence sur la concentration des entreprises et les investissements des pays tiers; la libre prestation des services peut rendre automatique l'accès du marché européen aux concurrents étrangers; la politique fiscale, et notamment la fiscalité de l'épargne, auront des effets sur les mouvements de capitaux entre la Communauté et le reste du monde; la disparition des frontières réduira la capacité des

États de surveiller l'évolution des échanges. Si cette surveillance ne s'exerce pas au niveau européen, l'Europe risque d'être le seul grand ensemble mondial démuni de moyens de défense.

Les politiques externes auront évidemment des conséquences sur la position européenne face à ses concurrents. L'administration américaine considère que le cloisonnement actuel est un obstacle à la pénétration du marché européen par les firmes américaines. Le décloisonnement et la dérégulation, par ailleurs souhaitables pour faire sauter les monopoles, y compris ceux des syndicats corporatistes, peuvent faciliter l'arrivée et le développement d'entreprises japonaises, américaines ou autres (récemment la Grande-Bretagne, pourtant très libérale, s'est inquiétée de la poussée des capitaux koweitiens dans ses entreprises nationales : si l'Europe devient une, de tels mouvements s'accentueront).

Par ailleurs, les pays développés sont engagés dans d'importantes négociations destinées à poursuivre la libéralisation des échanges mondiaux (Uruguay Round dans le cadre du GATT). Si l'Europe va « plus vite que la musique », elle risque d'être démunie des moyens de négociation sur les points délicats.

En réalité, l'Acte Unique a l'ambition de faire de l'Europe une grande puissance, mais les Européens ne se sont pas dotés de moyens très poussés pour la réaliser ni pour lui donner des frontières. Tout se passe comme si les Européens voulaient bien de l'Europe mais ne confiaient à personne, et surtout pas à des élus intra-européens, les moyens de la faire progresser.

Les questions posées par la dimension extérieure du marché intérieur doivent être traitées de manière pragmatique, avec le souci réel de favoriser le jeu des échanges et de la concurrence, mais avec celui aussi d'obtenir de nos partenaires qu'ils se plient vraiment aux règles libérales qu'ils exigent de nous. L'Europe n'est plus en effet assez puissante pour donner sans recevoir. Le temps n'est plus où elle était à la tête du progrès technique et où cette avance lui permettait d'aborder sans risque majeur à peu près n'importe quelle compétition. Aujourd'hui, elle se trouve en présence d'entreprises et d'économies d'un niveau équivalent ou supérieur au sien.

Tant pour l'ensemble des rapports de l'Europe avec les pays tiers que pour les aspects extérieurs de la création du marché intérieur, la Commission de Bruxelles semble ne pas partager le point de vue souvent exprimé en France selon lequel le marché intérieur serait un cadeau aux non-Européens. Son argumentation serait plutôt la suivante : le marché intérieur profitera d'abord aux entreprises européennes qui sauront s'y préparer et saisir rapidement les opportunités afin de rendre le coût d'approche beaucoup plus cher pour les étrangers. Cela dit, elle reconnaît la nécessité de prendre en compte certaines données de la compétition internationale et d'utiliser si nécessaire l'article 115 du Traité de Rome qui autorise un État membre à interdire ou à mettre sous surveillance des importations provoquant des difficultés économiques graves.

En confirmant cette politique, l'Europe n'agirait pas autrement que les États-Unis. En août 1988, le Président Reagan, après avoir longtemps retardé cette décision, a accepté de signer un « Trade Bill » de 1128 pages qui rappelle l'attachement des États-Unis aux progrès du libre-échange, dans le cadre du GATT, mais qui prévoit un renforcement du contrôle des importations. Cette loi permettra de dénoncer les États qui manient le plus les pratiques restrictives et la concurrence déloyale. Leurs ventes pourront subir, si nécessaire, des restrictions, des tarifs douaniers, des quotas. Elle prévoit des circonstances critiques pour les denrées agricoles périssables. Elle prévoit que le Président peut, sous certaines conditions, bloquer l'acquisition d'une firme américaine par des capitaux étrangers. Elle s'intéresse au règlement de la dette du Tiers Monde. Dans le même temps, elle prévoit des incitations à l'exportation, des aides pour les reconversions des salariés des firmes touchées par une concurrence extérieure violente, de nouveaux centres de technologie. Bref elle reprend à son compte – et bien au-delà – les conclusions de la Commission Young mise en place par le président Reagan en 1984.

J'avais à l'époque insisté sur son importance. Comme toujours aux États-Unis, il faut un long délai de mise en œuvre des politiques nouvelles. Ce qui est en train de s'amorcer est significatif de la prise de conscience par les États-Unis de leur vulnérabilité. Pourquoi l'Europe ne s'en inspirerait-elle pas?

Détour par le rapport Young[7]

Le rapport Young part d'une question : « Comment gagner la bataille de la compétitivité? » Il la définit comme l'aptitude d'une nation à supporter la concurrence sur le marché « global » tout en favorisant la croissance du pouvoir d'achat des citoyens. Ce point est essentiel : c'est pour augmenter l'emploi et le niveau de vie qu'il faut être compétitif, pas pour les réduire. La compétitivité ne signifie pas l'écrasement des concurrents mais le fait que chacun donne le meilleur de lui-même. Les Américains ne sont pas habitués à comparer leurs performances à celles des autres pays. Or leur dépendance à l'égard du reste du monde augmente. Il leur faut donc admettre de se comparer aux autres. Certes les États-Unis ont réussi à développer l'emploi. Mais c'est en partie en raison de leur position qui leur permet de dépenser plus qu'ils ne produisent réellement. Ils ont perdu des positions dans des domaines d'activité importants : « Sur dix industries qui peuvent être considérées comme essentielles pour l'avenir, l'Amérique a perdu sept positions dominantes (chiffres 1982) au profit surtout du Japon (équipements électriques; instrumentation scientifique; composants électroniques; optique, instruments médicaux; plastiques; chimie fine). »

Des redressements se sont opérés depuis. Mais pour les consolider, le rapport Young prévoyait quatre séries d'actions :

– un effort en matière de nouvelles techniques de telle sorte que la recherche profite surtout aux produits destinés au marché de

7. *Global Competition. The Report of the President's Commission on Industrial Competitiveness*, january 1985. Voir « L'Amérique annonce son jeu », par Michel Drancourt, *Perspectives*, juin 1985.

consommation et d'équipement. Pour y parvenir, c'est dans les entreprises que les investissements doivent être le plus largement réalisés (et s'il le faut, dit le rapport, aidés);
– une relance durable de l'investissement industriel qui suppose un aménagement de la fiscalité trop favorable aux activités de commerce et de services et pas assez à celles qui relèvent de l'industrie;
– une meilleure mise en valeur des talents qui exige des progrès de formation;
– une prise de conscience générale, la plupart des gens n'ayant pas le sentiment qu'il y a danger.

Cette approche – qui est un début de réponse américaine à la réussite japonaise – est parfaitement transposable en Europe.

Un nouvel équilibre producteurs-distributeurs

Il faut ici attirer l'attention sur une donnée de l'économie européenne (et surtout française) qui peut, en partie, expliquer sa vulnérabilité, à savoir le décalage qui existe désormais entre les producteurs et les distributeurs.

Force est de constater que, là où la distribution a suivi l'industrie au lieu de la précéder, les bases économiques sont plus fortes.

Il y avait aux lendemains de la Deuxième Guerre mondiale deux grands pays un peu à la traîne du développement industriel : le Japon et la France.

Les deux ont réussi. Le Japon beaucoup plus en termes de puissance. La France en termes de niveau de vie. Avec le recul, on peut regretter que nous ayons brûlé quelques étapes en poussant la consommation intérieure plus vite que la conquête de parts de marché. Nous avons également un système de protection sociale qui ne favorise pas l'épargne des particuliers alors qu'au Japon, cette épargne – mal rémunérée au demeurant – favorise le financement industriel. Mais surtout la primauté donnée à la consommation renforcée par la modernisation plus rapide de notre système de distribution a eu pour conséquence que les progrès en pouvoir d'achat ont beaucoup moins profité aux industries françaises que celui du pouvoir d'achat japonais n'a profité aux firmes nippones, d'autant qu'en France la loi interdisant le refus de vente empêchait les fabricants de s'allier avec un réseau de distribution préférentiel.

Nous risquons de connaître dans les années qui viennent la répétition sous d'autres formes de ce que nous avons connu dans certains secteurs en raison de l'efficacité japonaise. Ce ne sont plus seulement les produits japonais qui chercheront à profiter du marché le plus « dense » du monde, l'Europe. Ce sont les produits fabriqués à meilleur compte là où c'est possible pour les nouveaux compétiteurs.

Si la distribution française et européenne donne systématiquement la préférence aux prix, les entreprises européennes seront conduites à accentuer, elles aussi, leur délocalisation. On sait les régressions qui en résultent pour l'emploi.

Pour éclairer le débat producteur-distributeur, il convient de souligner que depuis la création du Marché Commun, la tendance constante est de privilégier les baisses de prix en faveur des consommateurs (même si le service en souffre). Dans cette perspective, tout ce qui peut encourager la concurrence est généralement considéré avec faveur, l'ouverture des frontières et le poids croissant de la distribution devant aboutir à un abaissement généralisé des coûts (jusqu'au jour où les attaquants se transforment en monopole et disposent du marché) et des prestations. Il est évident que cette politique a réussi et que la Communauté a largement profité aux consommateurs.

Mais pendant que la distribution gagnait la bataille de la consommation, l'Europe perdait celle de l'emploi.

L'offre créatrice

Pendant dix ans, les entreprises européennes ont consacré l'essentiel de leurs efforts et de leurs investissements à la recherche de la performance [8]. Cette politique était nécessaire en raison des surcoûts accumulés pendant la période de croissance à tout-va qui avait caractérisé les années 60. Ce qu'on a appelé la crise a surtout été marqué par le ralentissement de la croissance de certaines activités et du niveau de vie. Il en est résulté un surcroît de concurrence. Les moins rentables n'ont pas survécu. Il a fallu mettre de l'ordre dans les comptes et retrouver un bon niveau de compétitivité. Les entreprises, au lieu de pratiquer le « toujours plus », ont cherché à faire mieux, produire à moindre coût, optimiser les outils. Les progrès de productivité ont été considérables : dans le verre, le papier carton ou la fibre-ciment, ils ont souvent dépassé 100 %.

Les recettes japonaises y ont contribué, notamment la recherche du juste à temps et la promotion de la qualité. Les entreprises les plus menacées, y compris dans le domaine des textiles, ont réagi en concentrant leurs moyens, en menant des politiques d'investissement très actives. Là où, dans la filature, l'investissement par salarié était inférieur à 500 000 francs, il dépasse souvent 2 millions.

Mais les progrès se sont accompagnés d'une part d'un affaissement de l'emploi industriel, d'autre part d'une certaine tendance à limiter les prises de risque dans des activités nouvelles. Pendant ce temps, les entreprises japonaises et asiatiques n'hésitaient pas à poursuivre leur politique de conquête de parts de marché.

Ce ne sont pourtant pas les besoins et les idées qui manquent. Il importe que les entreprises européennes, et notamment les françaises, reprennent l'offensive et le fassent avec l'ambition du long

---

8. Voir *Économie et Industrie*, publication dirigée par Albert Merlin, n° 50.

terme. Plusieurs moyens sont envisageables au premier rang desquels figure l'offre créatrice [9].

Comme Sony l'avait fait en lançant le « Walkman », il s'agit de trouver des produits ou des services nouveaux qui créent une demande nouvelle, élargissent la demande existante ou répondent à une demande non satisfaite. Ces offres créatrices ont eu pour résultat d'élever le niveau d'ensemble de l'activité économique, de permettre l'expansion des entreprises productrices et de créer plus d'emplois qu'elles n'en détruisaient. En cela, elles se distinguent d'autres offres qui n'améliorent que de manière marginale les prix, la qualité ou les performances de produits ou de services connus.

Trois exemples illustrent ce dont il s'agit :

Ikea : le meuble en kit

Pour Ingvar Kamprad, créateur d'Ikea, proposer des meubles était le moyen de diversifier son catalogue de vente par correspondance. Mais les meubles prennent beaucoup de place et leurs emballages sont chers. Or le fondateur d'Ikea voulait pratiquer les plus bas prix possibles.

A la même époque commençaient à apparaître de nouveaux goûts du public, notamment pour l'utilisation de meubles en modules aménageables. Ingvar Kamprad imagine de vendre ce type de modules en kit, laissant aux clients le soin de les monter eux-mêmes. La simplicité de l'idée exige, en réalité, une série d'innovations cohérentes affectant désign, production, distribution, vente et service après-vente. Le prix est divisé par trois. L'offre créatrice de Kamprad, c'est l'ensemble de ces innovations associé au changement d'ordre de grandeur du prix demandé. Elle va ouvrir un marché considérable.

9. Institut de l'Entreprise, *L'offre créatrice. Inventer le client,* Éditions d'Organisation, 1987.

Delamare-Sovra : les emballages antichoc

Une PME avec une tradition dans le travail du bois (scierie, caisserie). Son P-DG perçoit la montée de besoins en emballages haut de gamme, notamment pour les appareils de mesure, les produits informatiques, etc. Avec ses collaborateurs, tous autodidactes, il développe des emballages composites (bois, carton, plastique) et un dispositif de mesure de la protection au choc. Il peut ainsi ajuster la conception de chaque modèle d'emballage et donner aux clients une garantie chiffrée. Aujourd'hui, les micro-ordinateurs emballés par Delamare-Sovra font le tour de la terre sans casse. L'entreprise a triplé son effectif en quinze ans.

Swatch : la montre amusante pas chère

Premier temps : en 1967, des ingénieurs suisses du Centre électronique horloger de Neuchâtel inventent la première montre bracelet à quartz. Les fabricants traditionnels n'y prêtent pas attention. Les concurrents asiatiques, si. En quelques années la montre à affichage numérique devient un produit peu coûteux, ouvrant ainsi un marché de masse. Les fabricants d'horlogerie de luxe ne sont guère affectés. Les fabricants de montres courantes sont durement touchés.

Deuxième temps : en 1980, la société Ébauches SA entreprend de développer une montre à quartz de bonne qualité, réalisable en grande série, et d'un prix inférieur à 200 francs. On doit pouvoir en changer comme de costume et elle doit amuser. Lancée le 1er mars 1983, la Swatch devient le succès que l'on sait. L'horlogerie suisse est relancée et la chute de l'emploi enrayée.

L'efficacité de l'entreprise

L'invention proprement dite ne se prête guère à une programmation précise. En revanche, le mode de fonctionnement des entreprises, l'attitude des dirigeants et des consommateurs, l'environnement fiscal et législatif, l'enseignement peuvent jouer un rôle déterminant dans l'éclosion d'offres créatrices à partir des inventions et du savoir-faire disponibles.

Albert Merlin [10] note que parmi les opportunités de l'époque figure le marché de renouvellement. Qu'il s'agisse de construction ou de machines, les parcs installés ont vieilli. Il va falloir les moderniser. Les calculs américains montrent que pour rajeunir le parc de machines américain, il faudrait des dépenses d'investissement représentant près de 40 % du capital installé. Et que dire de l'immobilier !

Voilà des perspectives positives. S'y ajoutent évidemment toutes celles qui résultent des évolutions techniques. Ce sont souvent les combinaisons de matériaux et l'introduction de nouveaux procédés de fabrication, telle la commande assistée par ordinateur, qui permettent soit de développer de nouveaux produits, soit de moderniser l'outil de production.

Quant aux marchés de consommation, ils ne cessent de se développer. Jamais il n'y a eu autant de consommateurs solvables ou en train de le devenir dans le monde. Le problème est évidemment d'être présent là où se situent les perspectives de croissance. L'Europe, contrairement à ce que l'on dit parfois, n'en est pas démunie. Mais pour agir à la japonaise, il faut élargir le champ de vision et mener des stratégies mondiales tout en renforçant sa base intérieure.

L'Europe, contrairement à ce qui apparaît dans les comptabilités nationales, est dès à présent assez autocentrée. Mais la dispersion de ses États ne permet pas aux entreprises de bénéficier vraiment d'une assise « intérieure » : elles « exportent » de France vers l'Italie et réciproquement. Si l'Europe existait, si vraiment il y avait des structures, des règles, un début de monnaie commune, les calculs des mouvements d'échanges actuels apparaîtraient aussi saugrenus que si l'on comptabilisait ce que l'Ohio vend à l'Illinois

10. *Économie et Industrie*, n° cité.

et l'Illinois au Kentucky, ou Tokyo à Osaka et réciproquement. La diversité des normes, la limitation des séries conduisent à une multiplication des frais d'approche des marchés.

Les entreprises européennes ont d'autant plus besoin de bénéficier des avantages d'un grand marché unifié que les activités européennes sont celles qui supportent le plus de charges au monde. Il faut donc que les Européens soient particulièrement doués pour les tâches économiques! Avec les frais que supportent leurs entreprises et les transferts sociaux réalisés dans leur système économique, leurs entreprises restent tout de même fortement exportatrices et tiennent encore une bonne part de leurs marchés intérieurs. En revanche, alors que le Japon a fait le choix de la croissance envers et contre tout, l'Amérique celui de l'emploi, l'Europe est tombée dans la trappe du chômage.

Si les entreprises européennes maintiennent – et elles ne peuvent pas faire autrement – une politique de productivité active alors que la croissance européenne reste faible, ou bien elles devront gagner encore d'importantes parts de marché là où elles en ont déjà et en conquérir là où elles n'en ont guère (Asie), ou bien le chômage continuera de progresser.

De toute manière, le niveau des charges qui pèsent sur l'emploi ne doit pas augmenter. Certes il est un des signes du développement de nos sociétés, mais il finit par tuer l'emploi. Plus les emplois sont garantis, moins il y en a. Des spécialistes ont calculé que si le lien entre croissance économique et emploi était le même en France qu'aux États-Unis (où les statuts sont moins rigides et les charges moins élevées), nous aurions créé 4 millions d'emplois de plus en dix ans.

Le dynamisme des entreprises, l'offre créatrice, l'avancée du Marché Unique ne sont pas seulement nécessaires pour l'emploi. Elles le sont pour maintenir l'influence européenne. En dépit de sa situation et de sa richesse, elle perd du terrain. Ses entreprises ont longtemps préféré l'alliance avec l'extérieur plutôt que les accords intra-européens.

Elles ne doivent cependant pas oublier que l'Europe reste un formidable champ d'expansion dans la mesure où ses régions ne sont pas toutes aussi riches que celle de Paris ou celle de Munich.

On ne changera pas les mentalités européennes au point de faire de tous les Européens des travailleurs fourmis. Il faut tenir compte de leur culture, de leurs réflexes, de leurs ambitions et du fait qu'ils sont attachés à une certaine forme de vie.

Raison de plus pour être plus efficace encore que les autres, et notamment les Japonais, par l'organisation et l'intelligence de l'action.

Nous sommes inondés de livres et de programmes pour améliorer l'efficacité de l'entreprise. La dominante part d'un constat : il faut intégrer le social et l'économie. Cela exige d'abord une formation de qualité. L'exemple allemand du système d'apprentissage est certainement à retenir. Grâce à une formation concrète qui n'exclut pas une formation générale, les jeunes Allemands sont, dans leur majorité, formés aux disciplines de l'entreprise. Ils acquièrent très rapidement le sens du concret. Les rapports humains et sociaux en sont facilités. Rien n'interdit l'adaptation de la méthode à d'autres pays.

Cela exige aussi l'ouverture des directions aux esprits non conformistes. Dans beaucoup de pays européens, et notamment en France, l'élite est trop fermée. Comme une bonne partie des salariés n'a aucun espoir d'accéder à des postes réservés à des gens appartenant à quelques castes, il est normal qu'il y ait une sorte de réflexe d'indifférence. Dans des sociétés où la réalisation de la personne est l'objectif, il faut donner à chacun le moyen d'aller aussi loin que son talent et son savoir-faire le permettent.

Cela exige enfin une adaptation aux nouvelles formes de l'organisation. En simplifiant, on peut dire que les entreprises européennes ont été façonnées par les premières industries qui se sont développées sur le continent, selon des critères du XIXe siècle inspirés de l'organisation militaire.

Sans tomber dans la « japonaiserie » qui consiste à vouloir transposer dans les unités de production l'accord collectif propre à la société nippone, il faut imaginer – et cela se fait de plus en plus

– des fédérations d'entreprises en multipliant les managers responsables de petites équipes dont ils assurent, de l'embauche à la rémunération, l'essentiel du développement.

Mais il faut admettre aussi la diversité des méthodes et des techniques de gestion. Le propre de l'Europe est sa diversité. La concurrence doit s'établir dans les modes d'organisation comme elle s'est développée pour les produits et les services. C'est dire que toute politique générale ayant la prétention de s'adresser à toutes les entreprises risque de stériliser les imaginations. Le seul point sur lequel une action générale s'impose est relatif à la formation et à l'information. Les Européens ont pris du retard sur les Japonais, notamment dans le domaine de formation générale touchant le plus grand nombre. Les constats et les projets sont assez nombreux pour que point ne soit besoin de réinventer ce qui s'est déjà dit fort bien, par exemple dans le rapport Lesourne sur l'Éducation [11].

L'un des points cependant sur lequel il convient de mettre l'accent est la nécessité d'impliquer les hommes des entreprises dans l'éducation. Ce n'est pas tant en multipliant le nombre des professeurs fonctionnaires que l'on réglera le problème de la qualité de la formation et de la quantité des personnes formées. C'est en incitant tous ceux qui ont une expérience à la transmettre, soit dans les écoles, soit dans les entreprises.

Cette action est d'autant plus nécessaire qu'elle est liée à la lutte contre le chômage qui est, pour des années encore, le grand défi européen.

Pour équilibrer l'influence japonaise dans la pensée du management français en particulier, il est intéressant, comme l'a fait Hubert Landier [12], d'aller voir les Californiens. Ils sont de l'autre côté du Pacifique. Autant les Japonais sont conformistes, autant les Californiens sont individualistes. Autant les Japonais sont fiers de leur unité raciale, autant les Californiens sont bigarrés et satisfaits

11. *Éducation et Société : Les défis de l'An 2000*, La Découverte – *Le Monde*, février 1988.
12. COS, mai 1986.

de l'être. Avec 26 millions d'habitants, la Californie est la septième puissance économique mondiale. En termes de richesse et de puissance, elle peut, relativement, se comparer aux plus grands. Les individus, les groupes, les populations en Californie sont toujours en mouvement et prêts à bouger même après l'avoir fait dix fois. Le foisonnement migrateur semble avoir favorisé la mobilité des esprits. La confrontation et le mélange des cultures contribuent à enrichir les expériences et à multiplier les initiatives. Le nombre des ingénieurs y est deux fois plus élevé que dans n'importe quel autre État des États-Unis et l'on y trouve la plus forte densité de prix Nobel et de savants couronnés à des titres divers.

L'environnement est favorable à la promotion des projets, à l'initiative des personnes. Les rapports humains sont à la fois contractuels et simples. La quête des hommes n'est pas seulement matérielle mais spirituelle même si cette recherche prend parfois des formes qui peuvent nous paraître singulières. On songe à Montaigne : « Chaque homme porte en soi la forme entière de l'humaine condition. » Faut-il, demande H. Landier, passer par la Californie pour retrouver la Renaissance?

Ce qui frappe finalement le plus en Californie, c'est la confiance faite en l'homme alors qu'au Japon c'est la confiance faite à la communauté. La Californie, pour très différente qu'elle soit de l'Europe, est tout de même plus proche de ses aspirations et de ses inspirations que ne peut l'être le Japon.

Le retour à l'emploi en Europe

Avec des rythmes de croissance faibles, il est difficile d'améliorer l'emploi sauf à admettre des réductions importantes de salaires ou de charges sociales. Cela, tout le monde le sait. Mais comme – en Europe – s'est répandue l'idée que les périodes de forte croissance étaient derrière nous, chacun accepte, comme une sorte de fatalité, qu'il y aura de moins en moins création d'emplois industriels et que les emplois des activités de services ne se développeront pas assez vite pour compenser leur disparition.

L'expérience japonaise devrait pourtant inciter à une vision plus volontariste de l'avenir.

Les pratiques japonaises en matière d'emploi illustrent une corrélation étroite entre l'emploi et la flexibilité des personnes, des horaires, des revenus. Le statut est un obstacle au plein emploi dès que les rythmes de croissance sont faibles.

Dans son étude, Hubert Landier soulignait : « Le poids des rigidités qui caractérisent l'espace économique et social européen se trouve multiplié par la diversité des normes légales et réglementaires existant d'un pays à l'autre. » En Europe, le États jouent un plus grand rôle. Les nationaux s'identifient à un État qui est lui-même structuré par une administration. Les dispositions légales et réglementaires permettent de donner une originalité à chacun d'entre eux. Du fait des diversités nationales, les rigidités légales et réglementaires se trouvent multipliées. H. Landier rappelle que les États-Unis sont le pays des grands espaces où chacun peut donner libre cours à son initiative. Le Japon, celui des rizières : « Le flux des matières sur la chaîne Toyota se conçoit d'une façon identique au flux de l'eau d'une rizière à l'autre. » L'Europe au contraire se présente comme un pays de bocages, de prés-carrés, de l'attachement de chacun aux avantages acquis.

Les textes légaux ou même contractuels sont généralement conçus pour préserver des avantages. Les syndicats jouent un rôle déterminant dans leur négociation et leur élaboration. Ils interviennent assez systématiquement contre toutes les formes de remise en question, de flexibilité, de déréglementation.

Aux États-Unis et au Japon, les rapports entre les employeurs et les représentants du personnel résultent le plus souvent d'accords conçus et signés dans le cadre de l'entreprise. Dans les pays européens au contraire, les pouvoirs publics interviennent souvent dans les rapports entre partenaires sociaux.

L'organisation sociale européenne a surtout contribué à la défense des positions acquises. Les syndicats appuyés souvent par les administrations, ont mené des combats de retardement acharnés non pas tellement pour le maintien des activités en péril, ce qui peut se concevoir, que pour celui des statuts des salariés les mieux payés, les plus protégés, les plus assurés.

Qu'elle soit américaine ou japonaise, la leçon de l'extérieur tend à montrer que pour favoriser les évolutions, le cadre de l'entreprise est préférable au cadre national et les accords évolutifs aux statuts. Ce constat devrait inspirer la politique qui s'élabore au niveau européen. Si « l'espace social européen » est celui des intérêts en place, il est peu probable qu'il prépare une Europe sociale satisfaisante pour l'avenir. En matière d'emploi en tout cas, deux idées sont à retenir : celle de la flexibilité; celle de la diversité dans le travail. Ou bien en effet on accepte une forme de dualisme économique et social, ou bien on s'y oppose mais dans ce cas, on accepte automatiquement le développement du travail noir et le maintien du chômage. Mieux vaut, comme au Japon, admettre la diversification que de pousser au travail noir par l'entêtement de la refuser.

L'économie diversifiée

L'Europe comme le Japon a aussi ses activités et ses entreprises protégées. Mais à la différence du Japon, ce sont souvent les travailleurs des activités qui contribuent le moins directement à la compétitivité qui obtiennent les rémunérations les plus importantes et surtout les garanties sociales les plus élevées.

En caricaturant un peu, on peut dire que l'économie duale dans un pays comme la France se traduit par l'existence d'entreprises, souvent étatisées, dont les salariés sont très protégés et souvent bien rémunérés – du moins par rapport au temps de travail qu'ils accomplissent – alors que les salariés des entreprises qui sont en prise directe avec la concurrence sont ceux qui perçoivent les salaires les moins satisfaisants (par rapport aux risques qu'ils prennent et au temps qu'ils passent au travail).

Au Japon au contraire, la hiérarchie des fonctions et des rémunérations est plus en accord avec la hiérarchie de l'efficacité économique. Les salaires et les garanties sont les plus élevés dans les entreprises qui contribuent le plus directement à la croissance et à l'exportation. Ils le sont, il est vrai, moins chez les sous-traitants du troisième ou quatrième rang. Mais surtout les coûts salariaux sont les plus faibles dans les activités secondaires ou protégées qui ont pour principal mérite d'assurer un emploi, un statut social et un minimum de ressources à des millions de personnes.

Nous vivrons de plus en plus dans une société où l'industrie – plus nécessaire que jamais à la force d'une économie – mobilisera moins de monde et où donc le travail devra être fourni par les activités de services, au sens large du terme. Si l'on poursuit dans ces activités la course à la production forcenée qui consiste par exemple à équiper à coups de capitaux importants des stations services automatiques sans personnel, dans des régions qui regorgent de chômeurs, si l'on préfère multiplier les indemnités de chômage, donc les prélèvements, que de multiplier les emplois de proximité, alors on continuera de buter sur la barrière de l'emploi. Dans le même temps, il n'est pas sûr que les consommateurs ou les utilisateurs de services soient satisfaits. L'un des côtés intéressants du Japon, c'est qu'avec la multiplication des petits métiers et du petit commerce, il est peut-être en avance sur la société de services telle que nous aimerions la vivre, c'est-à-dire avec une multiplicité d'échanges entre les personnes, avec des horaires commodes. Ne constate-t-on pas d'ailleurs dans les grandes villes européennes et notamment à Paris une « japonisation » du petit commerce alimentaire et de la restauration grâce à des épiciers tunisiens ou des restaurateurs vietnamiens ?

Prise sous un certain angle, une réflexion sur l'économie diversifiée (pour ne pas dire duale) devrait conduire à une réflexion sur l'économie conviviale, ce qu'est l'économie japonaise au quotidien, en dépit de ses inconvénients.

CHAPITRE VII

Adversaires et pourtant solidaires

Les soldes des échanges commerciaux ont-ils une importance? Non quand on évolue dans un ensemble économique homogène. On ne cherche pas à savoir si l'Iowa est en déficit par rapport au Michigan et réciproquement.

Si le monde était un seul marché avec un seul gouvernement et une seule monnaie, il importerait peu de savoir que la région Japon accumule des réserves de monnaie. Nous n'en sommes pas là. L'objectif est certainement la mondialisation. Mais elle est freinée par l'existence des nations, des variétés linguistiques et, il faut bien le dire, des différences culturelles, politiques, raciales ou religieuses.

Nous vivons et nous allons vivre un combat entre les tendances à l'ouverture des frontières et l'influence des nations qui s'appuient sur des appareils d'État et des administrations. L'intelligence économique plaide en faveur des courants libéraux. L'expansion et l'augmentation des échanges mondiaux vont en effet de pair. Mais l'élargissement des échanges bouscule de nombreuses habitudes, notamment en matière d'emploi. De même la circulation des capitaux et les investissements réalisés par des étrangers modifient l'équilibre des pouvoirs. *Le défi américain* de Jean-Jacques Servan-Schreiber avait montré le poids des entreprises américaines dans l'univers économique de l'époque (1967). D'ici quelques années, on pourra faire des observations comparables relatives à l'influence des entreprises japonaises.

Même si elles deviennent mondiales, elles resteront marquées par leur origine. Il en résultera des tensions politiques.

Autrefois, les effets de domination provoquaient des guerres. La menace de la guerre atomique a jusqu'ici servi de bouclier au risques de ce type. Mais elle n'a pas éliminé les conflits mineurs et les luttes commerciales. Lorsque le souci de s'affirmer ne peut pas s'exercer par la force militaire, il réapparaît sous d'autres formes, notamment techniques et économiques. La volonté de pouvoir est particulièrement forte dans les milieux politiques et les administrations nationales. Le propre du politique est en effet de rechercher l'exercice du pouvoir. Le propre des administrations est d'inspirer les acteurs du pouvoir et si possible de les guider. Elles s'appuieront sur la menace japonaise pour se maintenir.

Les poussées des échanges libres ne cesseront de se heurter aux résistances de ceux qui sont ou se croient trop soumis aux influences économiques et financières extérieures. Pour les réduire, il faudrait un « patron » mondial qui soit en mesure d'imposer des règles du jeu qui, gommant progressivement les frontières, les réduisent. Les États-Unis ont joué ce jeu depuis la fin de la Deuxième Guerre mondiale. Ils n'en sont plus tout à fait capables d'une part parce que leurs partenaires ont largement profité de leur aide et de leur exemple pour se développer, d'autre part parce qu'ils ont préféré une certaine facilité de vivre aux disciplines économiques et monétaires qu'exige le « gouvernement » du monde.

Dans ces conditions, les réflexes nationaux auront souvent tendance à reprendre le dessus. Sauf si un nouveau pays s'affirme comme leader capable d'imposer le fonctionnement du marché libre et de l'entreprise libre à tous, la poursuite de cette orientation, et de la marche permanente à plus de croissance et de richesse, ne pourra être garantie que par des accords sans cesse mis en cause et sans cesse renouvelés entre les grandes économies mondiales. Tel est le défi des années à venir. Elles seront dominées par les tensions entre les courants poussant à la globalisation progressive de l'économie et la résistance des structures nationales.

La poussée de la mondialisation résultera d'abord des facteurs techniques. Comme Louis Armand et moi-même l'avions écrit dans *Plaidoyer pour l'Avenir* [1], « un atome n'est ni américain ni japonais. C'est un atome ». Quand une découverte scientifique engendre une innovation industrielle, celle-ci fait rapidement le tour du monde. La lutte en matière de composants électroniques est particulièrement spectaculaire. Dès qu'une firme quelque part – ce quelque part étant généralement les États-Unis ou le Japon – met au point un nouveau composant plus puissant, toutes les entreprises concernées sont contraintes d'évoluer, de s'adapter ou de changer d'activité. C'est vrai par exemple dans le domaine pharmaceutique ou dans celui des procédés de conservation des aliments.

Les moyens de communication de plus en plus sophistiqués et la modernisation incessante des transports rapprochent les marchés. La part de l'extérieur dans chaque économie s'accroît, la rendant du même coup solidaire des mouvements qui se produisent ailleurs. Les crises comme les mouvements d'expansion se généralisent de plus en plus rapidement. Le monde entier vit en permanence l'évolution des marchés boursiers. En France on se lève en écoutant les nouvelles en provenance de Tokyo et on se couche en s'intéressant aux premiers cours de Wall Street.

Le mot clé de la période est l'internationalisation. Elle s'opère bien plus vite dans les faits qu'elle n'est perçue dans les esprits.

L'internationalisation par la technologie [2]

La masse des connaissances scientifiques double probablement tous les dix ans. Les États-Unis (5 % de la population du globe) ont généré pendant des années la moitié des informations scientifiques nouvelles. Cette part tend à se réduire au tiers, non pas que les

1. Calmann-Lévy, 1962.
2. Voir *New Dynamics in the Global Economy* par William J. Beeman et Isaiah Frank, Committee for Economic Development Publication, Washington, 1988.

États-Unis soient moins inventifs mais parce que d'autres pays, dont le Japon, génèrent plus de découvertes. Le courant est si rapide que dans de nombreux domaines, les technologies sont obsolètes au bout de cinq à sept ans. Dans l'électronique, de un à trois ans. Cela ne veut pas dire que tous les produits disparaissent d'un seul coup pour être remplacés par d'autres mais qu'une évolution permanente s'opère. Une montre est toujours une montre mais ses mécanismes ne cessent d'évoluer et le nombre de ses composants de diminuer.

L'internationalisation des technologies se réalise par trois voies principales : les transferts par licences ou par l'action des entreprises multinationales; la diffusion par la formation des étudiants; enfin les échanges entre savants et techniciens. A cet égard on peut noter avec l'Académie des ingénieurs américaine que moins de 1 000 Américains étudient dans des universités autres qu'américaines (à haut niveau) tandis que 200 000 étudiants étrangers séjournent dans les universités américaines qui restent la source principale de l'esprit d'innovation dans le monde. Les Japonais en sont parmi les premiers bénéficiaires. Un nombre croissant d'ingénieurs ou futurs ingénieurs japonais (et européens) lisent l'anglais alors qu'il n'y a que quelques centaines d'Américains ou d'Européens qui ont un accès direct aux publications scientifiques en japonais, dont une faible part seulement est traduite, après quelque temps, en anglais.

Robert Reich parle de « techno-globalisme » pour illustrer la mondialisation de la recherche. Ce sont un Allemand et un Suisse qui, dans des laboratoires de Dupont au Japon et d'IBM à Zurich, ont découvert de nouvelles catégories de céramiques facilitant les recherches dans le domaine de la supraconductivité.

La technique s'acquiert souvent par le rachat d'entreprise. C'est même une des causes principales de la course aux acquisitions, notamment aux États-Unis. En prenant le contrôle de Spectraphysics, le groupe suisse Ciba Geigy a mis la main sur le meilleur spécialiste des lasers.

Par ailleurs, les accords entre firmes, souvent imposés par les gouvernements locaux, favorisent la diffusion des techniques. ATT n'a-t-il pas passé un contrat avec Goldstar, coréen, pour le développement des techniques téléphoniques et des réseaux? Les échanges entre entreprises basées dans cinq pays majeurs (États-Unis, Japon, Grande-Bretagne, Allemagne, France) sont passés de moins de 2 milliards de dollars en 1965 à 11 en 1983.

Les transferts de savoir sont, plus encore que les transferts de capitaux, un facteur décisif de l'internationalisation. Les entreprises et les pays les plus prompts à transformer les découvertes en produits et services destinés aux marchés solvables sont ceux qui en profitent le plus. Le Japon, et désormais plusieurs pays asiatiques, sont passés maîtres dans cet art.

Si les entreprises n'hésitent pas à mondialiser leurs découvertes, c'est qu'elles peuvent ainsi les amortir plus vite. Mais elles ne sont pas toujours bien protégées. La propriété intellectuelle est bien moins défendue que celle des terres ou des produits. Le problème n'a pas fini de provoquer des controverses et des conflits d'intérêts.

L'internationalisation par la finance

Les progrès techniques dans l'informatique et les télécommunications ont eu entre autres pour effet important de faire éclater les frontières de l'épargne et de favoriser la globalisation des marchés financiers.

Le phénomène n'est pas nouveau. Les capitaux circulent depuis longtemps. Mais ce qui est nouveau, c'est l'ampleur qu'il a acquis. A chaque instant les institutions qui interviennent massivement sur les marchés financiers cherchent au travers des produits de plus en plus sophistiqués l'avantage qu'elles peuvent retirer d'un placement à très court, court ou long terme. Quand on parle de Bourse, on continue d'évoquer les spécialistes individuels qui se passionnent pour les variations des cours d'une action ou d'une monnaie. Mais les véritables acteurs sont les banques, les compagnies d'assurances et de plus en plus les fonds de retraite.

Incidemment on constate que les économies qui pèsent le plus sur les mouvements de capitaux sont celles où la part de la capitalisation dans les régimes de retraite est la plus forte. Ce sont les fonds de pension qui sont souvent les plus gros actionnaires des sociétés américaines par exemple. Les pays qui privilégient systématiquement les retraites par répartition sont désavantagés dans cette compétition, y compris leurs gouvernements qui ne trouvent pas aussi facilement à placer les emprunts qui leur sont nécessaires. En Allemagne, les fonds de retraites complémentaires, pour la plupart gérés par les entreprises, représentent quinze fois les réserves françaises [3]. Les fonds japonais sont en train de devenir les plus riches du monde.

La globalisation financière n'aurait pas pris une telle ampleur sans les politiques de dérégulation engagées dans la plupart des pays (mais moins au Japon qu'ailleurs) pour secouer la chape bancaire et permettre aux entreprises – à tout le moins les plus grandes – de réaliser pour leur compte des opérations fructueuses (mais parfois risquées) dont les bénéfices ont longtemps été captés par les banques. Les besoins en capitaux, notamment des États-Unis, sont tels qu'il y a toujours place pour un produit financier nouveau. Le grand démarrage de l'évolution contemporaine s'est opéré grâce à la multiplication des « Euro-monnaies » qui sont le résultat d'un recyclage systématique et permanent des réserves en devises. Elles échappent pratiquement au contrôle des gouvernements. Les déficits massifs des balances de paiements de grands pays dans la décennie 70 (le pétrole) et 80 (les déficits américains) ont conduit à un gonflement équivalent des mouvements de capitaux. De toute manière en ce domaine, s'il y a déficit quelque part, il y a compensation ailleurs. On sait que les Américains qui ont rompu les liens entre l'or et le dollar en 1971 ne sont plus tenus par un lien mécanique à surveiller étroitement l'équilibre de leurs échanges. On sait aussi

3. André Babeau, *La fin des retraites?*, Pluriel, 1985.

que le dollar est à la fois la monnaie d'un pays, les États-Unis, et la principale devise employée dans les transactions internationales. Le monde entier vit donc en permanence à l'heure de la monnaie – donc de la politique économique – américaine.

L'internationalisation financière résulte en fait de la généralisation à l'échelon mondial du processus bancaire classique. « Pourquoi attendre d'avoir l'argent en caisse pour le prêter [4]? » Ainsi les banques proposent-elles des crédits sans disposer nécessairement dans l'immédiat des devises nécessaires. Ces crédits circulent et contribuent à faire tourner la machine économique. Ils circulent de plus en plus vite. C'est une des raisons pour lesquelles l'accroissement des masses de crédits circulant dans le monde est nettement plus élevé – le double – que celui des échanges des biens et des services.

La création monétaire libre, sur laquelle les États ne peuvent pas grand-chose directement, est passée de 10 milliards d'eurodollars en 1960 à 2 000 en 1987 (pour les trois quarts en dollars, le reste en yens, marks et francs suisses). Ce mouvement explique l'importance prise par les taux d'intérêt dans l'économie mondiale. Traditionnellement les gouvernements essayent de canaliser les mouvements monétaires par le contrôle de la masse monétaire, les taux d'intérêt et le contrôle du crédit, voire le contrôle des changes. Dans la mesure où l'argent libre se multiplie, les pays à économie ouverte n'ont plus guère comme possibilités pour attirer les capitaux, s'ils en ont besoin, soit de disposer d'une monnaie dans laquelle le monde entier ait confiance, soit de proposer – par l'intermédiaire de la Banque Centrale – des taux d'intérêt attractifs. L'un des résultats de cette politique est l'augmentation des taux d'intérêt réels. Pendant des années, les taux d'intérêt avaient tendance à être égaux ou inférieurs à l'inflation. Désormais ils sont nettement supérieurs, ce qui avantage évidemment les pays à forte capacité d'épargne comme le Japon qui dispose par ce biais de ressources supplémentaires.

---

4. Lionel Stoleru, *L'ambition internationale*, Seuil, 1987.

Un autre aspect de l'évolution des prix du crédit résultant de la globalisation financière est la nécessité pour les entreprises de sélectionner, dans leurs projets, les plus rentables. Une cure de désintoxication pour se débarrasser des activités peu rentables s'est produite dans les années 80 qui a contribué à une redistribution des cartes.

Il apparaît aussi que les maîtres du jeu dans la période actuelle sont trois pays : les États-Unis parce qu'ils ont encore une grande importance pour l'économie mondiale, notamment en raison des achats qu'ils pratiquent et du rôle de leur monnaie, le Japon et l'Allemagne parce qu'ils disposent d'une monnaie forte qui en fait les arbitres de la situation. Rien ne peut se faire sans ces trois acteurs. Ils sont concurrents mais liés. Les autres pays sont solidaires de leur évolution économique et financière.

L'internationalisation par les échanges

Les échanges mondiaux s'accroissent plus vite que la production mondiale. Quand les échanges évoluent rapidement, ils tirent la production. Quand ils s'essoufflent, c'est la récession ou la crise. Il y a corrélation entre prospérité et échanges.

L'effet conjugué de la concurrence et des progrès techniques contribue à la baisse des prix. C'est vrai des produits industriels. Ce l'est aussi des services. A monnaie constante, une communication téléphonique internationale coûte 5 % de ce qu'elle coûtait il y a trente-cinq ans, un voyage en avion 10 % de ce qu'il coûtait il y a cinquante ans.

Les États-Unis et l'Europe ont joué un rôle majeur dans la mondialisation des échanges. Comme dans la Samaritaine d'antan « on trouve tout aux États-Unis », des vins chiliens et des croissants français, des machines allemandes et des chaussures espagnoles, des composants taïwanais et des chemises indiennes. Ce pays, après avoir été le royaume de l'immigration, qu'il reste d'ailleurs dans une assez large mesure, est devenu celui des importations. Il accueille tout avec curiosité mais se lasse vite. Ses goûts font le tour du monde. La restauration rapide en est l'exemple le plus spectaculaire. Mais il faut compter aussi les séries télévisées et les modes en matière d'habillement. La mondialisation des échanges c'est d'abord l'américanisation du monde.

C'est aussi l'ouverture de l'Europe. Elle a fortement abaissé ses droits de douane et réduit ses contingents. Elle est le poumon des échanges mondiaux, mais n'ayant pas l'unité de style américaine, elle ne joue pas un rôle moteur dans les orientations de la production. Grand marché, elle n'est pas grand prescripteur, sauf pour quelques normes mécaniques imposées par les Allemands. On ne saurait oublier cependant le rôle décisif qu'elle joue dans la croissance mondiale en favorisant le commerce, d'où qu'il vienne.

Les États-Unis et l'Europe contribuent beaucoup plus que tous les autres pays, y compris le Japon, à la prospérité par les échanges. Le monde ne pourrait pas se passer d'eux parce que s'ils réduisaient de façon systématique leurs importations, tout l'édifice volerait en éclats. En revanche on peut dire que le monde a moins besoin du Japon que le Japon a besoin du monde, cela en tout cas jusqu'à une période récente. En raison de la faiblesse des importations auxquelles il procédait habituellement, s'il fermait complètement ses frontières, personne n'en mourrait alors que si les États-Unis lui fermaient les leurs, il étoufferait littéralement. Ces données sont en train d'évoluer. L'interdépendance entre les économies s'accentue. Les pays en développement actif prennent une part croissante aux échanges. Les plus grands bénéficiaires de l'ouverture commerciale et du déficit américain sont les nouveaux pays industriels. Sans l'Europe, beaucoup de pays africains ne pourraient pas vivre. On assiste aussi, et c'est un facteur positif de développement, à la multiplication des échanges entre les pays sous-développés ou en développement.

Le miracle est que ces mouvements s'accomplissent alors que les obstacles aux échanges sont loin d'avoir tous disparu. Les États cherchent souvent à les renforcer. L'existence d'un Trade Bill américain permettant de freiner toute une série d'importations est une arme de dissuasion considérable vis-à-vis de toutes les entreprises et de toutes les économies qui sont dépendantes de l'économie américaine. Une étude récente de la Banque mondiale montre que 27 % des importations des pays développés et plus de 34 % de celles des pays sous-développés sont affectées par des barrières non tarifaires. Ces protections, justifiées le plus souvent par les préoccupations de maintien de l'emploi, ont un prix : les quotas sur le textile aux États-Unis coûtent aux consommateurs américains environ 20 milliards par an, soit 100 000 $ par emploi protégé dans le textile ou les activités environnantes. On pourrait conclure de ces chiffres qu'il faut ouvrir complètement les frontières. Mais les gouvernements et les opinions publiques continueront longtemps de s'interroger sur les effets immédiats de la concurrence sur l'emploi et sur le partage qu'il faut opérer entre l'ouverture des frontières pour obtenir les prix les plus favorables aux consommateurs et les protections pour maintenir (provisoirement) l'emploi. Ces chiffres ne doivent pas faire oublier non plus les avantages qu'ont pu tirer du système de mondialisation des échanges des pays comme le Japon ou la Corée.

Pour que la prospérité par l'échange se poursuive, il est nécessaire que tous les acteurs jouent le même jeu. C'est un combat permanent entre l'intérêt mondial, qui n'est soutenu que par ceux qui sont en mesure d'en être les garants, et les réactions nationales.

L'internationalisation par la production

La globalisation de la production a deux principales dimensions. L'une consiste à procéder à des investissements dans un pays donné, souvent en liaison avec un partenaire local. Cette manière de faire est souvent la réponse aux obstacles mis aux importations. C'est ainsi qu'IBM produit de plus en plus au Mexique et Honda aux États-Unis. Bien évidemment les considérations de prix de revient ne sont pas absentes. Il arrive que des implantations réalisées pour tourner les obstacles aux échanges débouchent sur des exportations. C'est d'ailleurs ce que cherchent la plupart des pays en développement.

La deuxième raison de la « délocalisation » de la production est la recherche systématique de l'avantage des coûts. On multiplie les usines pour les situer là où les conditions de rentabilité semblent être les meilleures. Cela conduit à spécialiser des entreprises dans la production de composants qui sont ensuite regroupés et montés près des marchés destinataires. Ainsi les pièces des Ford Escort viennent-elles de plus de quinze pays. Une bonne partie des échanges entre pays (probablement 40 %) sont d'ailleurs le résultat de cette distribution internationale du travail. Dès lors la notion de déficit commercial change de nature. Elle n'est pas le résultat d'une faiblesse d'une économie mais le signe d'une avance de l'organisation des entreprises sur les habitudes étatiques qui consistent à mesurer l'efficacité économique dans le cadre des frontières établies et non selon la vitalité des entreprises. Dans de nombreux domaines, notamment automobile et électronique, la notion de nationalité d'un produit est toute relative. La Dodge Colt vendue aux États-Unis est japonaise (Mitsubishi). Des magnétoscopes vendus sous marque japonaise sont coréens.

Les échanges et les investissements internationaux sont étroitement liés.

Cette internationalisation là encore n'aurait pas été possible sans la poussée des moyens techniques d'information et le progrès des modèles d'organisation permettant la globalisation du management. Elle procure aux firmes qui la pratiquent une grande souplesse d'adaptation aux changements et aux variations des coûts, notamment en fonction de l'évolution des changes. Elle est liée à l'internationalisation financière et débouche sur l'internationalisation des équipes de direction. Ce point est celui sur lequel la plupart des firmes n'ont pas encore franchi l'étape décisive. Le noyau de leurs directions reste très généralement dominé par les représentants d'une nationalité. Mais l'esprit qui règne dans les multinationales est très différent de celui que l'on trouve dans les firmes nationales ou les administrations.

L'influence des entreprises multinationales va croissant. Là où elles se trouvent, elles contribuent à l'emploi, à la promotion des salaires et du niveau de vie, à la moralisation des habitudes commerciales, à l'ouverture vers l'extérieur, à la diffusion des disciplines de l'organisation et du travail. A cet égard, les entreprises américaines ont joué un rôle majeur. On verra dans les prochaines années ce que feront les japonaises qui ont plus tendance à répéter leur modèle qu'à s'adapter à leur environnement.

Cela étant, l'endroit où les investissements extérieurs sont les plus importants est... les États-Unis. C'est en effet le pays qui attire le plus non seulement l'argent en mal de placement mais les investisseurs soucieux de s'installer dans une région où l'avenir du capitalisme ne paraît pas compromis. Même si des courants réellement socialisants réapparaissent aux États-Unis, la confiance faite à l'avenir américain est plus forte que celle faite à d'autres pays. Les États-Unis restent d'ailleurs le pays le plus accueillant aux investisseurs extérieurs en dépit des interdits et de quelques refus spectaculaires. Vient ensuite l'Europe, et en Europe quelques pays dont la Grande-Bretagne et la France. L'esprit d'ouverture est moindre en Allemagne bien que les entreprises américaines y soient très présentes, et jusqu'à maintenant très peu répandu au Japon. Là encore on se trouve en présence de pays – surtout le Japon – qui ont profité de l'internationalisation de la production et des investissements mais qui ont beaucoup moins admis chez eux ce qu'ils pratiquaient à l'extérieur.

Un secteur d'activité reste en dehors de cette évolution, celui de l'agriculture. Non que le commerce des produits agricoles ne se développe. Mais la production agricole, partout, reste essentiellement nationale : les échanges sont d'abord des exportations de surplus, à prix généralement bradés, avec subventions. Ils illustrent ce que serait un monde où l'internationalisation financière et des productions serait réduite. On aboutirait rapidement à une sorte de guerre en faisant porter sur la population du pays producteur les frais nécessaires aux ventes extérieures. Alors que le commerce des produits industriels et des services conduit au progrès du rapport qualité-prix, le commerce agricole permet le maintien d'une activité traditionnelle, supportée dans une large mesure par les autres acteurs de l'économie.

En supportant leur agriculture, les États veulent préserver leur autonomie. Les politiques agricoles sont la preuve que si la globalisation économique gagne, la mondialisation est loin d'être admise.

La globalisation de la concurrence

Le premier effet de la mondialisation est que personne nulle part n'est à l'abri d'un concurrent potentiel. Les fabricants de champignons français ont subi l'assaut des fabricants chinois de Taïwan. Le cafetier de Brest ne sait pas qu'il est en concurrence avec le troquet d'Amalfi ou l'hôtel des Baléares. Mais les touristes choisissent leurs lieux de déplacement en fonction des prix, du climat, de la qualité du service et de l'accueil. Certes l'entreprise du bâtiment de Thiviers en Dordogne peut se croire à l'abri d'une offensive extérieure. Mais même en ce domaine, l'irruption des maisons conçues ailleurs peut un jour bousculer les habitudes. De toute manière pour les entreprises qui mènent la danse, la référence concurrentielle est celle du meilleur qui existe quelque part dans le monde.

Pour un nombre croissant d'entreprises, le marché de référence est désormais la Triade [5], c'est-à-dire l'ensemble des pays industrialisés, États-Unis, Japon et zone Pacifique, Europe. Cet ensemble regroupe 700 millions de consommateurs les plus riches du monde. Pour être vraiment performant, il faut être apte à se battre dans

5. K. Ohmae, *The Triad Power*, Free Press, New York, 1985.

cet ensemble. Philippe de Woot a bien résumé les raisons de cette globalisation [6].

La globalisation des progrès techniques est désormais si rapide qu'il faut pour amortir ses investissements être présent partout à la fois, en tout cas partout où les marchés sont développés. Ne pas le faire, c'est s'exposer à une attaque d'un concurrent japonais ou américain (si l'on est européen) et européen (si l'on est américain ou japonais). En dépit des différences de goûts et de tempéraments, pour toute une série de produits, il y a entre les habitants de la Triade suffisamment de besoins communs pour que l'on puisse espérer y vendre des produits ou des services de même nature. Cela va du magnétoscope au film, du voyage organisé (le Club Méditerranée rêve de devenir le Club du Pacifique) au disque compact reprenant les œuvres de Bach ou de Debussy interprétées par un orchestre américain avec un soliste allemand, sous la direction d'un chef japonais. Cela bien sûr ne joue pas pour tous les produits mais, de plus en plus, le mouvement gagne les activités de base, les composants, les techniques de production qu'on oublie trop souvent dans les analyses économiques. Elles sont pourtant essentielles : les machines et les outils de production représentent une part importante de l'activité.

Le coût de développement de certains biens d'équipement est si élevé qu'il faut pour l'amortir vendre dans le monde entier : un avion de ligne coûte au moins 18 milliards de francs et un commutateur téléphonique central, 6 milliards. Prenez une molécule nouvelle destinée aux usages pharmaceutiques. Sa « découverte » coûte au bas mot 500 à 600 millions de francs. Il faut une dizaine d'années pour la mettre au point. Elle tombe ensuite assez rapidement dans le domaine public. L'entreprise qui l'a « créée » a donc intérêt à en tirer parti le plus vite et le plus largement possible. C'est ce qui pousse les groupes pharmaceutiques à être présents sur un grand nombre de marchés. De même pour un composant électronique, un semi-conducteur et

6. *Les entreprises de haute technologie et l'Europe*, Economica, 1988.

plus encore un micro-processeur. Dès qu'il a été mis au point, il importe de pouvoir le vendre largement. Les concurrents cherchent à rattraper le train. Le moindre retard peut favoriser la percée de l'un d'entre eux et surtout l'apparition d'un petit dernier encore plus performant qui fait vieillir l'autre d'un coup. Pour tous les produits mondiaux, les lois de la courbe d'expérience s'appliquent assez bien, selon lesquelles le doublement cumulé de la production entraîne un abaissement des coûts de 20 %. Plus on vend, plus on produit, plus on abaisse ses coûts et plus on renforce sa position compétitive. C'est le calcul qu'ont fait les Japonais. La concentration du tir qu'ils ont pratiqué explique les avantages du prix de leurs produits et leur supériorité sur leurs concurrents. Mais les firmes japonaises victorieuses dans le monde ne sont pas les seules à agir ainsi. La chimie et les entreprises de machines-outils allemandes en fournissent un autre exemple. Deux formules se pratiquent pour gagner des parts de marché : Partir d'un produit quel qu'il soit, café soluble ou ordinateur, présentant un avantage par rapport aux autres et conquérir le marché (l'offre créatrice), ou racheter des parts de marché en absorbant d'autres entreprises.

La première exige d'être en avance sur le terrain technique et de disposer d'un puissant réseau de vente ou d'être capable de le mettre en place rapidement. La deuxième coûte cher mais permet de gagner du temps pour s'assurer une base suffisante de combat. La capacité financière des entreprises s'avère une arme déterminante dans leur marche à la mondialisation. A cet égard, la situation des entreprises est conditionnée par leurs marges, donc – en partie – par la fiscalité sur les entreprises et par les taux d'intérêt.

Jusqu'à présent, les entreprises japonaises ont peu utilisé leurs moyens pour se lancer dans des politiques de rachat et d'OPA. Elles préfèrent creuser le sillon de leur activité et développer leurs propres investissements. C'est par exemple ce que font les constructeurs automobiles japonais aux États-Unis.

La concentration de la consommation mondiale sur les marchés de la Triade s'explique aussi par des conditions de crédit attirantes et par l'existence d'interlocuteurs d'un niveau élevé de formation et aptes à se comprendre entre eux. Les états-majors des entreprises qui ont l'ambition d'être parmi les premières de leur catégorie doivent donc s'imprégner de la « perspective d'Anchorage », c'est-à-dire voir le monde non pas de leur fenêtre mais du pôle.

Cette approche est réaliste. Mais dans le même temps elle contribue à renforcer l'hypnotisme qu'exercent les Japonais sur leurs concurrents. Il est évident qu'il est plus facile de partir du Japon pour être présent sur les différents marchés de la Triade que de New York ou de Paris. Le Japon est le moins ouvert des partenaires.

Cela ne veut pas dire que les Japonais gagnent nécessairement et gagneront sans cesse. Ils éprouvent en effet beaucoup de difficultés à sortir d'eux-mêmes et à se couler dans des structures dont ils ne soient pas exclusivement les « patrons ». Il est vrai que les Américains éprouvent les mêmes réflexes et que les pays d'Europe n'ont pas encore inventé l'œcuménisme européen. Force est de constater que les firmes européennes, même les plus grandes, commencent seulement, à quelques exceptions près toujours citées comme l'Air Liquide, Michelin ou Siemens, à être présentes dans le Pacifique.

Alors que les Japonais ont déjà porté la bataille sur le champ américain et seront conduits à le faire aussi en Europe, les Européens doivent s'engager dans la bataille du Pacifique et y marquer des points. Certains experts comme Jean-Claude Tourret (SAI International) [7] rejettent cette thèse. Ils estiment qu'il n'est pas nécessaire de consacrer des efforts considérables pour être présents sur le marché japonais. Tourret avance six séries d'arguments :

– L'idée que les entreprises doivent être « globales » est une idée japonaise et non européenne;

– « quand on a 320 millions de consommateurs à ses portes, faut-il aller au loin et essayer de pénétrer un marché japonais qui n'est, après tout, que la moitié du marché américain? »;

---

7. *Tribune de l'économie,* 17 juin 1988.

– l'accès au marché japonais est complexe. En conséquence le droit d'entrée est très élevé en dépit des mesures de « pseudo-libération ». L'installation d'une seule personne au Japon coûte 2 à 3 millions de francs par an;

– le niveau de concurrence locale est tel qu'il est difficile de viser des parts de marché significatives d'autant que les sociétés japonaises réagissent vivement et rapidement;

– l'implantation est rendue plus complexe par le caractère flou des lois et réglementations;

– il existe en Asie d'autres marchés plus faciles d'accès comme Taïwan et la Corée.

La plupart des entreprises européennes ne partagent pas ce point de vue, ne serait-ce que parce qu'il faut contrer les concurrents japonais sur leur propre terrain. Ainsi Michelin a pris le contrôle de la branche pneus du groupe familial Okamoto, devenant le premier étranger à fabriquer des pneumatiques au Japon. Ce sera pour lui l'occasion d'étendre ses parts de marché (7 % du marché de première monte en 1987 et près de 2 % du remplacement). Michelin (comme Goodyear) s'efforce en plus d'être très présent dans les pays qui entourent le Japon – la Corée du Sud notamment – avec l'espoir non seulement de s'y imposer mais d'exporter à partir de là vers le Japon.

Cette approche s'impose dans toutes les activités dont le nombre des protagonistes se réduira aux doigts d'une main dans les dix prochaines années.

En dépit de certains progrès, les entreprises européennes prises dans leur ensemble perdent du terrain par rapport à leurs concurrents américains et japonais. Avec Philippe de Woot, on peut expliquer ce recul de la manière suivante : les entreprises européennes sont insérées dans un modèle de développement destructeur de compétitivité alors que leurs concurrents bénéficient d'un modèle créateur de compétitivité. L'absence d'un marché intérieur homogène empêche les entreprises européennes de développer une stratégie aussi ample que celle de leurs concurrents. L'explication est schématique dans la mesure où il existe de nombreux succès européens. Mais force est de constater que la globalisation de la concurrence et le progrès technique avancent plus vite que la construction européenne. « Pour attaquer nos entreprises et nos marchés, les concurrents extérieurs n'attendent pas que l'unification européenne soit achevée. Grâce à une capacité stratégique qui s'est déjà haussée à l'échelle mondiale, ils surclassent souvent nos entreprises " nationales " et dispersées et les obligent à réagir en s'internationalisant à leur tour. En général dans les secteurs de pointe, l'Europe ne sert pas suffisamment de base à cette internationalisation. » Pour trouver une base solide, les entreprises européennes ont tendance à s'implanter sur le marché américain. Autrement dit l'Europe n'est plus dans l'Europe.

Les réactions des États

En trente-cinq ans, de 1950 à 1985, les exportations mondiales de marchandises ont été multipliées par sept. Même si elles progressent moins vite depuis 1973, chaque fois que la production augmente de 1, les échanges augmentent de 1,5 à 2.

Dans cette approche, on parlera de « grand village ». La division du travail conduit les consommateurs à donner progressivement la préférence aux produits et aux services offrant le meilleur rapport qualité-prix, quelle que soit leur origine géographique. La concurrence s'opère entre des firmes qui s'internationalisent de plus en plus. Leur stratégie est mondiale. Leur organisation aussi. Elles mènent entre elles des luttes acharnées pour la conquête de nouveaux marchés et surtout l'acquisition des parts de marché les plus rentables. C'est le choc des entreprises.

Mais le mouvement des entreprises ne s'accompagne pas d'une mondialisation aussi rapide des organisations politiques. Certes l'action du GATT contribue-t-elle à faciliter les échanges et à développer l'esquisse d'une police économique internationale. Mais elle est limitée, fragile, soumise aux pressions des pays les plus puissants, notamment les États-Unis. Alors que la vision optimiste du monde serait celle d'une économie globale animée par des entreprises libres et arbitrée par des organismes fédéraux, la vision réaliste souligne que l'échange international met encore et principalement en concurrence des États et des types de sociétés qui restent profondément divisés entre eux. Anton Brender [8], qui a rappelé récemment avec vigueur cette réalité, écrit : « Pourquoi les moyens modernes de communication déployés sur la terre entière ne suffisent-ils pas à faire qu'existe une véritable communauté planétaire ? Simplement parce que la possibilité donnée aux hommes d'entrer en relations les uns avec les autres est encore moins importante que l'usage qu'ils en font effectivement... Ce qu'on appelle pudiquement " la contrainte extérieure " n'est en rien une sorte de chape inerte qui par son seul poids viendrait entraver le mouvement de notre économie. C'est bel et bien le résultat d'une confrontation dont l'issue est toujours mouvante avec d'autres nations. » Il ajoute que chaque nation est engagée dans l'échange international avec l'espoir d'en tirer avantage. « La première surprise qui attend ceux qui s'étaient faits à l'idée du " grand village " est de taille : ce que l'on nous exhorte à remporter n'est pas seulement une victoire sur nous-mêmes mais bien, d'abord, une victoire sur les autres. »

Ce mouvement aussi réel que le premier, celui de la mondialisation des marchés et des entreprises, provoque un choc entre les nations. En termes de doctrine économique, nous baignons dans un libéralisme fortement contraint par le mercantilisme. D'un côté l'aspiration à faire jouer pleinement les avantages de la division du travail pour le plus grand bénéfice – à terme – des consommateurs. De l'autre, la volonté de vendre beaucoup plus que l'on achète aux autres pour le plus grand profit de sa propre puissance et de ses producteurs.

L'un des facteurs essentiels de jugement porté sur la santé des économies est encore celui de la balance commerciale, c'est-à-dire du solde des échanges des biens industriels. Cette manière

8. *Le Choc des Nations,* Hatier, 1988.

de calculer remonte très loin dans l'histoire. Colbert voulait que la France vende beaucoup et achète peu pour emmagasiner de l'or dans les caisses du Roi qui lui permettrait tout à la fois de construire Versailles et d'essayer de dominer ses rivaux par des guerres victorieuses. Aujourd'hui encore, il reste des traces très fortes de cette manière d'aborder les échanges. A chaque fin de mois, on s'interroge sur le solde des balances. L'américaine est-elle en baisse et les bourses s'effondrent. Est-elle en amélioration et l'horizon paraît souriant. Les Français qui, depuis quelques années, perdent sans cesse du terrain dans la compétition industrielle, s'inquiètent. Si l'on additionnait la France et l'Allemagne, s'il s'agissait là d'une seule économie, les soldes paraîtraient moins inquiétants. Mais les mentalités sont ainsi faites et l'organisation des pouvoirs ainsi répartie que même si les techniques et l'argent se mondialisent, les jugements portés sur les économies restent nationaux.

Il n'y a plus de « grande guerre ». L'économie est désormais le terrain de confrontation entre les nations. Dans cette lutte où il est rarement question des pays soviétiques, qui bien que représentant 15 % de l'économie mondiale, n'ont pas jusqu'à maintenant pesé lourd dans son évolution (ce qui changera peut-être à l'avenir), les pays ne jouent pas avec les mêmes cartes.

Les États-Unis ont choisi d'être eux-mêmes. Pour comprendre leur comportement économique, il faut savoir que pendant très longtemps la plupart des entreprises américaines réalisaient la totalité ou la majeure partie de leurs ventes sur le territoire américain. Leur superbe ignorance du monde extérieur a eu plusieurs conséquences. D'abord le peu d'attention porté aux concurrents en puissance qui ont eu le temps, comme les fabricants de voitures ou de composants japonais, de se développer au point que le jour où ils sont apparus dangereux, il était bien tard pour réagir. Ensuite l'habitude de se référer aux concurrents nationaux, ce qui a retardé le moment de prise de conscience de l'affaissement de la compétitivité de l'ensemble. Enfin et surtout l'indifférence aux préoccupations des alliés et, néanmoins, concurrents des États-Unis. Alors qu'à Paris ou à Londres on s'alarmait au début du règne de Reagan de la formidable poussée du dollar qui renchérissait les prix des produits importés, généralement libellés dans cette monnaie, puis de sa non moins formidable baisse à partir de 1985 qui transformait en pertes ou en manque à gagner bien des ventes en dollars, les Américains de la rue, donc la plupart de leurs représentants politiques, s'adaptaient tranquillement aux circonstances. Il faut dire qu'avec le dollar élevé, ils pouvaient se payer tous les produits de la terre et ne s'en sont pas privés, alors qu'avec le dollar à bon marché l'emploi s'améliore. Quant aux discours favoris des hommes politiques européens et particulièrement des Français sur la nécessité pour les Américains de remettre de l'ordre dans leurs comptes budgétaires d'abord, extérieurs ensuite, ils ont longtemps attiré deux types de réponse. « Nous assurons la défense occidentale. Si nous réduisions notre budget militaire du tiers, nous allégerions suffisamment nos dépenses pour que les équilibres réapparaissent. Mais si nous cherchons à suivre vos recommandations, qui sera le moteur de l'économie mondiale ? Le Japon ? Il semble prêt à le faire, mais à sa manière. L'Allemagne ? Elle ne manifeste aucune intention d'aller plus vite qu'à son pas. »

Assurés que le reste du monde a besoin d'eux, les Américains mènent la politique qu'ils croient la meilleure pour leur propre économie. Les secousses entraînées par la concurrence, la crainte de voir l'économie américaine vendue aux Japonais, l'alerte douloureuse subie par des industries entières comme l'automobile ou les semi-conducteurs, ont conduit les responsables américains privés et publics à moins laisser les choses aller d'elles-mêmes. La période qui s'annonce sera probablement marquée par un réveil de l'économie et de l'industrie américaines. Pour l'heure, les États-Unis se trouvent dans la position du leader qui se comporte comme aux temps de sa toute-puissance mais n'en a plus tout à fait les moyens, sans que personne ne l'ait remplacé, ni soit d'ailleurs en mesure de le faire au pied levé.

Les pays européens ont une approche qui dépend beaucoup de

leurs positions relatives. Et chacun d'entre eux transpose à l'ensemble européen la politique qu'il mène ou qu'il souhaiterait mener.

La France, dont les échanges industriels extérieurs sont aujourd'hui déficitaires, s'inquiète de cette évolution et voudrait bien opérer un redressement en s'appuyant sur un marché européen réservé d'abord à ses entreprises.

L'Allemagne, dont l'économie industrielle est solide et dont les excédents en devises sont considérables, s'attache plus à maintenir ouvertes les portes de l'Europe plutôt qu'à les entrefermer de peur de subir des mesures de rétorsion de la part de ses principaux clients. Il faut rappeler que les Allemands – comme les Japonais – réalisent une part importante de leurs exportations sur quelques produits seulement. Des mesures prises à leur encontre auraient des effets dramatiques, alors que la France, qui pratique l'exportation diffuse et dont une part essentielle des ventes s'effectue en Europe, craint moins les mesures sectorielles que des pays non européens pourraient prendre. Toutefois depuis quelques années l'Allemagne perd relativement du terrain dans le monde alors que ses ventes progressent en Europe même.

Les trois freins

Au fur et à mesure que l'internationalisation gagne du terrain, des freins nationaux ou même régionaux se manifestent avec de plus en plus de vigueur. Ils sont de nature différente mais contribuent tous à limiter ou à équilibrer la poussée du « grand village ».

Le premier est le souci de l'identité des gens d'une région. Celle-ci se manifeste par des préoccupations linguistiques. Plus l'anglais devient l'espéranto mondial, plus les langues locales ont tendance à renaître. De même pour les réactions régionalistes. Les réflexes des Bretons bretonnants par exemple, qui présentent souvent des côtés d'autant plus virulents qu'ils s'appuient sur des coutumes ou des rites qui n'ont pas cent ans, peuvent être interprétés comme une sorte de défense contre la standardisation de la vie courante, la publicité répétitive, la banalisation de la vie quotidienne. L'aspiration à se distinguer ou, à tout le moins, à ne pas se sentir enfermé dans une société uniforme, résulte aussi et peut-être plus encore de la mondialisation des méthodes de travail. Les exigences de compétitivité conduisent les entreprises à mettre au point un management de l'efficacité qui, sous des formes diverses, consiste à associer les salariés à un projet commun. Beaucoup de gens s'en accommodent bien et même ne se sentiraient pas à l'aise s'ils n'évoluaient pas dans une sorte de conformisme. Mais d'une part une minorité d'entre eux peut aspirer à d'autres modes de travail, d'autre part, et surtout, les évolutions sont si rapides que les directions des entreprises changent souvent de cap. Les salariés qui s'étaient engagés dans une voie sont désarçonnés par les ruptures, surtout si elles s'accompagnent de mises à pied ou de reconversions.

Les Japonais, du fait de leur esprit fourmi, semblent s'accommoder mieux des transformations fréquentes. Mais les Français et les Européens semblent moins à l'aise dans ce bouillonnement.

Des psychiatres font état de troubles provoqués par les reconversions. Sans doute y a-t-il en ce domaine des exagérations mais les responsables des entreprises n'ont peut-être pas prêté assez garde aux traumatismes qui peuvent résulter de la mise en œuvre de stratégies à évolution rapide.

Le langage courant évoque souvent les « contraintes extérieures » pour expliquer ou justifier les changements dans la propriété des entreprises, dans le travail, l'emplacement des usines ou des bureaux, l'organisation, la hiérarchie. Les « contraintes extérieures » ont un parfum d'explication nationaliste. On sous-entend que si elles n'existaient pas, chacun pourrait danser à sa guise. C'est d'une grande sottise dans la mesure où même refermée sur elle-même, une société n'échappe pas aux disciplines de l'économie qui consistent toujours et partout à sortir d'un processus de production plus que ce qu'on y a mis. La valeur ajoutée est l'impératif.

Mais lorsque les frontières sont ouvertes, les performances nécessaires ne sont pas celles que l'on voudrait se fixer, elles doivent s'aligner sur celles du concurrent le meilleur.

La tentation est grande pour tous les inquiets de chercher la protection de l'État pour essayer de maintenir une façon d'être et une façon de faire qui échappe à cette exigence.

Ce n'est pas seulement en termes politiques que se manifestent les tendances nationalistes. Elles se traduisent aussi en espoirs de vivre « à la française » ou « à l'espagnole » ou « à l'anglaise ». Le risque de voir cette tendance s'affirmer est d'autant plus élevé que s'opère une banalisation des cadres et des formations dites supérieures. La généralisation des diplômes conduit des salariés qui, autrefois, se seraient sentis quelqu'un en raison même de leur titre, à gonfler la masse d'une classe qui, à force d'être moyenne, devient la grande majorité. Aux prolétaires d'autrefois succèdent les « moyens » d'aujourd'hui qui aspiraient à se distinguer par le niveau de leur formation et qui découvrent qu'ils sont monsieur ou madame tout le monde.

La recherche de l'identité ne procède pas nécessairement d'une fièvre nationale. Elle apparaît aussi dans les tendances égocentriques de bien des gens. On veut bien des avantages de la mondialisation, notamment les voyages, mais on voudrait dans le même temps être bien tranquille chez soi.

Le deuxième frein à la mondialisation (et même à l'européanisation) est la revendication corporatiste. Chaque catégorie sociale aspire à quelques garanties et à l'intérieur de chaque catégorie, chacun espère obtenir pour lui un avantage particulier. On dit que c'est une tendance bien française. Mais le comportement japonais ou allemand n'est pas très différent. Lorsqu'on étudie l'agriculture des deux pays, on en a quelques preuves.

La montée des avantages sociaux, notamment, s'est faite dans le cadre national. De même celle de l'emploi. Elle date d'une époque où l'imbrication des économies était moindre. La concurrence jouait pour l'essentiel entre des entreprises appartenant à des pays similaires. Désormais elle est beaucoup plus importante et beaucoup plus élargie. Cela conduit à parler de dumping social. Si l'on est contraint de fermer telle usine, c'est parce que les Taïwanais acceptent de très faibles salaires ou les Malais peu de protection sociale. L'environnement général est un des facteurs de compétitivité ou de non-compétitivité. Des pays comme la France ou les autres pays européens doivent réaliser des performances capables de supporter les « avantages acquis » ou admettre un aménagement de ces avantages. L'affaire serait aisée si les entreprises extérieures étaient moins modernes, moins habiles que les nôtres, un peu comme l'étaient les japonaises il y a trente ans. Mais il se trouve que les concurrents les plus agressifs, tout en acceptant des conditions de vie spartiates, ont les mêmes équipements, les mêmes qualités stratégiques que ceux et celles de nos meilleures entreprises.

La tentation est donc grande de dire que puisqu'on ne peut plus lutter à arme égale, il faut limiter le champ de la compétition. Elle s'est concrétisée par des politiques de nationalisations consistant à soutenir par l'État un certain nombre d'entreprises. Cela n'a pas suffi à garantir toutes les positions des salariés de ces dernières. Mais une partie de l'opinion, notamment syndicale, continue de croire que l'État est le meilleur protecteur possible des avantages acquis.

L'horizon syndical est généralement limité au national. Sans doute faudrait-il pour l'élargir admettre les comités de groupe. La plupart des chefs d'entreprise européens le refusent. Mais comment espèrent-ils faire évoluer l'opinion des syndicats s'ils ne leur donnent pas l'occasion de se hisser aux dimensions des réalités économiques?

La volonté de maintien des statuts est d'autant plus forte que les salariés travaillent dans des activités éloignées de la compétition. On parlait – avant la grande aventure du réseau TGV et du Tunnel sous la Manche – de chemins de fer en France ou en Angleterre comme si le reste du monde n'existait pas. On a vu qu'au Japon même, il a fallu des décisions drastiques pour casser leur monopole. L'importance du statut et des garanties qui s'y attachent est une des raisons pour lesquelles même si les gens se méfient de plus en plus des activités liées à l'État, ils souhaitent que leurs enfants deviennent fonctionnaires. Ces aspirations favorisent les mouvements politiques de tendances socialistes qui sont devenus les conservateurs de l'époque, de plus en plus tentés par le nationalisme des « droits acquis ». « L'internationale » devrait être transformée en hymne capitaliste car les entreprises sont devenues beaucoup plus ouvertes sur le monde que les partis politiques de gauche qui essayent, quand ils sont au pouvoir, de mener des combats en retrait pour retarder le plus possible les changements résultant de la mondialisation. Ils trouvent en cela un appui auprès d'une partie importante des administrations.

Le troisième frein à la mondialisation est, en effet, l'administration. Cela est vrai dans tous les pays.

Pour un homme politique, et a fortiori pour un haut fonctionnaire qui, souvent, influence les politiques, le champ national est un terrain sûr, balisé, dont on connaît les règles, à l'intérieur duquel on organise ses réseaux. Rien n'est plus inquiétant pour les habitués du pouvoir que l'élargissement des espaces d'action, la dérégulation, l'internationalisation. Non seulement ils entrent en compétition avec d'autres technocrates, mais encore le nombre des postes décisifs se réduit. Si demain il n'existait plus qu'une Banque Centrale en Europe, et a fortiori dans le monde, cela réduirait singulièrement les chances de chacun d'en devenir gouverneur.

Certes il existe une tendance technocratique à Bruxelles. Un corps assez bigarré des fonctionnaires prétend contrôler et orienter les entreprises par-dessus l'action de leurs homologues nationaux. Cela n'est pas fait pour faciliter la promotion de l'esprit d'entreprise et de la créativité. Mais cela marque bien l'aspiration à régenter qui est dans la nature de l'Administration et d'ailleurs aussi du Politique. Nous sommes là dans le domaine du pouvoir. L'influence dont on peut disposer importe plus que les profits que l'on peut réaliser. Plus les mécanismes économiques jouent, plus ils sont mis en pratique sur un espace large, moins les technocrates ont de pouvoir et moins les politiques peuvent se glorifier des réussites. Ils perdent les uns et les autres une partie de leur raison de vivre. C'est la raison pour laquelle ils sont en permanence à la recherche de formules qui tout en donnant de l'efficacité aux entreprises (parce qu'ils sont assez intelligents pour en comprendre la nécessité et même assez soucieux de l'intérêt général pour en chercher le renforcement), leur laissent des possibilités d'interventions fréquentes.

Une formidable lutte se déroule donc d'une part entre les responsables des entreprises à vocation multinationale et les technocrates des pays où elles fonctionnent et d'autre part entre les tenants d'une politique économique favorisant le plus possible le jeu des mécanismes économiques automatiques et les partisans d'une économie soumise au contrôle politique.

Les exigences « nationales » de la compétition

Au-delà des freins qui peuvent retarder la mondialisation et les adaptations de structures permettant son avancée, il faut avoir conscience qu'en tout état de cause les nations (et dans la mesure où l'Europe existe, les ensembles) sont impliquées dans la compétition, qu'il s'agisse de fiscalité ou d'enseignement.

La compétition, en effet, n'est pas seulement celle des entreprises qui sont en quelque sorte les héros du tournoi, mais celle de toutes les activités publiques et privées qui concourent à leur mise sur pied, leur fonctionnement et leur environnement.

On parle beaucoup en France de la compétitivité des entreprises et souvent pour se plaindre de son insuffisance. On évoque aussi la compétitivité des entreprises européennes par rapport à celle des japonaises, des américaines et maintenant des coréennes. Mais on ne parle pas assez – et notamment les ministres et les fonctionnaires prompts à dénoncer les faiblesses des entreprises – de la compétitivité de leur environnement.

Il faut mesurer la compétitivité de l'environnement français par rapport aux environnements européens. Il faut aussi comparer l'environnement politique et administratif que peut façonner le Marché Unique à celui des grands pays concurrents.

La compétitivité de « l'environnement français » est faible. Les courbes présentées par Rexeco l'illustrent bien [9]. Alors que jusqu'à 1980 les dépenses courantes françaises des administrations publiques en pourcentage du PIB s'inscrivaient généralement en dessous des dépenses allemandes et anglaises, elles ont grimpé beaucoup plus depuis. Ne parlons pas de la comparaison avec les dépenses américaines et moins encore japonaises.

Tout supplément de dépenses publiques par rapport à celles des pays concurrents pèse sur les entreprises et, finalement, sur les personnes. Il est clair que pour se préparer au Marché Unique, la France doit réduire la part de ses dépenses publiques.

Pour que l'Europe ait un sens, il faut qu'elle contribue à améliorer la productivité de l'ensemble des États au lieu d'additionner les insuffisances de chacun d'entre eux. L'Europe du Marché Unique doit être l'Europe de la nouvelle administration et de la mise en œuvre des bienfaits de la concurrence.

Il conviendra de déterminer si les Européens choisissent d'affronter la mondialisation par une stratégie de défense ou une stratégie d'attaque. De toute manière, plus l'Europe se voudrait protégée, plus la concurrence intérieure devrait être accrue.

Ce choix n'a pas été clairement posé, ni a fortiori mis en discussion. Or aucun des États n'est en mesure d'assurer une plus grande compétitivité de ses entreprises sans une novation dans l'organisation de leur environnement institutionnel. La création de l'Europe – car c'est bien d'une création continue dont il s'agit – devrait y contribuer.

---

9. Voir Annexe, tableau 22.

Conclusion
Relever le défi

Le Japon nous lance quatre défis.

Le premier est celui de ses entreprises industrielles. Assises sur un puissant marché intérieur où elles se livrent à une concurrence vigoureuse, elles ne cessent de conquérir des parts de marché dans le monde entier. Elles servent d'exemple aux « nouveaux pays industriels » qui gagnent du terrain par vagues successives et remettent en cause les positions des entreprises et des pays plus anciens [1]. Au cours des vingt dernières années, les entreprises japonaises ont établi leur suprématie dans trois domaines majeurs de l'économie moderne : l'électronique, l'automobile, le matériel électrique. En comparaison, les Européennes n'ont gardé de très fortes positions que dans la mécanique (les Allemands notamment) et la chimie.

Les entreprises japonaises ont réussi d'abord parce qu'elles ont su mettre en œuvre, mieux que d'autres, les ressources humaines dont elles disposent. Elles ont su mobiliser leur personnel et celui des sous-traitants dont elles s'entourent en développant une politique de la qualité. Elles ont mené des stratégies à long terme en concentrant leurs efforts sur quelques produits et en ciblant des

---

1. Voir *Le Commerce international : la fin des avantages acquis*. Étude du CEPII sous la direction de Gérard Lafay; Economica (janvier 1989).

créneaux de marché sur lesquels elles ont pris des positions compétitives sans que leurs concurrents étrangers aient vu, à temps, venir le coup.

Le deuxième défi est celui des entreprises financières. Grâce aux bénéfices accumulés par l'industrie, les ressources financières du Japon sont devenues considérables. Les banques, les établissements financiers et les compagnies d'assurances japonais sont, de ce fait, en mesure de prendre le relais de l'offensive industrielle. Ce ne sont plus seulement les constructeurs automobiles américains ou européens ou les industries de composants qui sont soumis à la pression japonaise. Les entreprises de services vont la subir de plus en plus.

Le troisième défi est celui de la politique économique japonaise. Elle a été menée pour accompagner l'action des entreprises. A l'intérieur du Japon, l'ensemble du système soutient les « champions » capables de s'imposer dans une économie de plus en plus mondialisée. L'austérité a longtemps été de règle. L'économie japonaise a été essentiellement une économie de producteurs. C'est seulement depuis quelques années qu'elle tend à devenir une économie de consommateurs. Elle commence à importer plus qu'elle ne le faisait. La politique suivie avait jusqu'alors comme objectif de vendre beaucoup plus au monde que le Japon ne lui achetait. Depuis 1977, il a importé 560 000 voitures européennes alors que les Européens ont acheté 12 millions de voitures japonaises, soit quinze fois plus. La proportion dans d'autres secteurs d'activité est souvent du même ordre.

Devant les menaces de ripostes sous forme de limitation d'accès de certains marchés, les Japonais ont décidé de développer une politique d'investissements directs aux États-Unis, notamment, et de plus en Europe. Les ressources financières dont ils disposent leur permettent de mener une politique ambitieuse. En 1984, les constructeurs automobiles japonais produisaient 130 000 véhicules aux États-Unis; ils en fabriqueront plus de 2 millions en 1992, ce qui représentera le quart de la production américaine. Un tel phénomène peut se répéter en Europe. Il ne se limite pas à l'automobile.

Le quatrième défi est d'une autre nature. Il intéresse plus particulièrement les Européens. Un nouvel ensemble est en train de se constituer : l'America-Nippon. Il est l'union de la puissance politique et militaire américaine et de la force économique et financière japonaise. Certes les États-Unis restent la puissance économique dominante. Mais ils ont besoin désormais de l'appoint japonais (et allemand). Un changement subtil est en train de s'établir dans leur vision du Japon. Les Américains considéraient les Japonais comme des compétiteurs économiques sérieux dans quelques domaines d'activité. Ils les tiennent de plus en plus pour des partenaires à part entière. Paul Kennedy écrit dans *l'Ascension et la chute des grandes puissances* [2] : « Le fait majeur de cette fin de siècle est l'émergence du Japon comme super-puissance. »

Déjà à propos de l'Allemagne, on a parlé de géant économique et de nain politique. Par son jeu au centre de l'Europe et ses liens nuancés mais tenaces avec l'Est, l'Allemagne est en train de montrer que les nains politiques riches peuvent avoir plus d'influence que les géants pauvres. De même pour le Japon. Il n'est pas une puissance militaire. Sa Constitution, imposée par les Américains en 1945, le lui interdit. Mais sa croissance et son pouvoir économiques et financiers conduisent Washington à souhaiter qu'il prenne plus de responsabilité dans la politique mondiale, en liaison avec lui. Autrement dit, il veut que le Japon assume une part plus importante des charges de Défense, sans réarmer. Ce sera l'alliance du yen et du Pentagone.

Les Japonais entrent dans cette logique. Ils admettent aussi de financer plus largement les dépenses en faveur des pays en développement, notamment dans le monde asiatique dont ils veulent prendre pacifiquement la tête, après avoir cru pouvoir le dominer

2. *The rise and fall of the great powers*, Randon House, 1988.

par la force. Mais ils sont décidés à aller au-delà et à être actifs sur tous les grands marchés potentiels du monde.

Les Japonais ont d'autres projets qui, s'ils se réalisent, renforceront encore leur position dans leur duo avec l'Amérique et leur donneront de nouvelles chances de servir de modèle aux autres pays. Leur élite mène une réflexion sur l'avènement probable d'une société de services à laquelle ils veulent préparer leur pays, comme ils ont su le préparer à l'ère électronique. Ces travaux de prospective ne sont pas très visibles. En effet, comme chaque fois que les Japonais préparent l'avenir, ils sont très longs dans leur recherche. Ils cherchent à s'imprégner mutuellement des données d'un problème plutôt qu'à imposer aux uns une solution conçue par d'autres. Mais une fois qu'ils sont tous convaincus de l'importance d'un objectif à atteindre, ils se mobilisent en bloc pour réussir.

Le succès aidant, ils sont séduits par l'idée qu'ils sont en mesure de contribuer à la prospérité mondiale. En contrepartie, ils espèrent s'affirmer comme leaders dans la fourniture de biens, de services et de moyens financiers. Dans cette course à l'influence, ils ne peuvent pas rejeter l'appui américain. Edvin Reischauer, ancien ambassadeur au Japon et auteur du *Japon d'aujourd'hui* [3], écrit : « Si cette mutuelle dépendance économique et militaire (entre les États-Unis et le Japon) cesse de jouer, ce sera un désastre pour nous... et pour eux! » Les échanges entre les deux ensembles se renforcent, y compris dans le domaine scientifique où les Japonais d'abord et de plus en plus les Asiatiques jouent et joueront un rôle déterminant. « Dans les universités américaines, les étudiants d'origine asiatique trustent les concours scientifiques les plus prestigieux et sont désormais considérés comme la source de talents technologiques dominants [4]. » Nombre d'entre eux s'installent aux États-Unis. L'influence euro-américaine y cède progressivement le pas à l'influence américano-pacifique [5].

---

3. *Op. cit.*
4. Christian Menanteau, RTL Lettre d'Amérique, 5 juillet 1988.
5. Voir *Pacific American* de Jacqueline Grapin, Flammarion, décembre 1988.

Les Français et les Européens, tout en se réjouissant de voir le progrès fleurir dans l'ensemble du Pacifique, doivent s'interroger sur l'évolution de leur poids relatif et sur la part de liberté d'action qu'ils sont susceptibles d'avoir pour la préparation de leur avenir.

Comment peuvent-ils relever le défi japonais (et, au-delà, le défi asiatique)?

Il est normal dans une économie d'échange – condition de la prospérité – que les positions acquises par les entreprises et les pays soient constamment remises en question. On n'évitera donc pas en Europe et aux États-Unis notamment, la pression des Japonais, des Coréens, des Chinois de Taiwan, et d'autres demain. Des firmes disparaissent et disparaîtront. Des secteurs entiers d'activité auront à redéfinir leur position sur le marché et leur stratégie.

Ces secousses peuvent entraîner des ajustements socialement et politiquement douloureux, mais ils sont dans l'ordre des choses. En revanche, il serait inquiétant pour nous Français et Européens que les principaux centres de décisions économiques et financiers nous échappent totalement.

Notre problème est de disposer d'entreprises et d'activités compétitives en nombre suffisant pour équilibrer l'influence grandissante des nouveaux compétiteurs, dont le Japon est assurément, et pour longtemps, le plus important.

Pour qu'il y ait développement d'une économie mondiale de marché et de progrès des libertés politiques, l'un et l'autre étant liés, il faut qu'il y ait non seulement échanges de produits et de services, mais aussi de formation, de recherche, d'influences et confrontation équilibrée de pouvoirs.

Autant qu'une bataille pour garder un niveau de vie et de protection sociale élevé, celle que doit livrer l'Europe a pour ambition sa participation significative aux affaires mondiales. Cette bataille se joue d'abord dans les entreprises; sans attendre que les conditions fiscales, sociales, administratives soient les meilleures possible, ce que d'ailleurs elles ne seront jamais, les chefs d'entreprise et les responsables qui les entourent doivent se donner le monde pour horizon et agir en conséquence.

On rétorquera que la vie de nombreuses petites entreprises est liée à un marché de proximité. C'est vrai, comme au Japon. La leçon à tirer de ce dernier est l'articulation de toute l'économie autour d'entreprises performantes qui entraînent les autres.

L'efficacité entrepreneuriale suppose à la fois la promotion des ressources humaines, des choix stratégiques plus fondés sur les perspectives des marchés que sur les projets des gouvernements et des administrations, des actions de longue durée, la digestion permanente des novations techniques et le souci constant de la vente avec son corollaire, la recherche de la qualité au sens large du terme, incluant notamment le respect des délais.

Les exemples de réussite en ces domaines sont plus nombreux en Allemagne qu'en France. Mais on observe depuis quelques années en France comme en Grande-Bretagne, en Italie et maintenant en Espagne, une renaissance de l'esprit d'entreprise. « Les Japonais ont gagné la première manche », dit un « patron » de l'électronique, « à nous de gagner la deuxième ». La mode japonaise, si elle a parfois dégénéré dans l'admiration infantile et la caricature, a tout de même eu pour conséquence heureuse qu'un nombre croissant d'entreprises se sont avisées, comme les japonaises, de s'intéresser, plus qu'elles ne le faisaient, à leur principale richesse, les hommes qui les composent. Elles sont de plus en plus attentives aux parts de marché qu'elles occupent. Elles agissent en tenant compte des données mondiales plutôt que des habitudes hexagonales.

Ces signes sont encourageants. Mais ils ne sont pas suffisants. « La nouvelle géographie du commerce international reflète la transformation des rapports de force dans l'économie mondiale. Le marché américain sert de pivot aux échanges transpacifiques qui dépassent, depuis 1984, les échanges transatlantiques. L'Europe occidentale garde une place importante, mais elle est en perte de vitesse. En son sein, l'Allemagne paraît forte, mais elle ne regagne des parts de marché (perdues dans le reste du monde) que sur ses voisins [6]. » Quant à la France, elle n'a pas suffisamment d'entreprises leaders, disperse ses efforts et souffre de la chute de ses marchés traditionnels comme l'Afrique ou le Moyen-Orient.

Le seul effort des entreprises ne suffira pas à assurer notre avenir. Il est nécessaire que tous les acteurs de l'environnement des entreprises – qui sont les unités menant la bataille sur le front – soient, comme au Japon, conscients des exigences de la compétitivité de la société à laquelle ils appartiennent.

La condition essentielle est un climat de liberté, favorable aux initiatives. La logique de l'entreprise est mondiale. La logique des États-Nations comme la France est celle de leur propre pouvoir. Cela peut conduire les gouvernements à contraindre les entreprises à agir dans un cadre qui ne leur est pas naturel. Paradoxalement comme l'ours de la fable, les Pouvoirs publics, voulant bien faire, peuvent écraser ceux-là mêmes qu'ils veulent aider.

Mieux vaut la méthode japonaise. Au Japon, l'État est au service des entreprises plus que les entreprises ne sont sous la dépendance de l'État. Sans aller vers de tels comportements qui risqueraient de déclencer d'inutiles guerres idéologiques dans un pays où l'État a précédé le citoyen, on peut tout de même suggérer que plus les entreprises ont la maîtrise directe de leur destin, plus elles sont en mesure de réussir.

Cela ne signifie pas que l'État n'ait pas, comme au Japon, à se préoccuper de soutien à des activités qui ont des rattrapages à opérer sur leurs concurrents, ni à assurer les meilleures conditions de réussite des entreprises de sa zone d'influence.

L'ampleur du défi adressé aux pays européens est telle que chacun d'entre eux est incapable d'y répondre seul. La construction européenne apporte un début de réponse. Elle favorise la création d'un marché progressivement unifié qui, s'il était vraiment commun, serait le plus puissant du monde. Les lenteurs mises à sa réalisation

---

6. Rapport du CEPII, *op. cit.*

expliquent pourquoi le Japon, avec presque trois fois moins d'habitants que l'Europe des Douze, offre à ses entreprises un marché de base beaucoup plus significatif, d'où elles peuvent lancer leurs offensives en direction du reste du monde. Il est vrai que le puissant marché intérieur japonais a su se protéger de l'extérieur. Il manque à l'Europe d'avoir une politique aussi cohérente en direction de l'extérieur que de l'intérieur. Les Anglais et les Allemands ne veulent pas en entendre parler. Les premiers parce qu'ils ne tiennent pas l'Europe pour un ensemble susceptible de jouer un rôle en tant que tel, les seconds parce que la réussite de leurs entreprises à l'extérieur leur fait craindre qu'en dotant l'Europe de moyens de riposte contre des concurrences abusives, on provoque des chocs protectionnistes en retour. Mais l'idée se répand tout de même que « nous ne devons pas nous laisser distancer dans le domaine des produits fondamentalement nouveaux. L'autonomie économique – qui est autre chose que l'autarcie – suppose une compétence technologique dans tous les secteurs clés. Il est clair que nous devons faire de gros efforts dans cette direction ». Cette série d'affirmations est d'Edzard Reuter [7], le leader du très puissant groupe Daimler Benz qui est tout à la fois le producteur d'automobiles le plus riche d'Europe et, après l'absorption de l'ensemble électro-avionique MBB, le plus puissant complexe industriel de défense allemand.

Des programmes européens de recherche commune comme Esprit et Eureka auxquels participent plusieurs entreprises européennes qui essayent ensuite d'en tirer parti pour leurs propres activités, ressemblent assez à ce que pratiquent les Japonais. Il reste cependant beaucoup à faire pour apprendre à coopérer au sein même de l'Europe. Comme le souligne Edzard Reuter : « Les Européens se payent actuellement le luxe de mettre au point en parallèle des produits faisant double ou même triple emploi : trois avions de combat, trois avions civils de 60 à 70 places et deux hélicoptères antichars; une situation économiquement aberrante! » Les Euro-

7. Discours prononcé devant le groupe d'Amitié France-RFA du Sénat français, le 23 novembre 1988.

péens ont à renforcer leur coopération s'ils ne veulent pas jouer les Curiace face à leurs grands concurrents.

Climat de liberté, esprit de coopération, volonté offensive, les conditions de la réussite européenne exigent la prise de conscience par l'opinion des enjeux réels. Chacun pense à son intérêt immédiat et à ses avantages acquis sans se rendre compte que si les entreprises qui les supportent sont perdantes, ils seront compromis. Partout en Europe, et notamment en France, il est nécessaire que tous ceux qui ne sont pas soumis au tir direct de la concurrence japonaise, asiatique et autres, sachent que la compétitivité n'est pas seulement l'affaire de quelques entreprises. Cela est vrai de toutes les administrations, mais surtout des établissements d'enseignement.

Jusqu'à une période récente, l'Europe a été le centre de la créativité mondiale. Ce n'est plus le cas. Ses laboratoires et ses universités sont loin d'attirer les meilleurs spécialistes mondiaux. Les chercheurs de qualité sont tentés par d'autres horizons. Alors que l'essentiel des débats publics internes à l'Europe portent sur des disputes d'harmonisation fiscale ou de concurrence intra-européennes, certes importantes, ils ne prennent pas suffisamment en compte la dimension intellectuelle de la compétition mondiale. L'exemple japonais devrait pourtant nous avoir fait comprendre que nous avons désormais affaire non plus à des compétiteurs proches de nous, comme les Américains, ou disposant simplement d'une main-d'œuvre moins chère, mais d'économies et de sociétés dont les hommes s'efforcent de travailler plus et mieux que nous et qui déploient des ressources d'intelligence et de savoir-faire égales ou même supérieures aux nôtres.

Par chance pour nous, les universités japonaises, en raison notamment de l'obstacle de la langue, ne sont pas encore des pôles d'attraction comme le sont les américaines. Nous avons donc en ce domaine une possibilité de rayonnement. Encore faut-il savoir que les Japonais, comme les Asiatiques, sont souvent plus prompts que nous à tirer parti de nos propres découvertes. Ils puisent à tour de bras dans notre savoir alors que nous sommes incapables de nous inspirer du leur.

Les efforts menés depuis quelques années par les Communautés européennes et des entreprises ouvertes sur l'avenir pour envoyer au Japon de jeunes diplômés qui se familiarisent avec la langue et les coutumes japonaises doivent être multipliés. En effet c'est en comprenant mieux le Japon de l'intérieur que l'on pourra s'imprégner vraiment de ses méthodes.

Le Japon est et sera de plus en plus un concurrent redoutable, mais il fait et fera de plus en plus apport de ses acquis à l'ensemble du monde. Sa progression, si elle doit nous inciter à ne pas nous endormir sur notre passé, nos habitudes et notre approche « hexagonale » des problèmes, est aussi la chance d'une nouvelle avancée de la croissance. Plus les compétiteurs s'enrichissent, plus ils deviennent des clients potentiels et des partenaires aptes à contribuer au développement général. La montée en puissance du Japon et, derrière lui, de l'ensemble du Sud-Est asiatique, est pour toutes les économies, et notamment l'européenne, l'occasion d'un renouveau de leur action, de leurs investissements, de leurs ventes, de leurs implantations extérieures.

Ce que les Japonais ont fait, à savoir partir de positions plus faibles que celles de toutes les puissances en place, pour finalement, à coups d'incitations, d'innovations, de volonté collective et de travail efficace et aussi de ruse, de politique calculée, les rattraper d'abord, les dépasser ensuite, pourquoi ne pourrions-nous pas le faire à notre tour? Nous partons avec des atouts plus nombreux que ceux dont ils disposaient au départ. Encore faut-il, pour mener à bien cette renaissance, que nous Français, nous Européens, prenions la mesure des nouvelles forces en présence dans le monde. Après avoir été pendant des siècles à peu près les seuls à forger l'histoire, nous risquons de n'être plus que les spectateurs de l'histoire qui se fait. Pour exister et nous imposer, il faut et il faudra de plus en plus nous comparer aux autres et nous aligner sur les performances des meilleurs. Pour l'heure, et pour longtemps encore, ce sont les Japonais.

Annexes

I – TABLEAUX

Tableau 1 : CRISE = CROISSANCE

Croissance réelle annuelle *			
	1960-1973	1973-1980	1980-1986
États-Unis	3,9	2,1	3
Japon	9,6	3,7	3,6
Europe	4,7	2,2	1,6

Source : OCDE, Eurostat

* Pourcentage de croissance par an.

Depuis 1973, on ne cesse de parler de « crise ». En réalité, nous avons vécu une autre croissance qui s'est surtout traduite jusqu'en 1986 par un affaissement européen.

Tableau 2 : EUROPE. CHOMAGE

Population active occupée					
millions			% variation annuelle		
	1965	1987	1960-1973	1973-1980	1980-1986
États-Unis	71	112,8	2	2,2	1,7
Japon	47,3	59,8	1,3	0,7	0,9
Europe	120,1	122,1	0,3	0,1	− 0,2

Source : OCDE, Eurostat – Calcul OFCE

Les changements de rythmes de croissance se sont traduits par un effondrement de l'emploi en Europe.

Ailleurs, l'emploi s'est développé.

Tableau 3 : CRISE. ÉMERGENCE DU SUD-EST ASIATIQUE

Pour les années 1973-1986, on trouve (% de croissance par an) :

Indonésie	8,5 %
Philippines	3 %
Thaïlande	6,1 %
Birmanie	5,6 %
Corée du Sud	7,7 %
Taiwan	8,2 %
Malaisie	6,3 %
Hong-Kong	8,6 %
Singapour	7,3 %

(Chiffres REXECO)

Où est la crise durant les années 1973-1986 ?

ÉVOLUTION COMPARÉE DES ÉCONOMIES DE LA CEE, DES ÉTATS-UNIS ET DU JAPON, 1984-1987 [1]

Tableau 4
PRODUIT INTÉRIEUR BRUT

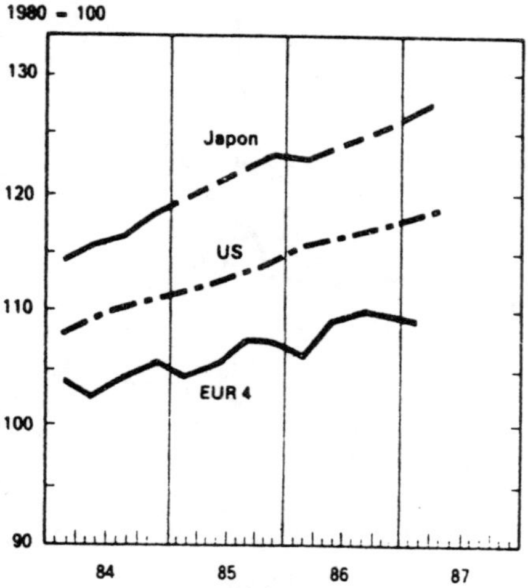

Tableau 5
PRODUCTION INDUSTRIELLE MOYENNE MOBILE SUR 3 MOIS

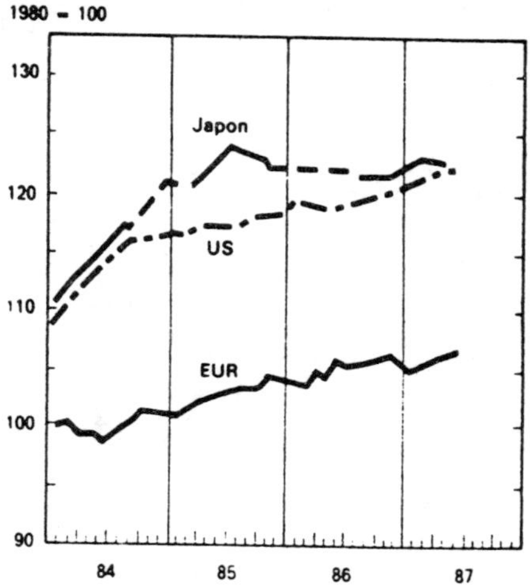

Tableau 6
TAUX DE CHOMAGE

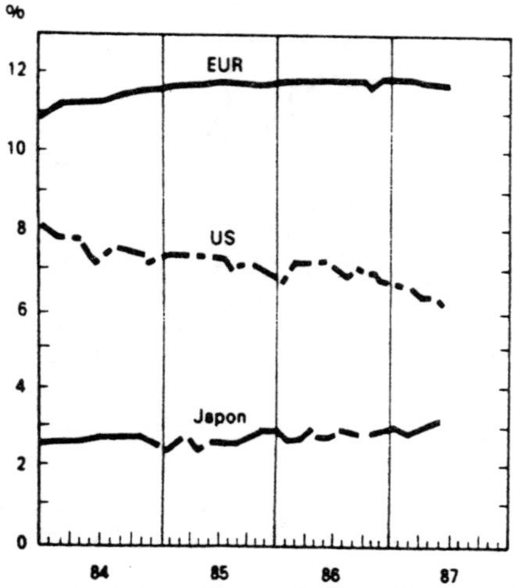

Tableau 7
BALANCE COMMERCIALE FOB/CAF, MILLIARDS D'ÉCU MOYENNE MOBILE SUR 3 MOIS

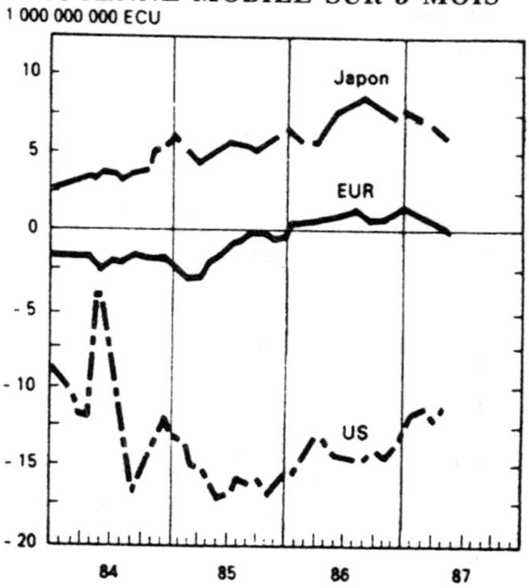

EUR 4 : RFA, France, Italie et Royaume-Uni.

1. En données corrigées des variations saisonnières (CVS).

Source : CEE (Eurostat). Ces tableaux ont été repris dans les rapports présentés au nom du Conseil Économique et Social par M. Francis Lepatre, au cours des séances des 28 et 29 juin 1988.

Tableau 8
PRIX A LA CONSOMMATION VARIATION SUR 6 MOIS, TAUX ANNUELS

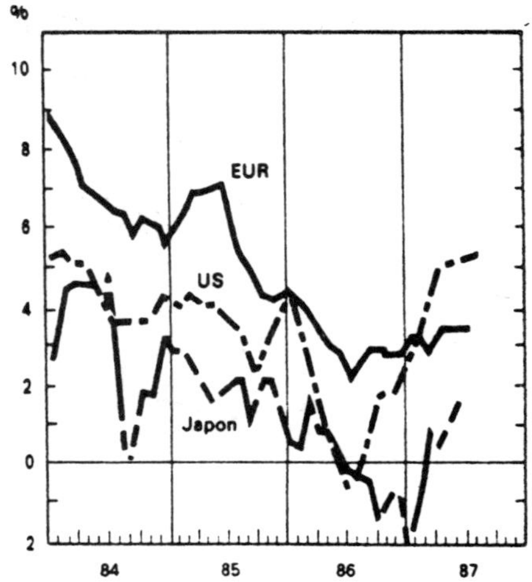

Tableau 9
TAUX DE CHANGE INDICE DU DTS PAR UNITÉ MONÉTAIRE

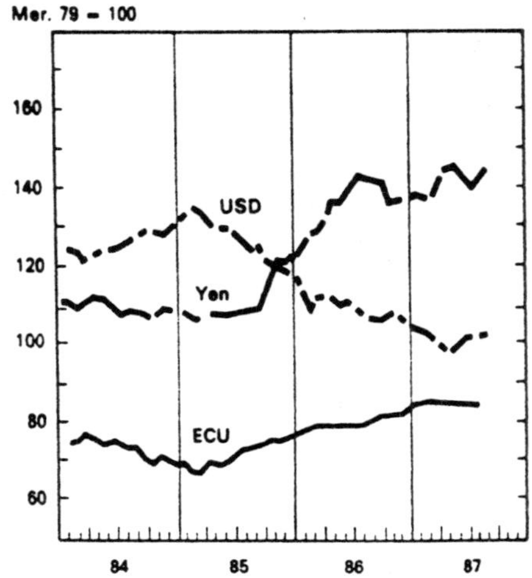

Tableau 10
TAUX D'INTÉRÊT A LONG TERME

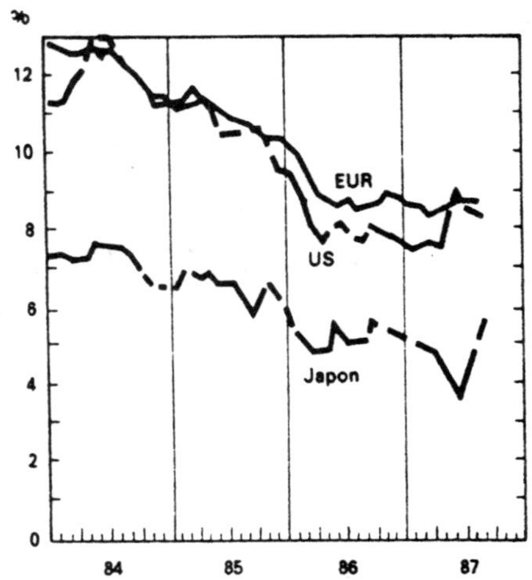

Tableau 11
TAUX D'INTÉRÊT A COURT TERME

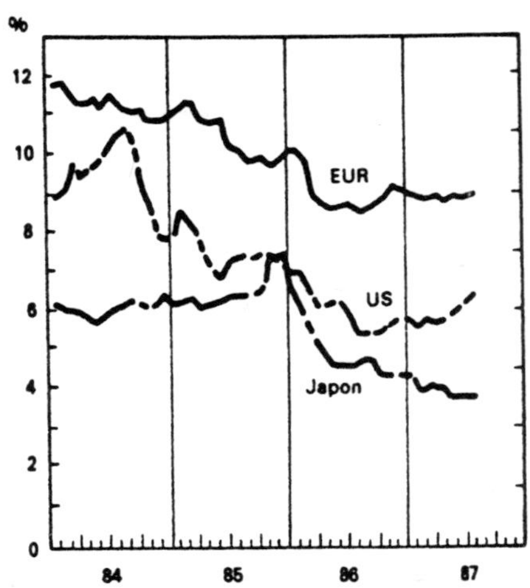

Source : CEE (Eurostat).

Le Japon en tête pour la croissance, pour l'emploi, pour l'industrie, pour la balance commerciale, pour les prix, pour la monnaie, pour les taux d'intérêt. Bref, pour tout ce qui concourt à la puissance et à la richesse économiques.

Tableau 12 : LA RÉUSSITE DU JAPON

Une longue préparation, une formidable percée

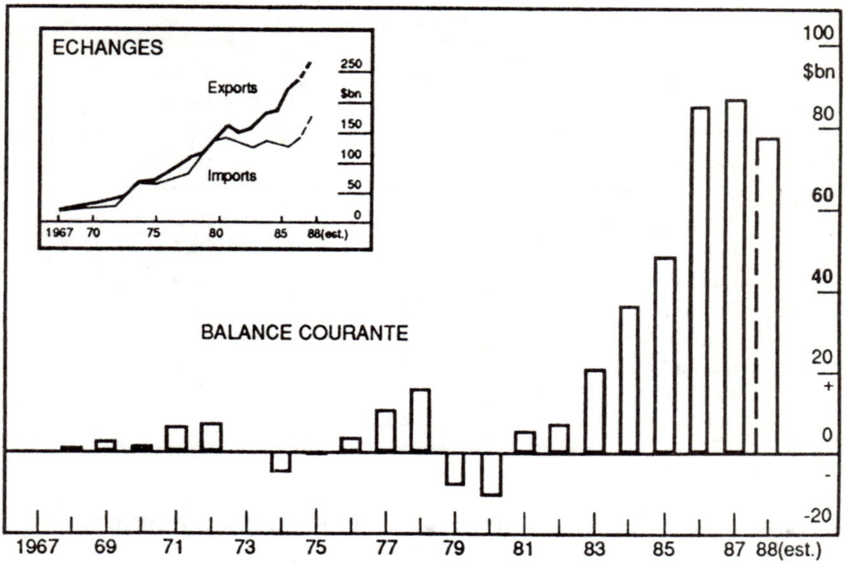

Sources : IMF ; Nomura Research Institute.

Pendant des années, le Japon a fait des efforts de productivité et de ventes à l'étranger. Il s'est toujours efforcé d'acheter moins à l'extérieur qu'il ne vendait. Sa stratégie mercantiliste a produit ses plus forts résultats depuis 1983. Ils illustrent le fait qu'en économie, les bénéfices spectaculaires – qui durent – exigent une longue préparation et une discipline collective.

LE JAPON DERNIER DE LA CLASSE

Tableau 13 : PAYS QUI EXPORTENT PLUS QU'ILS N'IMPORTENT

(chiffres OCDE, 1988 en % du PIB)

	Importations (marchandises)	Exportations (marchandises)
Japon	6,5	10,8
Allemagne	21,3	27,2
Belgique	58,6	58,7
Canada	22,3	23,8
Finlande	21,8	23,2
Irlande	47,3	51,5
Luxembourg	58,6	58,7
Pays-Bas	43	46
Suède	24,8	28,4

Tableau 14 : PAYS QUI IMPORTENT PLUS QU'ILS N'EXPORTENT

Australie	14,3	13,5
Autriche	28,5	23,9
Danemark	27,7	25,7
Espagne	15,3	11,9
USA	8,8	5,2
France	17,8	16,5
Grèce	28,5	14,2
Islande	28,9	28,3
Italie	16,7	16,2
Norvège	29,1	26,1
Nouvelle Zélande	22,2	20,6
Portugal	32,6	24,8
Argentine	23	19,5
Suisse	30,3	27,6
Turquie	19,2	12,8

En terme de participant à l'équilibre des échanges mondiaux, le Japon a longtemps été le moins bon des « élèves ».

Tableau 15 : LA CONCENTRATION DU TIR A L'EXPORTATION

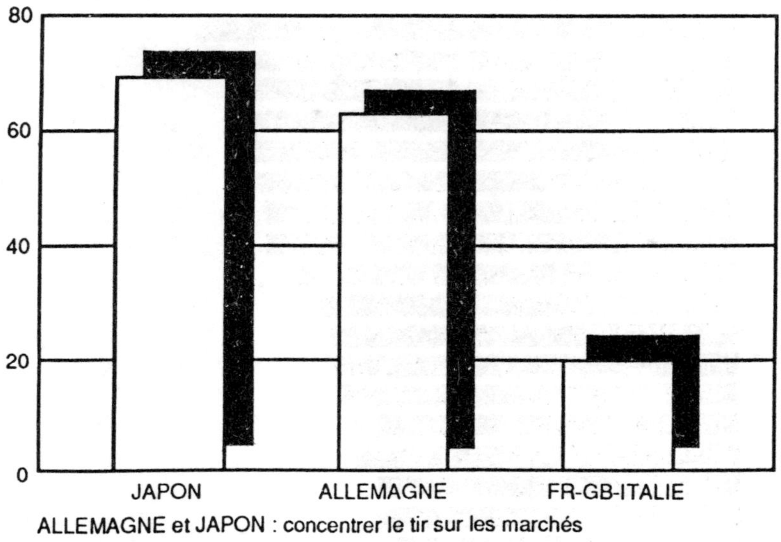

Source : Boston Consulting Group.

Plus des deux tiers des exportations japonaises sont réalisés sur une vingtaine de produits (comme les allemandes) alors que les françaises et les anglaises sont beaucoup plus dispersées.

Ce choix conduit les Français et les Anglais à être présents dans plus de domaines avec de faibles parts de marché alors que les Japonais (et les Allemands) sont présents dans peu de domaines avec des parts de marché supérieures à 20 % du marché mondial.

Les pôles de compétitivité japonais sont :

la mécanique	l'électronique
les véhicules automobiles	les matières plastiques
l'informatique	

Ces « pôles de compétitivité » représentent 70 % des exportations japonaises alors que les pôles de compétitivité français, anglais ou italiens – moins nombreux que les pôles japonais – n'en représentent que 20 %.

Tableau 16 : LA COMPÉTITION PAR L'IMPÔT

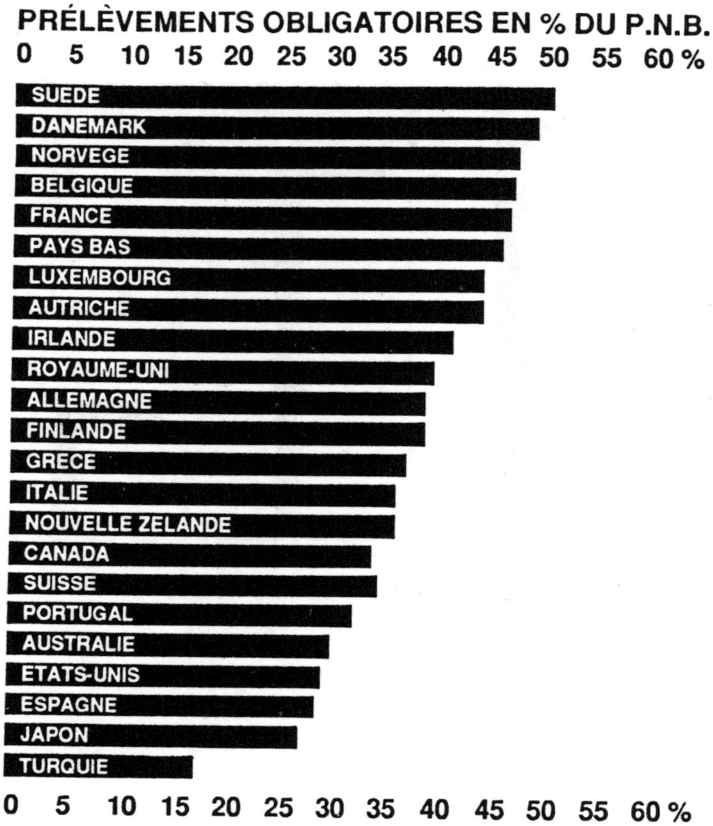

Source : OCDE.

Le Japon premier en économie, dernier ou presque en prélèvements obligatoires.

Tableau 17 : INVESTISSEMENTS PRODUCTIFS EN VOLUME DANS LES PRINCIPAUX PAYS

(Base 100 = 1980)

	1982	1985	1988
Japon	108	138,8	154,4
Grande-Bretagne	102,1	126,6	132,7
USA	96,7	121,7	124,4
RFA	92,1	102,7	113,1
Italie	90	100,9	111
France	96,8	93,4	104,5

Source : OCDE

Grâce à l'épargne des Japonais, les investissements productifs du Japon sont les plus vigoureux du monde.

Tableau 18 :
TABLEAU DES POURCENTAGES PAR TYPE DE MAGASINS JAPONAIS EN 1982 ET 1985

	Nombre de magasins				Nombre d'employés				Chiffre d'affaires (en millions de yen)			
	1982	1985	Pourcentage		1982	1985	Pourcentage		1982	1985	Pourcentage	
			1982	1985			1982	1985			1982	1985
TOTAL	1 721 465	1 628 644	100,0	100,0	6 369 426	6 328 614	100,0	100,0	93 971 191	101 719 064	100,0	100,0
Grands magasins	461	428	ε	ε	201 396	188 991	3,2	3,0	7 314 060	7 779 717	7,8	7,6
Supermarchés généraux	1 507	1 634	0,1	0,1	177 916	193 922	2,8	3,1	5 223 325	5 970 902	5,6	5,9
Supermarchés spécialisés	5 495	5 873	0,3	0,4	193 537	218 139	3,0	3,4	4 985 260	5 772 353	5,3	5,7
Convenience-stores	23 235	29 236	1,3	1,8	129 996	208 036	2,0	3,3	2 177 609	3 382 902	2,3	3,3
Autres supermarchés	58 777	59 643	3,4	3,7	327 647	368 635	5,1	5,8	6 131 619	7 411 837	6,5	7,3
Magasins spécialisés	1 093 601	1 004 883	63,5	61,7	3 707 727	3 512 449	58,2	55,5	45 996 058	46 793 784	48,9	46,0
Autres détaillants	536 934	524 885	31,2	32,2	1 621 378	1 629 075	25,5	25,7	21 951 537	24 416 371	23,4	24,0
Autres	1 455	2 052	0,1	0,1	9 829	9 373	0,2	0,1	191 723	191 199	0,2	0,2

Comme il apparaît sur ce tableau (source MITI), le « petit commerce » (magasins dits spécialisés et autres détaillants) représentait encore, en 1985, 70 % du chiffre d'affaires de la distribution et 81,2 % du nombre des employés du secteur d'activité. Le commerce de détail reste donc largement majoritaire. En nombre de magasins les « grands » pèsent pour epsilon (ε) .

Tableau 19 : RÉPARTITION DES IMPORTATIONS JAPONAISES EN %

	1984	1987
Agroalimentaire	13	15,4
Matières premières	12,4	13,4
Énergie	44,2	26,2
Demi-produits	15	19,4
Biens d'équipement	8,3	10,9
Biens de consommation	4,3	10,5
Total des produits manufacturés	27,6	40,8
Autres produits	2,8	4,2

Source : Rexeco

La part de l'énergie baisse. Celle des produits manufacturés augmente fortement. Le Japon fait l'apprentissage de la consommation.

Tableau 20 : LE JAPON IMPORTE PLUS. OUI... MAIS...

	1985	1987
Prix à l'importation	100	58,9
Prix de détail	100	100,7

Source : Rexeco

Si les Japonais achetaient beaucoup de biens à l'extérieur et si les prix des produits importés étaient pleinement répercutés sur les prix de détail, les consommateurs japonais bénéficieraient d'une augmentation de leur niveau de vie plus importante encore que celle qui s'est produite.

Mais les différences de prix réels résultant de l'appréciation de la monnaie ont surtout servi à accroître les marges des intermédiaires. Le Japon entre, certes, dans la société de consommation et admet de s'ouvrir plus à l'extérieur, mais sagement.

Tableau 21

LA BATAILLE DES PARTS DE MARCHÉ INDUSTRIEL : VICTOIRE DU JAPON

GAINS (+) ET PERTES (–) DE PARTS DE MARCHÉ A L'EXPORTATION SUR LA PÉRIODE 1979-1985
(par ordre décroissant [1])

EUROPE 10 [2]

BRANCHES	PERTES	BRANCHES	GAINS
Matériel électrique	– 4,39	Cuir et chaussures	+ 5,45
Véhic., motos, autos	– 4,25	Bois, meubles	+ 4,86
Caoutchouc et plastique	– 2,53	Textile et habillement	+ 3,87
Machines industrielles	– 2,49	Min. et prod. à base de min. non métal.	+ 2,47
Autres moyens de transport	– 2,27	Prod. aliment. boissons, tabacs	+ 2,03
Machines de bureau, pour le traitement de l'information, précision, optique et similaires	– 2,23	Papier, imprimés	+ 1,25
Autres produits industriels	– 0,84	Min. et méc. fer. et non fer. autres que fertiles et fissiles	+ 1,23
Produits métal. sauf mach. et mat. de transport	– 0,65	Produits chimiques	+ 0,51

USA

BRANCHES	PERTES	BRANCHES	GAINS
Autres produits industriels	– 2,06	Autres moyens de transport	+ 5,45
Textile et habillement	– 1,41	Produits en caoutchouc et en plastique	+ 3,63
Min. et mét. fer. et non fer. autres que fertiles et fissiles	– 1,29	Machines de bureau, machines pour trait. de l'inform., instruments de précision, d'optique et similaires	+ 3,30
Véhic., motos, autos	– 0,86	Papier, imprimés	+ 0,68
Prod. alim. boissons et tabacs	– 0,52	Matériel et fournit. électriques	+ 0,66
Bois, meubles	– 0,46	Cuir et chaussures	+ 0,52
Minéraux et prod. à base de min. non métal	– 0,36		
Prod. métal. sauf mach. et mat. de transport	– 0,24		
Produit chimiques	– 0,01		
Machines industrielles et agricoles	– 0,01		

JAPON

Prod. alim., boissons, tabacs	0,00	Matériel électrique	+ 11,66
		Véhic., motos, autos	+ 9,40
		Mach. de bur., traitement info.	+ 5,47
		Précision, optique et similaires	+ 5,26
		Autres produits industriels	+ 5,24
		Min. et prod. à base de min. non métalliques	+ 3,17
		Caoutchouc et plastique	+ 3,04
		Autres moyens de transport	+ 2,71
		Textiles et habillement	+ 2,20
		Prod. métal. sauf mach. et mat. de transport	+ 1,75
		Min. et mét. fer et non fer. autres que fertiles et fissiles	+ 1,63
		Produits chimiques	+ 1,35
		Papier, imprimés	+ 0,78
		Cuir et chaussures	+ 0,42
		Bois, meubles	+ 0,18

Ce tableau analyse les gains et pertes de parts de marché sectorielles et met en valeur pour un grand nombre de secteurs la complémentarité des résultats entre l'Europe et les États-Unis d'une part et le Japon d'autre part.

1. La part de marché est définie comme les exportations des USA, du Japon ou de EUR10 vers le reste du monde par rapport aux exportations des pays de l'OCDE vers le monde.
2. On ne prend en compte ici que le commerce extra-communautaire.
Source : Services de la Commission Économique Européenne, banque de données Volimex.

Tableau 22 : RAPPORT DES DÉPENSES COURANTES DES ADMINISTRATIONS PUBLIQUES AU PIB

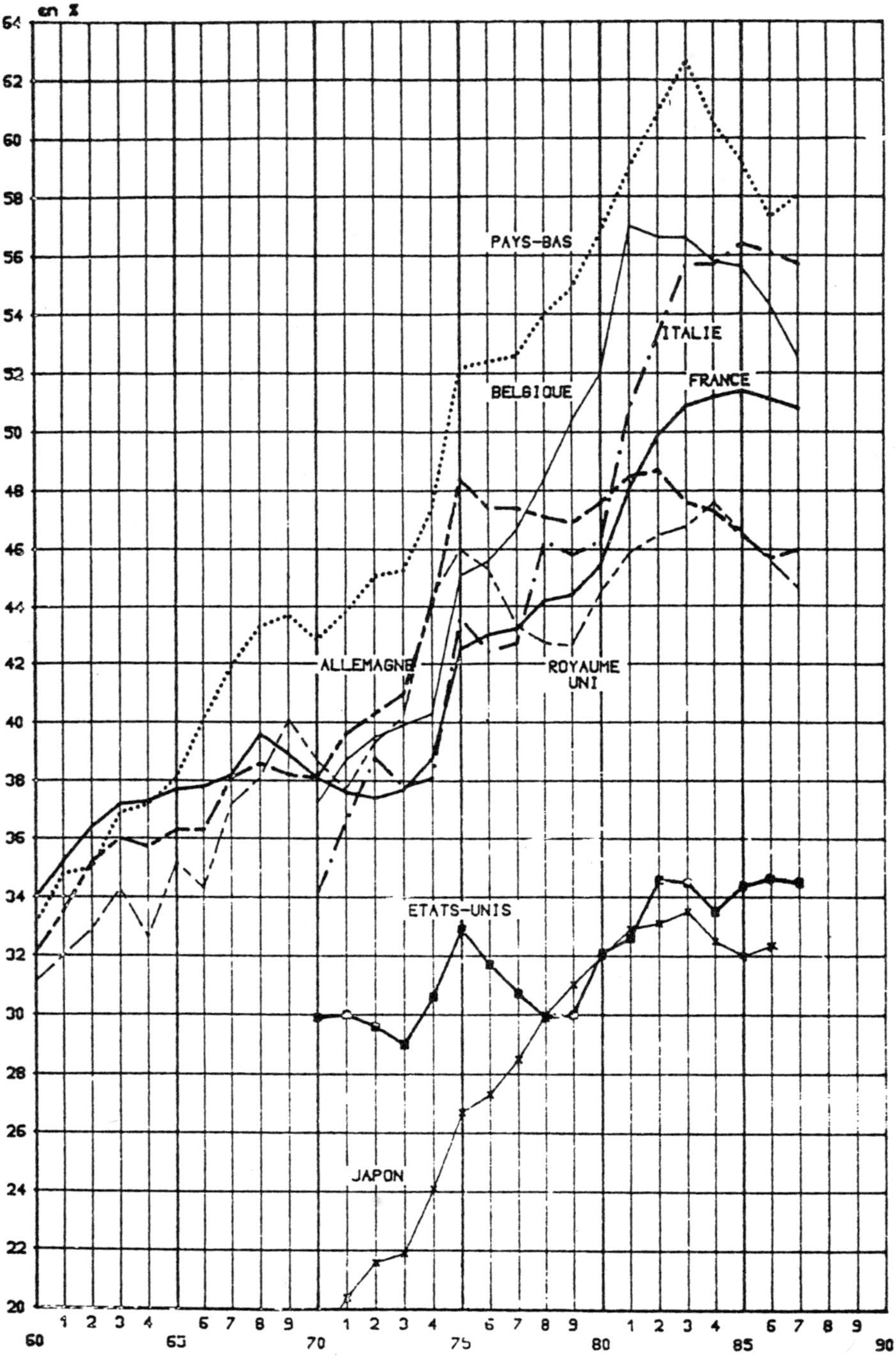

II. LE TÉMOIGNAGE DE JACQUES SIEGFRIED (1869)

En 1869, Jacques Siegfried, frère de Jules, ministre de la Troisième République, lui-même père d'André Siegfried qui a « façonné » des générations de « Sciences Po », publiait un livre : Seize mois autour du monde, *à Mulhouse, chez l'auteur. Travaillant dans l'industrie textile, comme toute sa famille, il voyageait beaucoup.*

Le rapport qu'il fait sur le Japon, encore soumis aux secousses qui ont précédé l'ère Meiji, est passionnant. Il éclaire notamment les relations entre « le peuple et la noblesse » dont on retrouve des traces encore aujourd'hui. Il illustre également les idées reçues sur le Japon qui se sont maintenues bien au-delà de son essor industriel, et qui ont empêché les Occidentaux de voir qu'ils avaient affaire à des partenaires actifs et non plus aux représentants merveilleusement désuets d'une société raffinée.

On a respecté la transcription de l'original.

***

« Il y a deux classes bien distinctes au Japon : le peuple proprement dit, composé des marchands, des artisans, des cultivateurs et des pêcheurs, et la noblesse, dans laquelle il faut comprendre les employés du gouvernement. Les nobles portent d'ordinaire deux sabres passés à leur ceinture, mais on les reconnaît plutôt encore aux marques de soumission que leur témoigne le peuple. Ce n'est qu'accroupi et en courbant la tête qu'un marchand s'approche d'un officier, avec lequel cependant, curieux exemple du caractère facile des Japonais, il rira et boira peut-être quelques minutes après. Pour faire un achat, si petit qu'il soit, il faut toujours commencer par causer longtemps de choses et d'autres; on s'interrompt pour échanger quelque bon mot avec la foule qui s'est amassée autour de la boutique ou pour sourire à quelque jolie femme qui vous salue en réponse; quelquefois même le marchand consulte la galerie pour savoir si le prix qu'on lui offre est suffisant; enfin, après avoir bu de nombreuses tasses de thé et fumé plusieurs petites pipes japonaises, le marché se conclut. Certes, ce n'est pas au Japon que l'on peut appliquer l'adage américain : *Time is money;* je ne connais pas de pays où le temps compte pour si peu et où l'argent soit moins apprécié. Partout dans mes voyages, et tout d'abord en Europe et en Amérique, j'ai trouvé le culte suprême de l'argent; ici on ne le plaçait, il y a dix ans, qu'au troisième ou quatrième rang, mais nous voici arrivés et bientôt, soyez-en sûr, notre civilisation portera ses fruits! »

Ci-contre : La compétitivité de « l'environnement » politique et administratif conditionne aussi la compétitivité des entreprises. Les courbes de Rexeco sont éloquentes. Les charges publiques, au sens large, sont beaucoup plus fortes en Europe qu'aux USA et au Japon.

En dépit d'efforts récents, le poids des dépenses en France reste lourd.

L'ÉCONOMIE VOLONTAIRE

Rapport sur le Japon au ministre du Commerce

« Les relations commerciales de l'Europe avec le Japon sont loin d'avoir l'importance de celles que nous avons avec la Chine et les Indes, mais, toute proportion gardée entre les 30 ou 40 millions de Japonais, les 200 millions d'Hindous et les 300 ou 400 millions de Chinois, il y a lieu d'être non seulement satisfait mais encore étonné des progrès considérables que nous y avons faits dans le court espace de dix années.

« Les Japonais sont, de tous les Orientaux, ceux qui s'habituent le plus rapidement à notre civilisation et à ses besoins, et qui prennent le plus facilement goût à tous les produits de notre industrie. Il y a donc là, pour le commerce européen, les éléments les plus encourageants; nous avons déjà réussi à leur vendre des quantités considérables d'articles de coton et de laine, de bateaux à vapeur et surtout de fusils, à leur acheter en échange beaucoup de soies, de thés et d'autres produits. Nous pourrons non seulement développer toutes ces branches d'affaires, à l'exception, je l'espère, du commerce des fusils, mais encore il nous reste à créer de nouvelles sources d'échanges.

« Il est en effet deux sortes d'entreprises que le Japon finira forcément par confier un jour aux Européens : je veux parler de l'exploitation de ses mines et de l'établissement des chemins de fer. S'il faut en croire le bruit public, un peu exagéré sans doute, mais qui est néanmoins basé sur quelque chose de vrai, il y aurait au Japon de superbes mines d'or, d'argent, de cuivre et de charbon, très mal exploitées encore et qui donneraient de fort bons résultats sous la direction d'ingénieurs entendus. Ensuite les chemins de fer captiveront aussi, et cela prochainement, l'imagination japonaise, et il y aura des lignes productives à établir, celles, par exemple, de Hiogo à Osacca et Kioto, ou de Yokohama à Yédo, et peut-être de Kioto à Yédo.

« Le Japon est de tous les pays de l'Orient celui où le commerce extérieur se répartit le plus également entre les différentes nations de l'Europe. Les Anglais y tiennent le premier rang si l'on considère chaque peuple séparément, mais ils sont loin d'avoir la prépondérance si on les compare avec la réunion des Français, des Allemands, des Suisses, des Hollandais et des Américains.

« Les Français particulièrement sont beaucoup plus nombreux ici que dans aucun autre des pays orientaux, et l'on compte plusieurs bonnes maisons françaises à Yokohama. Il y a néanmoins place encore pour nos nationaux, et, pour ne citer qu'un seul produit, nous n'importons pas encore directement toutes les soies japonaises que consomme notre industrie.

« Je ne veux pas dire que ce soit le pays où il y ait la plus belle place pour ceux de nos jeunes gens qui désirent faire fortune à l'étranger; ce sont les Indes et la Chine que je mettrais en première ligne, et de beaucoup. Le Japon est en effet un trop petit pays, et son peuple méprise trop, jusqu'à présent, le commerce et l'argent; mais il a en sa faveur bien des avantages qui y attireront particulièrement nos compatriotes, il a un climat délicieux, une nature d'une beauté enchanteresse, il a enfin le charme de ses habitants, que je nommerais volontiers les “ Français de l'Orient ”. »

Le beau et l'homme

Pour expliquer la recherche de la qualité et la nature des relations au Japon.

« Les Japonais ont à un très haut degré le sentiment du beau; que de fois ne suis-je pas frappé lorsque les marchands viennent me trouver à l'hôtel de Yokohama où je suis à présent, de voir qu'avant de songer au négoce ils restent un moment en contemplation devant la vue que l'on a de mon balcon! Et comme ils m'apportent de belles choses : leurs armes, leurs bronzes, leurs ivoires, leurs laques surtout! Et comme chacun sait les apprécier, avec quelle admiration respectueuse on contemple les objets bien réussis, et quel prix les grands seigneurs, d'apparence si simple pourtant, ne mettent-ils pas aux œuvres d'art! J'ai vu payer jusqu'à 2 000 francs une boîte de laque dont nous n'aurions certes pas offert le quart en Europe. Et leurs sabres qui, dans les familles, ont chacun leur histoire et se transmettent religieusement de père en fils!

« On trouvera peut-être que je vois toujours le Japon au travers d'un prisme; on m'en accusera surtout à Yokohama, dans cette ville aux trois quarts européenne qui, ne lui en déplaise, n'a pas attiré autour d'elle l'élite des Japonais, et où l'on me paraît connaître le Japon moins que partout ailleurs. On dira ce que l'on voudra, je n'ai qu'un souci, celui d'écrire fidèlement mes impressions, et celles-ci sont certes tout en faveur de ce charmant pays. Plus d'un voyageur fera sans doute comme moi : venu pour y passer six semaines, il s'y trouvera encore au bout de quatre mois!

« Je n'oublierai jamais ces maisons de thé pittoresquement placées sur le haut d'une colline ou sur le bord de quelque frais ruisseau, où, tandis que mes yeux suivaient irrésistiblement les allées et venues des jeunes servantes qui recevaient les visiteurs, les plus pauvres comme les plus riches, avec le même sourire et la même grâce, avec la même politesse exquise, j'écoutais les récits de quelque ami plus au courant que moi des coutumes du pays. Il s'agissait tantôt, comme dans l'histoire célèbre des quarante lônines, de ce sentiment d'honneur exagéré qui pousse tout bon Japonais à laver dans le sang de l'adversaire l'injure faite à son chef, et à se suicider ensuite en s'ouvrant lui-même le ventre; ou bien il était question de l'usage si fréquent de l'adoption et des avantages de cette coutume, qui permet de donner au nouveau venu les mêmes droits et la même position qu'occupe déjà le reste de la famille. Jamais je n'ai entendu parler de vols et il semble qu'au Japon il y ait plus d'honnêteté que chez nous. Cela tient peut-être aussi à des mesures que notre civilisation plus avancée a, je crois, raison de répudier, mais qui n'en ont pas moins ici de très bons résultats et qui sont, d'une part, un système d'espionnage des plus complets, et, d'autre part, des lois draconiennes où la peine de mort se présente à chaque instant. »

Du retard des Français. Déjà!

« Le commerce extérieur de l'Orient doit être envisagé de deux manières : il faut voir d'abord quels sont les pays qui reçoivent ses produits et lui fournissent les marchandises dont il a besoin; il faut rechercher ensuite par quels négociants ces affaires sont faites.

« Au premier point de vue, l'avantage est exclusivement en faveur de l'Angleterre; c'est elle qui fournit presque tous les articles manufacturés que nous demandent les Orientaux, et c'est elle qui reçoit en échange la majeure partie des produits de leur sol. La France et l'Allemagne n'importent encore directement dans leurs ports qu'une portion des matières premières nécessaires à leur industrie, et elles vont encore compléter leurs approvisionnements dans les entrepôts de Liverpool et de Londres, quelque singulière que soit de nos jours une pareille anomalie. Quant aux articles manufacturés exportés par l'Europe, la France n'y contribue pour ainsi dire pas, et si l'Allemagne et la Suisse font de notables progrès depuis quelques années, elles sont très loin encore de pouvoir entrer en comparaison avec l'Angleterre. Les autres nations européennes n'ont pas avec l'Inde, la Chine et le Japon, de commerce digne d'être cité, et l'Amérique se contente d'en importer les matières premières dont elle a strictement besoin, et, sauf quelques produits de la Californie, elle n'y exporte rien. Ainsi donc à l'Angleterre le premier rang, et cela dans une proportion écrasante, pour l'importation des matières premières et l'exportation des produits manufacturés.

« Il n'en est plus tout à fait de même au point de vue de la nationalité des négociants qui président à ce commerce. Les Anglais y sont encore, il est vrai, au premier rang, mais ils n'y ont plus la prépondérance exclusive. Il était de mode autrefois d'avoir en Orient des maisons colossales qui, s'appuyant sur de grands capitaux et sur d'anciennes et fidèles relations, prenaient les affaires de très haut, faisaient d'énormes opérations pour leur propre compte et semblaient mépriser même les bénéfices plus modestes, mais plus sûrs et plus réguliers, d'un commerce de commission pour compte d'amis. Les Anglais avaient alors une sorte de monopole, car ces affaires hardies, larges, excitantes, convenaient surtout à leur caractère entreprenant, entier, aimant s'occuper de lui-même et se livrer à de grandes combinaisons, plutôt que d'avoir à suivre jusque dans leurs détails les instructions de commettants dont il aurait fallu rechercher en même temps les bonnes grâces.

« Ces conditions ont changé depuis quelques années; des banques nombreuses et puissantes, agglomérations énormes de capitaux, sont venues faciliter les affaires à tout le monde et permettre aux fortunes modestes, appuyées sur le travail, de concourir avec les maisons plus riches et d'ordinaire moins actives. Quant aux anciennes relations, elles sont battues en brèche chaque jour par l'accroissement des moyens de communication, par les chemins de fer et les bateaux à vapeur qui rapprochent les personnes, par le télégraphe qui, à toute heure et à tout instant, oppose les offres du concurrent à celles de l'ancien ami. Et du reste ces relations, restreintes autrefois à peu de monde, se perdent maintenant dans le nombre chaque année plus considérable des négociants et des chefs d'industrie que la vapeur et l'électricité engagent à se mettre en rapports directs avec les pays lointains. Il n'est plus question aujourd'hui de monopole, d'aristocratie de capitaux; le commerce de l'Orient devient de plus en plus démocratique, chacun peut en prendre sa petite part et la porte est ouverte maintenant à tout le monde.

« Les Allemands et les Suisses ont profité largement de ce nouvel état de choses; plus actifs, plus travailleurs, suivant leurs affaires de plus près que les Anglais, ils ne se sont pas contentés de s'occuper des affaires relativement importantes encore, quoique toujours croissantes, de leur propre pays, mais ils se sont immiscés de plus en plus dans le commerce des Anglais et ils sont arrivés à leur faire, sur leur propre terrain, une concurrence qui augmente chaque jour.

« Les Français, j'ai le regret de le dire, sont loin d'en avoir fait autant; non seulement il n'est pas question pour eux de prendre part aux affaires anglaises proprement dites, ni même à celles du continent européen, auxquelles cependant pourrait donner droit la situation de la France, si admirablement appuyée sur l'Océan et sur la Méditerranée et relativement si rapprochée de l'Extrême-Orient par les compagnies de steamers qui ont toutes fait de Marseille leur tête de ligne; mais encore les Français ne font aux Indes, en Chine et au Japon, qu'une portion des affaires de leur propre pays.

« Et je ne parle là que des matières premières dont notre industrie a un besoin immédiat; pour être tout à fait pratique et pour éviter toute apparence d'illusions, je laisse momentanément de côté l'exportation que la France arriverait peut-être aussi, une fois ou l'autre, à faire dans les pays orientaux, si des relations plus fréquentes la mettaient mieux au courant de leurs besoins. Ce commerce d'exportation est réduit jusqu'ici à quelques vins et liqueurs, à quelques lainages et à des objets de mercerie; il ne pourra, je crois, se développer qu'en tout dernier lieu, lorsque les progrès amenés par notre traité de commerce avec l'Angleterre auront eu le temps de se faire sentir dans toutes les branches de notre industrie, lorsque nos manufacturiers, connaissant mieux les goûts et les usages des pays lointains, se décideront à faire des marchandises adaptées à leurs besoins et à sacrifier un peu la qualité pour arriver au bon marché, de même qu'à se conformer à certaines mesures indispensables de longueur et de largeur.

« Quoi qu'il en soit, et ne considérant pour le moment que l'importation des matières premières, je n'hésite pas à dire que la France ne doit pas se contenter du rôle misérable que son commerce joue jusqu'à présent dans l'extrême Orient, qu'elle a, au contraire, une très belle place à y prendre. »

CHEZ LE MÊME ÉDITEUR

Marc Abélès, *Jours tranquilles en 89*, ethnologie politique d'un département français.
L'âge de la science, n° 1 : éthique et philosophie politique.
L'âge de la science, n° 2 : épistémologie.
Anatole Abragam, *De la physique avant toute chose.*
Claude Allègre, *Les fureurs de la terre.*
Elisabeth Badinter, *L'un est l'autre.*
Michel Baroin, *La force de l'amour.*
Jean-Claude Barreau, *Du bon gouvernement.*
Michèle Barzach, *Le paravent des égoïsmes.*
Jean Bernard, *C'est de l'homme qu'il s'agit.*
Jacques Blamont, *Vénus dévoilée, voyage autour d'une planète.*
Laurent Cohen-Tanugi, *La métamorphose de la démocratie.*
Colloque, *Pierre Mendès France et l'économie.*
Conférence des lauréats du prix Nobel, *Promesses et menaces à l'aube du XXIe siècle.*
Yves Coppens, *Pré-ambules. Les premiers pas de l'homme.*
Michelle Coquillat, *Romans d'amour.*
Régis Debray, *Que vive la République.*
Alain Devaquet, *L'amibe et l'étudiant, université et recherche, l'état d'urgence.*
Jacques de Fouchier, *La Banque et la vie.*
Pierre Gascar, *Du côté de chez Monsieur Pasteur.*
Gilles-Gaston Granger, *Essai d'une philosophie du style.*
Gilles-Gaston Granger, *Pour la connaissance philosophique.*
François Gros, *Les secrets du gène.*
Claude Hagège, *Le français et les siècles.*
Joe Haines, *L'Incroyable Monsieur Maxwell.*
John Haugeland, *L'esprit dans la machine.*
François Jacob, *La statue intérieure.*
Pierre Karli, *L'homme agressif.*
Philippe Kourilsky, *Les artisans de l'hérédité.*
Philippe Laburthe-Tolra, *Le tombeau du soleil.*
André Lebeau, *L'espace en héritage.*
Hervé Le Bras, *Les trois France.*
Xavier Le Pichon, *Kaiko, Voyage aux extrémités de la terre.*
Claude Lévi-Strauss, Didier Eribon, *De près et de loin.*
Edward N. Luttwak, *Le paradoxe de la stratégie.*
Philippe Meyer, *Le mythe de jouvence.*
Alexandre Minkowski, *L'art de naître.*
Hubert Montagner, *L'attachement, les débuts de la tendresse.*
Claude Olievenstein, *Le non-dit des émotions.*
Edgard Pisani, *Pour l'Afrique.*
Ginette Raimbault, Caroline Eliacheff, *Les indomptables, figures de l'anorexie.*
Michel Rocard, *Le Cœur à l'ouvrage.*
Louis Roussel, *La famille incertaine.*
Jacques Ruffié, *Le sexe et la mort.*
Alfred Sauvy, *Aux sources de l'humour.*
Evry Schatzman, *La science menacée.*

Max J. Skidmore. Marschall Carter Tripp, *La démocratie américaine.*
Christian Stoffaës, *Fins de mondes.*
François Sureau, *L'indépendance à l'épreuve.*
Henri Teissier du Cros, *Louis Armand, visionnaire de la modernité.*
Emmanuel Terray, *Lettres à la fugitive.*
Alain Touraine, *La parole et le sang.*
Jean-Didier Vincent, *Biologie des passions.*
Edouard Zarifian, *Les jardiniers de la folie.*

CET OUVRAGE
A ÉTÉ COMPOSÉ
ET ACHEVÉ D'IMPRIMER
PAR L'IMPRIMERIE FLOCH À MAYENNE
EN MARS 1989

N° d'impression : 27590.
Dépôt légal : mars 1989.
Imprimé en France